2022年深圳市宣传文化事业发展专项基金项目
2022年深圳市社科规划项目
2022年中宣部外文局国际传播招标项目
区域国别与国际传播研究丛书
环孟加拉湾地区研究

"东数西算"背景下西部边疆的"数字赋能"研究

戴永红　王俭平 ◎ 主编
秦永红　张超哲 ◎ 副主编

国际文化出版公司
·北京·

图书在版编目（CIP）数据

"东数西算"背景下西部边疆的"数字赋能"研究 ／ 戴永红，王俭平主编． -- 北京：国际文化出版公司，2022.8
　　ISBN 978-7-5125-1453-9

Ⅰ．①东… Ⅱ．①戴… ②王… Ⅲ．①边疆地区－信息经济－区域经济发展－研究－中国 Ⅳ．① F492

中国版本图书馆 CIP 数据核字（2022）第 165353 号

"东数西算"背景下西部边疆的"数字赋能"研究

主　　编	戴永红　王俭平
统筹监制	吴昌荣
责任编辑	曾雅萍
品质总监	张震宇
出版发行	国际文化出版公司
经　　销	全国新华书店
印　　刷	三河市华晨印务有限公司
开　　本	710 毫米 ×1000 毫米　　16 开 14 印张　　　　　　　　　225 千字
版　　次	2022 年 8 月第 1 版 2022 年 8 月第 1 次印刷
书　　号	ISBN 978-7-5125-1453-9
定　　价	68.00 元

国际文化出版公司
北京朝阳区东土城路乙 9 号　　　邮编：100013
总编室：（010）64270995　　　　传真：（010）64270995
销售热线：（010）64271187
传真：（010）64271187-800
E-mail: icpc@95777.sina.net

序

当今世界正处于百年未有之大变局，中国日益走近世界舞台中央。2019年以来，党中央国务院相继提出建设"粤港澳大湾区""新时代中国特色社会主义先行示范区"，强调"教育对外开放是我国改革开放事业的重要组成部分"，提出"实施高校哲学社会科学走出去计划，重点建设一批全球和区域问题研究基地"等重大战略目标。中央审时度势，着眼未来，对区域和国别研究工作高度重视，从国家战略和外交全局的高度对区域和国别研究工作提出了更高要求。2021年12月，国务院学位委员会公布新版《博士、硕士学位授予和人才培养学科专业目录》（征求意见稿），将"交叉学科"增设为第14个学科大类，"区域国别学"成为该学科大类下的一级学科。区域国别研究涉及政治学、文学、历史学、社会学、法学、经济学、地理学等诸多领域，肩负着服务中央决策，促进各领域交流合作，助推我国迈向世界大国的重要使命。

我国历来重视对外传播工作。党的十八大以来，特别是2021年5月31日中共中央政治局就加强我国国际传播能力建设进行第三十次集体学习，习近平总书记发表重要讲话，强调要深刻认识新形势下加强和改进国际传播工作的重要性和必要性，构建具有鲜明中国特色的战略传播体系，提高国际传播影响力、中华文化感召力、中国形象亲和力、中国话语说服力、国际舆论引导力，形成同我国综合国力和国际地位相匹配的国际话语权。此次学习会议的召开是我国对构建多主体、全方位的大外宣格局的再一次重申，并将其重要意义提升到全新的战略层面。这意味着争取国际话语权、营造有利的外部舆论环境已经进入政府重要议程，更意味着构建具有中国特色的国家形象

"东数西算"背景下西部边疆的"数字赋能"研究

国际传播赋能结构与模式迫在眉睫。

深圳大学作为深圳市第一所综合性大学，高度重视区域与国别研究建设工作，现有港澳与国际问题研究中心、荷兰研究中心、中国海外利益研究中心、中国经济特区研究中心、印度研究中心、大湾区－中国东盟研究中心、环孟加拉湾地区研究所、国际组织与全球治理研究中心、拉丁美洲研究中心、东亚研究中心、犹太－以色列研究中心、非洲研究中心、葡语国家研究中心、俄罗斯研究中心等区域国别研究机构，研究成果丰硕，已成为服务国家战略和地方发展的重要基础。站在新的发展节点上，把握"双区"建设机遇，围绕建设世界一流创新型大学的总体目标，加强高水平新型智库建设，强化合作网络，提升人才培养水平和科研学术影响力，促进学科交叉与融合，提升社科研究的整体质量。

为加强区域国别研究、提升国际问题研究和应用能力，加强国际传播研究、提升国际传播效能，2022年4月11日，深圳大学校发（2022）82号文件决定成立深圳大学区域国别与国际传播研究院。2022年6月19日成功举办了主题为"新时代区域国别与国际传播研究赋能中国海外利益发展与安全"的研讨会，下设四个分议题，包括"新文科视野下区域国别与国际传播学科发展和创新""区域国别研究赋能中国海外利益发展与安全的实践""国际传播研究赋能中国海外利益发展与安全的实践"和"新时代外语学科创新转型与国际复合型人才培养"。

在此历史背景及使命驱动下，为让"中国读懂世界、世界读懂中国"，扩大深圳大学区域国别与国际传播研究的学术影响力，并引导和鼓励师生积极参加学术科研活动，深圳大学外国语学院联合院内外区域国别和国际传播研究团队，组织编写《区域国别与国际传播研究丛书》，供相关政府机构、工商企业和大学智库等科研院所参考。

《区域国别与国际传播研究丛书》（第二辑）《"东数西算"背景下西部边疆的"数字赋能"研究》一书聚焦我国"东数西算"的战略背景、特征、建设以及风险评估，以西部边疆作为研究主体，以安全作为"东数西算"的治理需求和建设标的，统筹"沿边开放"与"西部开发"的战略视野，最终致力于"东数西算"赋能下西部边疆安全治理体系的建构。本书既是2022深圳市社科规划项目《总体国家安全观视域下深圳中资企业海外安全风险防控体系研究》的中期阶段性成果，又是深圳大学区域国别与国际传播研究院师生集体智慧和协同合作的结晶。戴永红负责全书的策划、提纲的拟定和最后的统稿。各章的具体分工如下：第一章 绪论（戴永红、王俭平），第二章（王俭平、秦永红），第三章（戴永红、王俭平），第四章（王俭平、张超哲），第五章（王俭平），第六章（王俭平）。在此，对以上作者的辛勤劳动深表谢意！

在本书付梓之际，我们深感《"东数西算"背景下西部边疆的"数字赋能"研究》一书还有许多理论与实践问题需要探索，但受时间和水平的限制，本书不妥之处在所难免，诚望各位读者不吝指教，并谨向支持、关心和帮助本书撰写出版的各界人士表示衷心的感谢！

戴永红　教授
深圳大学外国语学院院长
深圳大学区域国别与国际传播研究院院长
深圳大学中国海外利益中心主任
2022年8月7日立秋荔园

目 录

前言 …………………………………………………………… 1

绪论 …………………………………………………………… 5

第一章　核心概念、理论基础与分析框架 …………………… 39

第二章　"东数西算"背景下边疆"数字赋能"的功能性需求 … 73

第三章　"东数西算"背景下边疆"数字赋能"的困境分析 …… 111

第四章　"东数西算"背景下边疆"数字赋能"模式建构 ……… 137

第五章　研究结论、启示与制度供给建议 …………………… 181

参考文献 ……………………………………………………… 189

前言

2022年2月，国家发改委等部门联合印发文件宣布"东数西算"工程正式启动，随即于3月获得了十三届人大五次会议的通过，这是继"南水北调""西气东输""西电东送"之后的又一个基建方面的国家战略。"东数西算"工程，具体是指通过构建数据中心、云计算、大数据一体化的新型算力网络体系，将东部算力需求有序引导到西部，优化数据中心建设布局，促进东西部协同联动，让西部的算力资源更充分地支撑东部数据的运算，更好地为数字化发展赋能。

目前，按照"东数西算"的部署，东部密集的算力需求将有序引导到西部的成渝、贵州、甘肃、宁夏以及内蒙古5个算力枢纽，从而实现数据要素的跨域流动和资源的优化配置。这对于西部地区而言，既是实现数字化时代跨越式发展的重要契机，也是对西部边疆的数字安全保障建设提出了更高的要求，更是利用数字领域的"技术赋能"重塑西部边疆安全治理的关键窗口。尤其是在当前错综复杂的地区与国际局势之下，西部边疆面临的网络空间非传统安全威胁愈益突出，因而对于西部"算力枢纽"的信息安全、网络防护，"智能边疆"的反渗透、反干扰而言，"东数西算"的重要性将会远远超越"新基建"本身所期待的综合效能。

对此，本书着眼于"东数西算"的战略背景、特征、建设以及风险评估，以西部边疆为研究主体，以安全为"东数西算"的治理需求和建设标的，统筹"沿边开放"与"西部开发"的战略视野，最终致力于"东数西算"赋能下西部边疆安全治理体系的建构。边疆安全治理体系存在着"人事驱动"与"技术驱动"的体系分歧，前者日渐呈现出组织碎片化、层级官僚化的态势，而以数字技术所支撑的网格化、扁平化治理体系则在边疆安全治理的实践中显现出积极的活力，"数字赋能"的概念也自工商管理领域被引入公共安全管理的视阈之下。"数字赋能"在西部边疆的应用有着现实且紧迫的功能性需求，既包含传统安全领域的国土安全防御，也涵盖非传统安全框架下的诸多诉求。但是，围绕"数字赋能"同样存在着研究盲区与质疑，如"数字赋能"面临哪些现实的困境，"数字赋能"模式的重塑需要有哪些层面的

"东数西算"背景下西部边疆的"数字赋能"研究

考量,制度变迁下的治理主客体又如何看待并适应"数字赋能"的规范再构,这些问题的存在成为西部边疆拓展"数字赋能"的主要障碍,同时也是境外势力可能利用的安全隐患。

西部边疆"数字赋能"的技术目标是能实现安全管理上的"能见度"与"控制力",保障涉边安全的各类资源以数据链的形式在跨域跨部门之间完成共建、共享的流程,从而达到基层对于安全威胁的敏感度、中层对于任务执行的贯彻力、高层对于全面决策的即时性。1. 就需求功能性而言,西部边疆的"数字赋能"立足国内、国际两个安全场域,既有维稳治边的内向需要,也有"一带一路"倡议下由边缘转向中心的角色担当。2. 就科学合理性而言,"数字赋能"体现了治理现代化中"治理能力"的现代化,利用现代化的数字科技提高个体安全业务的处理效率,加速整体安全业务的流程链条。3. 就社会合理性而言,技术理性的张力与约束要求数字技术在"赋能"的同时进行"增权",要求去中心化、扁平化的管理框架下扩大边疆安全的参涉范围,增强边疆个体的安全权力与权利意识,以数据区块链的技术保障来实现人事上的管理设计。4. 就技术规范性而言,承接并融合了需求功能性、科学合理性以及社会合意性之后,着眼于新技术规范的再构与重塑,强化"数字赋能"在国土安全、边疆网络舆情、生物以及情报安全等领域的体系建设。鉴于此,本书以"区块链"的分布式数据链、智能合约等区块共享技术作为边疆安全的技术治理基础,结合"赋能"对管理体系的去中心化要求,从技术与管理两个层面实现边疆安全治理模式的扁平化重塑,提高边疆安全治理的效能与效率,并建立起边疆安全治理的利益共同体。

绪论

"东数西算"就是通过构建数据中心、云计算、大数据一体化的新型算力网络体系，将东部算力需求有序引导到西部，优化数据中心建设布局，促进东西部协同联动。当前，数字经济发展速度之快、辐射范围之广、影响程度之深前所未有，正在成为重组全球要素资源、重塑全球经济结构、改变全球竞争格局的关键力量。加快推动算力建设，将有效激发数据要素创新活力，加速数字产业化和产业数字化进程，支撑经济高质量发展。

第一节　研究背景和意义

人类经济社会发展形态在经历了农业社会、工业社会之后，即将迎来基于互联网之上的"数字时代"，而人类社会以往的信息传输和交互方式也随即被以"0"和"1"构成的比特流所深刻改造，一切思想和具象的事物都将以"数字"的形式参与到社会生产流程当中。在这样的时代背景下，包括边疆安全在内的传统国家安全也都受到了科技进步的冲击，数字技术不仅丰富了安全的内涵，更是从本质上改变了安全治理的实现方式，以"赋能"的形式在组织结构和物理设施上重新塑造国家的边疆安全。

一、研究背景

2016年G20杭州峰会上，我国首次将"数字经济"以官方文本的形式公布。[①] 2019年10月25日，习近平总书记在中央政治局第十八次集体学习时强调要把区块链作为核心技术进行自主创新的重要突破口。[②] 这两个重要

---

① 《二十国集团领导人杭州峰会公报》，新华社，2016年9月6日，http://www.xinhuanet.com//world/2016-09/06/c_1119515149.htm。（访问日期：2019年10月29日）

② 《习近平在中央政治局第十八次集体学习时强调，把区块链作为核心技术自主创新重要突破口，加快推动区块链技术和产业创新发展》，新华社，2019年10月25日，http://politics.people.com.cn/n1/2019/1025/c1024-31421401.html。（访问日期：2019年10月29日）

的历史性事件,分别于国际和国内两个重要平台宣布了后信息化时代——"数字化时代"将会以更快的速度、更宏观的态势融入并深刻改变当前人类所处的世界。与此同时,随着"一带一路"倡议与"沿边开放"的持续深入、大国博弈的日益加剧、周边国家领土主权争端的渐次升温,我国的传统边疆安全治理体系正面临着冷战结束以来最为复杂和严苛的安全形势,尤其是数字技术的赋能使得各类安全威胁的破坏能级倍数增强。因此,如何基于当前的历史背景之下认知并应用数字时代的技术工具以实现边疆治理体系的迭代更新,成为数字赋能下我国边疆安全治理研究的基本前提。

(一)后信息化时代——"数字化时代"的到来

按照未来学家、社会学家阿尔温·托夫勒(Alvin Toffler)在《第三次浪潮》一书中所作的时间界定,人类社会继农业时代、工业时代之后的第三次浪潮——"信息革命"始于20世纪50年代早期,[①] 其以"计算机"问世为标志,[②] 以"信息技术"为主体、以开发和创造知识为目标的第三次文明浪潮,随即开启了自"工业社会"到"信息社会"的跨越式发展。相较于工业化时代,信息化时代在生产和社会结构上呈现出独有的三大特征:其一,以信息处理技术的大量采用来实现生产部门自动化的目标。工业时代的"大量劳动力从事大规模流水线生产"与信息时代的"自动化"有着本质的区别,前者是以"人力为基础、管理为核心、机械为辅助"的生产活动,而后者则是以"机器为基础、知识为核心、人力为辅助"的半智能化生产,二者对于生产流程及形式的认识截然不同。其二,人类信息交流的载体由过去的实体形式转变为以数字为核心的虚拟形式。以往农业社会、工业社会的信息传递都是依托物理实体,如从依赖人力收发的驿站、邮局到错综绵长的电话线路,虽说是实现了由"人力到机器"的飞跃,但依然束缚在物理实体的范畴之内。信息时代则实现了"由实向虚"的飞跃,人类信息交流的输入输出是通过"数

---

① [美]阿尔温·托夫勒著,朱志焱、潘琪、张焱译:《第三次浪潮》,北京:三联书店,1984年版,第229页。

② 阿尔温·托夫勒在《第三次浪潮》一书中认为信息革命始于20世纪50年代早期的"计算机"问世,而实际上第一台通用计算机"ENIAC"是于1946年(20世纪40年代中期)在美国宾夕法尼亚大学诞生,用于为美国陆军械部阿伯丁弹道研究实验室计算炮弹弹道轨迹。故阿尔温·托夫勒在书中的时间界定有一定的差误,笔者特在此说明。

字频率合成信号"①以"数字"的形式实现空间的穿越。其三，信息及信息机器作为一个参与者渗透甚至重塑原有的人类社会。由于信息技术的飞跃发展，人类的大多数活动（如原动性活动、概念活动及知觉活动等）都需要有甚至是依赖信息和信息技术的参与，信息时代的特征将会包裹着人类社会而无处不在。不仅如此，数字以"0"和"1"架构起了一个有别于实体世界的"虚拟社会"，使得人类之间的信息交流与社会生活都突破了地理空间的限制，无论是速度还是规模都实现了指数级的增长。在了解信息时代相较于工业文明的进步性之外，同时也要破除对于当前信息化进程中的迷信和误区，不能主观性认为"信息化"就是全部信息化，只能说明"知识和智能"取代"人力和机械"成为推动社会进步的主要力量。比较来看，即使是完成工业现代化的西方发达国家，依然摆脱不了农业文明的痕迹，文明的进步只是"文明推动器"的更替。因而对于实现信息化的未来而言，农业文明和工业文明的贡献依然是信息化时代的重要组成。

经过50多年的发展，信息化逐渐开启了"后信息化"的时代进程。根据全球最具影响力的未来学者之一、美国麻省理工学院教授尼古拉·尼葛洛庞帝（Nicholas Negroponte）在《数字化生存》一书中所提出的，人类社会将会进入以"数字"和"比特"为核心的"后信息化时代"，也被称作"数字化时代"或"比特时代"②。它与"信息化时代"的主要区别就在于机器与人之间的交互关系出现了巨大变化。"信息化时代"从本质上来说与农业文明和工业文明都是一个人类利用工具去改造自然的过程，人在与工具的关系上始终是处于主导地位，是一种"利用"与"被利用"的关系。"数字化时代"则相较于前三个时代存在着质的飞跃，人类将会与智能机器相互认可并共同改造自然，甚至于智能机器可能会在未来某个阶段主导这个过程。当前，人类社会正处于由"信息化时代"转向"数字化时代"的过程当中，具有标志性的事件便是5G在物联网领域的大规模应用。物联网的跨时代进步性在于它支撑并推动了人类社会、物理世界和数字世界之间的"三元融

---

① 频率合成技术并非一开始便是以数字的形式，而是发展到第三代才采用了以数字为主体的频率合成技术。第一代：直接模拟频率合成技术，始于20世纪30年代；第二代：锁相频率合成技术，始于20世纪50年代；第三代：直接数字频率合成技术，始于20世纪70年代。

② [美]尼古拉·尼葛洛庞帝著，胡泳、范海燕译：《数字化生存》，北京：电子工业出版社，2017年版，第158页。

合"①，破除了人、机、物三者之间的樊篱，从而进一步解放了科学技术在生产力发展领域的桎梏。但此前物联网没有大规模推广，主要是由于通信技术的落后无法满足物联网所需的大数据处理能力，而5G的出现则解决了上千亿台设备及上千倍流量增长的联网需求，为人、机、物"三元融合"的互联世界提供了技术前提和物质保障。随着"三元融合"的实现和数字化时代的加速到来，社会与经济领域的数字化密度指数②将会越来越高，而人类也将面临着前所未有的新问题、新难题以及新方案的选择。

对于"数字化时代"的到来，人类原有的社会认知和界限都将逐一打破，并将在大时代背景下进行重组甚至是重塑，因而在研究当前及未来的边疆安全问题时就必须将其置于时代背景和技术条件之下，如此展开研究才能更具有时效性、针对性和科学性。本书研究的中印边境安全治理，就是将一个老问题进行新阐释，从技术和理念两个维度对边疆安全治理的"新变化"提出解决的"新方案"，试图在时代变革的背景下实现难题的解构与突破。

（二）国家主权和治权面临"数字霸权"冲击

数字化时代的到来，在很大程度上改变了人类社会的原有认知，以技术的速度和锐度不断冲击着国家主权和治权的樊篱，重塑着数字化时代的国家安全新理念。信息化时代和数字化时代最为显性的特点便是网络的存在而使得人与人（物）之间实现了"通融互联"，这就对原有实体边疆、地理边界的认识产生了巨大的颠覆。如何在虚拟空间定义和维护国家主权，如何在信息渗透的时代依然保持对国家治权的绝对掌握，便成为各国政府所要面对的一个兼具"共性"与"差异性"的问题。就"共性"而言，数字化时代世界各国都无法在虚拟空间内保证国家安全的绝对性，网络攻击是一个全球面临的非传统安全问题；就"差异性"而言，各国的数字技术和信息化能力有强

---

① 马化腾、孟昭莉、闫德利等：《数字经济》，北京：中信出版股份有限公司，2017年版，第12页。

② "数字化密度"是由牛津经济研究所和埃森哲于2015年提出，是指数字技术是各国企业和经济中的渗透程度。引自 Oxford Economics & Accenture, "The Digital Density Index: Guiding Digital Transformation", 2015, p.2, https://www.accenture.com/t00010101t000000__w__/au-en/_acnmedia/accenture/conversion-assets/dotcom/documents/local/au-en/pdf/1/accenture-insight-digital-density-index-guiding-digital-transformation.pdf。（访问日期：2019年10月29日）

绪论

弱之分，各国利用数字技术在虚拟空间进行防御或者是攻击的能力也有着天壤之别，这就意味着"霸权"不仅在当今无政府的国际秩序中存在，在虚拟空间内同样因为实力的差距而存在着数字技术与应用方面的霸权与强权。

正如罗伯特·基欧汉所言，"初创者由于是信息系统结构的建构者和信息标准的创建者，因而在信息系统的路径发展过程中必然会凸显出初创者的优势所在"。[1]诚如所言，美国作为世界第一台计算机"ENIAC"和第一个网络系统"ARPANET"[2]的发明者，自信息时代肇始，便充分利用自身作为初创者的特殊优势，牢牢地把控着信息时代的核心技术与主动脉，由此在陆、海、空、天之外的"第五空间"[3]——网络空间，建立起自身的数字技术霸权与信息强权。[4]以网络空间最为重要的根服务器为例，控制全球网络资源的13台DNS[5]是由1台主根服务器和12台辅根服务器所组成，而其中的1台主根服务器和9台辅根服务器都设在美国境内，剩余的3台辅根服务器也是设在由美国间接控制的盟国（日本、瑞典及英国）境内[6]（详见表0-1）。不仅如此，美国还成立了互联网名称与数字地址分配机构（The Internet Corporation for Assigned Names and Numbers，ICANN），专门负责协调管理所有的根服务器，以此来加强自身在全球网络领域的控制力，由此也造成了信息（数字）霸权下的网络资源分配严重不均衡，甚至可以认为，在人们高度依赖网络的今天，全球大部分国家的网络"开关"都是由美国"数字技术霸权"所决定的。[7]从

---

[1] Robert O Keohane, Jr. Joseph S. Nye, "Power and Interdependence in the Information Age," *Foreign Affairs*, September/October, 1998, p.5.

[2] ARPANET，英文全称：Defense Advanced Research Project Agency NETwork，即"国防部高级计划局网络"，中文简称"阿帕网"，诞生于1968年10月。

[3] 惠志斌：《网络空间里的法治——中国互联网的法治之路》，载《社会观察》，2013年第2期，第31页。

[4] 杜雁芸、刘杨钺：《科学技术与国家安全》，北京：社会科学文献出版社，2016年版，第152页。

[5] DNS，英文全称：Domain Name System，即"域名服务器"。每个国家都有对应的域名，每台计算机都有自身专属的IP地址，这些网址和域名的使用都由13台根服务器（DNS）来决定。

[6] 杨剑：《开拓数字边疆：美国网络帝国主义的形成》，载《国际观察》，2012年第2期，第3页。

[7] 一部分具备能力的国家如中国于2003—2004年镜像（复制）了一份根服务器上的数据，以保证国内的互联网安全不受美国根服务器的制约。但世界上大部分国家缺乏类似的能力，因而美国可以利用自身根服务器的优势，任意掐断对象国的网络，如2003年的美伊战争、2004年的利比亚战争期间，这些国家便从互联网上"消失了"。

"东数西算"背景下西部边疆的"数字赋能"研究

技术层面来讲,根服务器的增加是完全可以实现的,只需新增域名组织与原有域名组织之间制定相应的连接规范便可以实现,但美国为了维护自身在互联网领域的绝对统治力,一直拒绝根服务器的多元化,以此作为控制盟友、遏制竞争者的权力工具。

表 0-1 美国的数字霸权:全球网络的根服务器分布

	主机名	运营方	所在国家
1	a.root-servers.net	威瑞信公司(VeriSign)	美国弗吉尼亚州
2	b.root-servers.net	南加州大学(University of Southern California)	美国加利福尼亚
3	c.root-servers.net	Cogent 通讯公司(Cogent Communications)	美国弗吉尼亚州
4	d.root-servers.net	马里兰大学(University of Maryland)	美国马里兰州
5	e.root-servers.net	美国航空航天管理局(NASA)	美国加利福尼亚
6	f.root-servers.net	互联网系统协会有限公司(Internet Systems Consortium, Inc.)	美国加利福尼亚
7	g.root-servers.net	美国国防部网络信息中心(US Department of Defense NIC)	美国弗吉尼亚州
8	h.root-servers.net	美国陆军研究实验室〔US Army(Research Lab)〕	美国马里兰州
9	j.root-servers.net	威瑞信公司(VeriSign, Inc. VeriSign)	美国弗吉尼亚州
10	l.root-servers.net	互联网名称与数字地址分配机构(ICANN)	美国弗吉尼亚州
11	i.root-servers.net	Netnod 网络公司(Netnot)	瑞典—美国盟国斯德哥尔摩
12	k.root-servers.net	欧洲网络资源协调中心(RIPE NCC)	英国—美国盟国伦敦
13	m.root-servers.net	日本 WIDE 项目(WIDE Project)	日本—美国盟国东京

资料来源:杜雁芸、刘杨钺:《科学技术与国家安全》,北京:社会科学文献出版社,2016 年版,第 153 页。

美国利用互联网初创者的优势,建立起了"以国家资源为支撑、数字企业为主体"的数字霸权,在日益信息化、数字化的今天不断冲击着发展中国家的主权和治权。为了在第五空间同样能保证其"长臂管辖",美国政府常以"世界警察"自居,利用政治、经济和军事压力迫使相关国家开放网络,以自身的技术优势和财政补贴来"支持网络自由的民主运动"[①],并在此口

[①] Hillary Rodham Clinton, Secretary of State, U. S. Department of State, "Internet Rights and Wrongs: Chinese & Challenges in a Networked World," February 15, 2011. http://www.state.gov/secretary/rm/2011/02/156619.htm.(访问日期:2019 年 11 月 3 日)

号的遮掩下实现煽动破坏和颠覆目标国政权的目的。如2003年格鲁吉亚的"玫瑰革命"、2004年乌克兰的"橙色革命"等都是以美国为首的西方国家以"网络自由"为名义，利用互联网作为组织和动员的工具，以此来颠覆俄罗斯周边国家中的非亲美政权。此外，得益于美国在信息化进程中的"先动优势"[1]，一批代表信息产业领域最高水平的美国高科技企业得以迅速发展，在全球范围内形成了产业垄断地位，并成为美国侵犯他国主权、干涉他国内政的支配性工具。如2009年5月30日，在美国政府的授意下，微软公司强制性中断了叙利亚、朝鲜、伊朗、古巴及苏丹五国的MSN服务。再如2019年5月20日，谷歌母公司Alphabet同样遵从美国政府的意志而违反商业精神，公然中断了中国华为公司对Google Play服务（GMS）和商店的访问，以此作为"极限施压"的手段来迫使中国在贸易战中做出有损于主权和治权的妥协。可见，美国所宣扬的"互联网自由"是对他国网络主权的公然侵犯，其与20世纪40年代美国所宣扬的"贸易自由化"并无本质区别，[2]最终都是为美国的国家利益和霸权而服务。

在"数字技术霸权"冲击国家主权与治权的背景下，"数字技术安全"成为每个国家都应当极力维护的重点领域，而这种安全治理不仅应当从技术领域去建构虚拟边疆的屏障，也应当警惕数字技术依靠物理世界（如设备甚至是"人"本身）的支撑去渗透实体边疆，避免诸如"颜色革命"和边境情报泄露等由于数字治理能力欠缺而引发的安全威胁。

（三）风险与机遇并存的周边国家数字战略

在"数字化"的时代背景下，周边国家纷纷制定了本国的数字发展战略，力图在新技术革命进程中占据有利的地位，如印度于2015年7月出台了"数字印度"战略，希冀借助数字技术实现本国的跨越式发展；俄罗斯于2017年通过了数字经济规划的政策条例，并决定将数字经济列为2025年前国家主要战略方向的发展目录；越南则于2020年制定了"2020年数字转型国家战略"，

---

[1] 先动优势（First-moveradvantages），原为博弈论中的概念，具体指在战略意向上率先做出选择并付诸行动的一方将会获取较大优势。此处指美国由于是互联网的创建者而获取了信息化进程中的先动优势。

[2] 杜雁芸：《看清热炒"中国间谍"背后政治目的》，中国网，2015年5月26日，http://m.haiwainet.cn/middle/232591/2015/0526/content_28774511_1.html。（访问日期：2019年11月3日）

"东数西算"背景下西部边疆的"数字赋能"研究

以战略性高度、系统化统筹的方式着重加大对数字经济发展的支持力度。

其中，印度的数字发展战略尤其应当引起重视。我国和印度同为发展中大国，无论是人口规模还是社会发展进程上都有着相似性与可比性，围绕数字技术的竞争也在合作与对抗中逐渐展开。因此，加强对印度数字化战略的研究，不仅是基于内容框架对印度的数字化建设进行政策评估，还需在印度的数字化建设过程中寻找到我国企业的发展机遇以及国家安全所面临的挑战，并在总结经验教训的基础上为我国数字化建设提供相应的借鉴。印度的数字化建设始于2010年3G牌照的发放、兴于2015年"数字印度"战略的出台，10年的时间里对印度庞大的农村人口所带来的影响和变化是巨大的，甚至在部分地区实现了从前工业社会到信息社会的跨越。不仅如此，"数字印度"的提出，还凸显了莫迪总理对于一个知识经济和数字化印度的未来雄心，也表明了其将"数字化"作为印度国家崛起的重要支撑。在"数字印度"战略的推动下，印度近年来的数字化建设取得了卓越的成效：就移动互联网的增长态势来看，高达93%的普及率、11.8亿的电信用户（其中11.7亿是移动用户）使得印度一跃而成为世界第二大电信市场（仅次于中国）；就电子商务的发展规模来看，金融投资、支付平台、在线商务以及物流体系等方面都实现了立体式发展，据波士顿咨询公司（BCG）的报告预计，印度的电子零售额将于2025年达到130亿—150亿美元，其在总销售额的占比也将上升到8%—10%；[①]就政府对数字发展的政策支持而言，印度人民党政府近年来推行的废钞令、间接税改革、Jan Aushadhi政府计划、公民生物识别（Aadhaar）以及提高金融包容度的Jan Dhan账户等计划，都直接推动了印度的数字技术与互联网发展，且对整个国家的金融生态进行了数字化赋能，而这些都对现在和未来产生深远的影响。与此同时，印度的数字技术崛起对于我国的冲击和挑战也是不可忽视的事实。首先，中印的"数字边疆"将会成为继"领土边疆"之外的又一争端领域，而目前就已经表现出中印两国数字技术企业在这一领域的争端。如阿里巴巴在收购印度支付平台Paytm公司时，就引起了印度储备银行对本国数字技术安全的担忧，严令已被收购的Paytm公司不得接纳新客户，并在印度政府的要求下改善数字存储的安全机

---

① Boston Consulting Group（BCG），"The New Indian: The Many Facets of a Changing Consumer," March 20, 2017. https://www.bcg.com/publications/2017/marketing-sales-globalization-new-indian-changing-consumer.aspx.（访问日期：2019年11月4日）

制，这是印度围绕"数字安全"针对我国企业所设定的"数字边疆"，且随着数字化程度的不断深入，两国政府和企业也必然会在该领域产生更多的矛盾与争端。其次，印度数字技术的成熟有可能加剧中印两国的竞争态势。"数字"对未来社会是最基本也是最重要的生产要素，拥有了更多的数据储备、更快的数据处理能力，即是在竞争中占据有利的地位。随着印度数字技术与数字能力的崛起，中印两国围绕"数据源""数字货币"等诸多领域的竞争将会进一步加剧，甚至可能会波及两国政治、外交及民间交流，成为新的冲突地带。

周边国家数字技术战略的相继出台，是各国政府对于本国数字技术经济发展的总体规划，但它同样包含了政治领袖们对于一个"智慧国家"的建设预期，包括边境在内的国家整体安全体系都将有着从思维到行动的数字化转型。如边境作为周边国家（尤其是地区大国）安全领域的重点建设对象，势必会在资源、技术以及保障等领域得到优先发展，这对周边国家是一次"自我革命"式的挑战，而对我国的边疆安全形势则是"避无可避"的冲击。

二、研究意义

本书最为突出的研究意义就在于"思维的转变"，是在当今数字技术进步的时代背景下重新审视边疆这一传统安全领域，希冀在管理思维的转变、技术方式的突破中寻求困境的解决。

（一）讨论"技术理性"在数字化时代的重要性

本书认为"技术理性"将会作为主流哲学理念引领数字技术时代的新发展，并基于赋能治理的视角阐述"技术理性"在实践中的指导性意义。自马克斯·韦伯在"合理性"的概念上做出了"工具（合）理性"与"价值（合）理性"的区分后，[1]二者的分野与整合便贯穿了整个工业文明的发展历程，创造出巨大的物质与精神财富。与此同时，二者的缺陷也是非常明显的，一是强调效率至上与工具崇拜，二是要求无条件的纯粹信仰。人文学科围绕"工具理性"和"价值理性"则试图进行近乎完美的取舍，以一种中间路线来实现最优的同时来避免极端主义路线的影响，而"技术理性"便是这种尝试的产物。"技

---

[1] Weber Max, Guenther Roth; Claus Wittich (eds.), *Economy and Society*, Berkeley: University of California Press, 1978, p.24.

"东数西算"背景下西部边疆的"数字赋能"研究

术理性"是法兰克福学派的哲学家赫伯特·马尔库塞基于对马克斯·韦伯的"工具理性"和伊曼努尔·康德的"实践理性"吸收与批判的基础上所提出的一种哲学观点。"技术理性"主张把科学合理性、社会合意性建立在技术规范的有效性与技术理论的可行性的基础之上,兼顾效率与目的、自然与社会之间的和谐。①"技术理性"的诞生虽始于20世纪初,但其最为主要的一个特征是对百年后的数字化时代做出了哲学式的预言,它认为"自然(世界)的结构并非'不可知',完全可以通过数学的逻辑演绎来认知全貌……数学和逻辑演绎就是理性的最佳典范"②,而这在如今的数字化时代已然得到了最好的诠释,并沿着这个清晰的方向继续推动着数字化时代的进步。

在当前的历史背景下,人类既不应当受困于价值与意识形态的偏见,也不应当迷失于技术的进步而忘却哲学与伦理的指导性意义,只有确定了"技术理性"的规范才能够保证科学技术应用的方向。本书以数字化时代的边境安全治理为研究对象,就是在技术与价值、工具与社会之间寻求治理的平衡,讨论并研究"技术理性"在当今的适用性、操作性与应变性。

(二)思考"赋能"理论在公共管理领域的新拓展

自2018年起,"赋能授权"理论逐渐得到了我国着力于数字经济的主要互联网公司的推崇,如阿里巴巴的马云要求对平台商家进行赋能、腾讯CEO马化腾则要求公司逐渐转型为赋能型的公司、京东到家则是发布了零售赋能的规划,可见"赋能"正在成为数字技术经济时代企业管理的主要选择模式,正如谷歌公司创始人拉里·佩奇所讲的"在未来的机构组织中,管理与激励将不再是最为重要的功能,赋能将会取代它们而成为组织模式的主体"③。

"赋能"在工商管理领域的成功,却并没有在公共管理领域产生共鸣,其中一方面是由于公共管理主要以官僚体制的"纵向垂直管理、分级管理"

---

① Marcuse Herbert, "Some Social Implications of Modern Technology", in Arato Andrew; Eike Gebhardt(eds.), *The Essential Frankfurt School Reader*, New York: The Continuum Publishing Company, 1982, pp.138–162.
② [德]尤尔根·哈贝马斯著,李黎等译:《作为意识形态的技术与科学》,上海:学林出版社,1999年版,第26—28页。
③ Sang Kim Tran, "A reflection of culture, leader, and management," *International Journal of Corporate Social Responsibility*, December 19, 2017, p.3. file:///C:/Users/87010/Desktop/s40991-017-0021-0.pdf.(访问日期:2019年11月14日)

绪论

为主，而"赋能"要求扁平化甚至区块化模式的管理在本质上与垂直管理模式是相冲突的；另一方面则由于公共管理领域目前缺乏进行管理体制改革的迫切动力，整体稳定性依然是压倒一切的关键，而"赋能"管理的模式与效果目前都没有进行过理论与实践上的探讨；再一方面就是因为在"全数字化旋涡"中，公共管理适用于"公用事业"作为全数字化旋涡的外围（详见图 0-1），进程相对滞后、效力相对较小，赋能作为数字化时代主要的组织结构，因而在数字化程度相对滞后的公共事业中并没有得到重视。

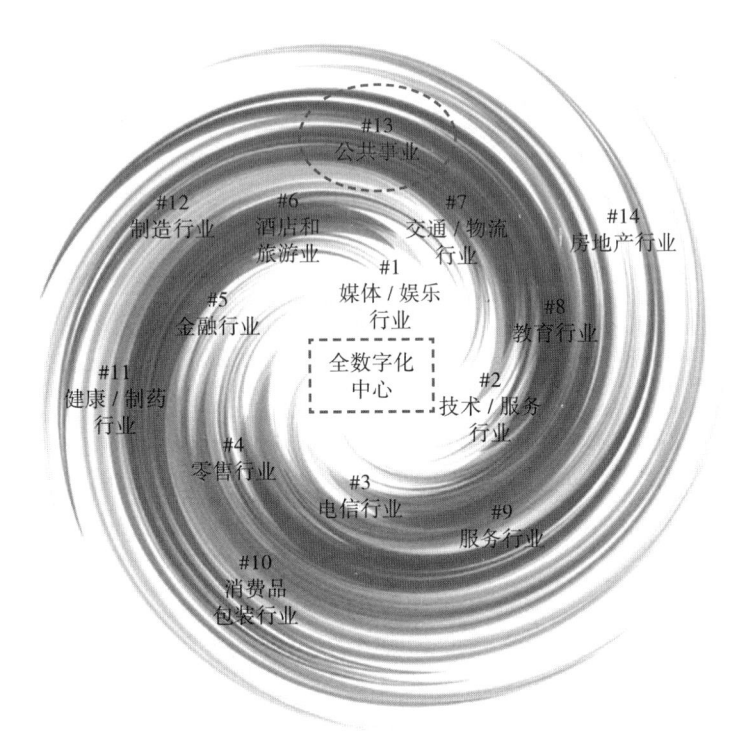

图 0-1 主要行业的"全数字化旋涡"一览[①]

资料来源：全球数字化业务转型中心（DBT Center）：《数字旋涡2019——持续与互联的变化》，2019年，第7页。[②]

[①] "全球化旋涡"是全球数字化业务转型中心（DBT Center）所提出的一个概念，是各行各业向"全数字化中心"推进时必然经历的过程，从而使价值链、产品/服务以及商品模式最大限度地实现全数字化。

[②] Tomoko Yokoi, Jialu Shan, Michael Wade, et al., "Digital Vortex 2019—Continuous and Connected Change," *Global Center for Digital Business Transformation*, 2019, p.7.

"东数西算"背景下西部边疆的"数字赋能"研究

但是,边疆地区作为公共管理的特殊地带,它是多种力量(利益)在互动过程中相互建构的产物,是波动性与伸缩性并存的一种相对稳定的状态,是各种差异与对立互鉴的界面,是国内外交往的依托与冲突的缓冲区,[①] 也是国家治理影响范围局限的社会边缘,它的这些特殊性决定了边境是一个可以进行传统管理与数字技术相结合的边疆安全尝试的前沿地区。如今各国都在加强边疆的智能化建设,但依然在使用传统的管理模式进行人员的组织与设备的运用,仅仅是机械化与信息化的升级,并没有依靠智能化的思维去管理和应对边疆事务,也没有通过管理方式的改革而去实现人、机、物的三元融合,以充分发挥数字化所带来的巨大功效。基于边疆地区的特殊性、适应数字化进程的迫切性、"赋能"在公共管理领域的高效性三个方面,本书以数字赋能为研究进路,剖析数字化进程对于边疆地区的社会重塑,尝试论证以赋能作为主要治理形式的功效,以此思考"赋能"理论在公共管理领域的新拓展。

第二节　文献梳理与述评

本书分别就数字赋能、边疆安全治理这两个方面的国内外研究成果进行了学术梳理,并对现有研究的成果、特点以及不足进行评析,从而对本书的研究方向做出清晰判断。

一、关于赋能的研究

就国内外涉及以"赋能"为主题的研究,分别对 2016—2020 年 CNKI 数据库、Web of Science 数据库中的中英文研究成果进行了检索,[②] 并运用 Citespace 5.7.R3 对检索出的 2167 篇文章进行分析,对"赋能"研究的热点领域以及前沿趋势做出梳理,以此对赋能的研究情况进行学术回顾。

2016—2020 年的 5 年间,CNKI 涉及"赋能"的学术类文献(学术期刊、

[①] 罗中枢:《论边疆的特征》,载《新疆师范大学学报(哲学社会科学版)》,2018 年第 3 期,第 50 页。

[②] 涉及"赋能"的检索策略:主题:赋能(CNKI)、Empowerment(Web of Science);精练依据:Article or Review;时间跨度:2016—2020。

学位论文）共有 4312 篇，然而自有"赋能"被收录的 1973 年至 2016 年的 44 年间里却仅有 3174 篇。两者比较之下，涉及"赋能"概念的学术研究于近 5 年内呈现出跨越式的增长。同样，Web of Science 数据库在近 5 年间的学术类文献则有 10311 篇，相较于过去的 50 年间同样是呈现快速增长的态势，凸显了"赋能"在理论与实践中得到了普遍的社会认可与推崇。

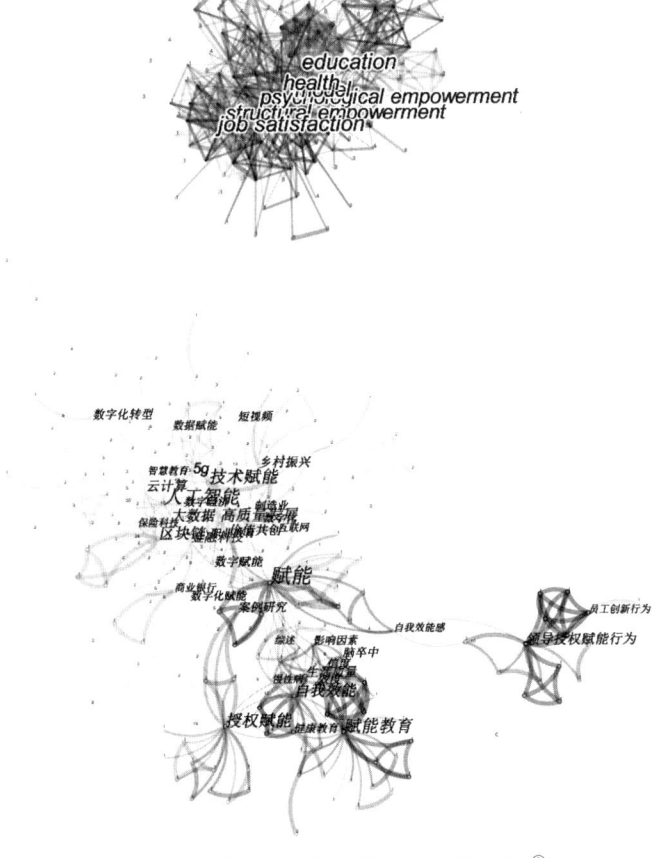

图 0-2　赋能研究热点的知识图谱一览[①]

资料来源：研究总结绘制。

---

① Citespace 软件由美国德雷塞尔大学的陈超美教授所研发的科学图谱及知识可视化软件（陈超美教授主页：http://cluster.cis.drexel.edu/~cchen/citespace/）。该软件采用谱聚类的设计思路，从若干文献的关键词中寻找研究的热点方向。

"东数西算"背景下西部边疆的"数字赋能"研究

运用 Citespace 对 CNKI 以及 WOS 数据库中英文文献的主题词进行共现分析,其中出现频率较高的主题词主要集中在三个词簇:赋能理论、技术赋能、自我赋能。赋能理论词簇下的研究大多围绕理论在当前数字企业实践中的新延伸与新拓展,围绕技术赋能展开的研究则主要集中在具体的数字技术领域(如图 0-1 中的区块链、云计算、大数据等),自我赋能领域的研究更为倾向于心理学与社会学领域(如图 0-2 中的赋能教育、自我赋能等)。这三个领域代表了当前关于赋能研究的主要方向。

(一)关于赋能理论的研究

梳理"赋能"理论的前期研究脉络,基本演绎出了"赋能"从概念到理论的发展历史,是组织管理发展到一定阶段的产物,也是知识经济背景下的时代所需,而理论的未来发展也与技术理性的抑扬息息相关。

"赋能"就某种程度而言是一个"理论的早产儿"[1],诞生于以劳动密集型为产业特征的前工业时代,管理者对于"赋能"的理解仅仅停留于"工具赋劳动者以能",并不认为"赋能"是一种管理思维的革命,而是将其作为进行技术革新的动力。二战以后,经济恢复与就业实现成为战后初期的主题,科学管理的探索成为政府部门与企业追求效率至上的捷径,也因此产生诸如彼得·德鲁克(Peter F. Drucker)、加里·哈默尔(Gary Hamel)、汤姆·彼得斯(Tom Peters)等一批堪称大师级的管理者。但不可否认的是,部分国家由于冷战的紧张对立而依然停滞于准军事管制的状态,管理科学在束缚中艰难发展,"赋能"在这样的时代背景下同样被搁置[2]。进入 20 世纪 70 年代以后,以美国为首的西方世界陷入严重的经济滞胀危机。[3] 这个危机既有当时国际局势的局限,也显示出垄断资本主义经济亟须寻求新的经

---

[1] Mary Parker Follett, *Dynamic Administration: The Collected Papers of Mary Parker Follett*, London: Forgotten Books, 2018, p.100.

[2] Pauline Graham, *Mary Parker Follett Prophet of Management*, New York: Beard Books, 2003, p.23.

[3] 自 1969 年至 1982 年的 13 年间,美国作为资本主义世界的超级大国每 3 年便要经历一次衰退,实际 GDP 的平均增长速度仅有 2.9%,而同时期的年通货膨胀率却达到了 10.46%。其间,企业破产数与失业人数都创下了战后新高,失业率最高时达到 10.8%,申请破产的企业数量则累计有 25300 家。

济增长点才能走出危机。20世纪70年代末期,西方社会的信息产业初具规模,这标志着工业经济开始向信息经济过渡,使得既往专注于劳动密集型的机械管理模式出现了转型的机会。正于此时,"早产"了近半个世纪的"赋能"理论才焕发生机[1],它对于"人力"的特殊理解和运用摆脱了工业化进程中"流水线"的窠臼,而是将每个人作为知识的管理者进行生产力的创造,模糊了"管理者"与"被管理者"的边界、淡化了"人力资源"中"体力"因素、明确了"脑力"在生产中的核心地位[2]。"赋能"在发展过程中逐渐形成"组织赋能"与"心理赋能"两大分支,并沿着各自的理论路线进行实践拓展[3]。其中,组织赋能追求权力充分下沉,将工作以充分委托的方式交予被管理者,并以绩效最优的方式去指导业务目标实现。与之相对应的是,心理赋能则强调被管理者"授权感知"的心理状态。主张心理状态的程度决定了赋能的具体效果,也即员工于赋能后增强自我效能的内在感受。就本书而言,边疆的"赋能"理论有着更多维的解读与应用空间,除了边疆治理组织的结构赋能、治理施众与受众的心理赋能,还强调数字化时代技术赋能的关键性,只有充分实现三者的融合与适应才能真正应对当前边疆安全所面临的冲击与挑战。

(二)关于技术赋能的研究

关于数字技术为代表的技术赋能研究,主要就"赋能"在转型过程中的实务(技术)操作展开。"技术赋能"与"人工智能"的理念是相生相成的,最早是由约翰·麦卡锡(John McCarthy)于20世纪中期在达特茅斯大学学术会议上提出,旨在基于人类智能思维的基础之上开发类人化的智能系统,以此赋能传统产业,代替传统的人力劳动。此后,学界和企业界围绕技术赋能传统产业开始进行前沿探索。Tomoko等认为"赋能"可以协助传统企业实现顺利转型,并基于智能系统与设备的支持下先在组织内部小范围进行赋

---

[1] Rosabeth Moss Kanter, *Change Masters*, New York: Free Press, 1985, p.119.

[2] Gretchen M. Spreitzer, Robert E. Quinn, Empowering Middle Managers to be Transformational Leaders, *Journal of Applied Behavioral Science*, Vol.32, No.3, 1996, p.303.

[3] Marc A. Zimmerman, Psychological empowerment: Issues and illustrations, *American Journal of Community Psychology*, Vol.23, 1995, p.492.

"东数西算"背景下西部边疆的"数字赋能"研究

能授权，进而推动企业整体的数字化建设。[①] 中国电子商务协会 PCEM 网络整合营销研究中心主任刘东明则围绕"智能+"国家战略的行动路线图，分别就数字赋能营销、零售、教育、医疗、金融以及交通等行业部门提出了场景应用、具体策略、落实途径的各项建议，并最终将智慧企业作为转型的总体目标。[②] 中国工程院院士于全将"赋能"理念应用于数字安全领域，提出以"动态"来赋能网络空间防御，即以主动求变的指导理念布局技术机理与安全体系，通过动态变化不断制造网络空间的安全迷雾，从而使潜在的网络入侵者由于寻找不到系统漏洞、接入路径以及攻击目标而放弃网络入侵，从而在根本上扭转长期以来网络空间安全防御的被动局面。[③] 类似于此类的研究过于偏向实际操作领域的建议和案例，并未就"赋能"的理论内核进行深度展开，过度强调人工智能的重要性，而忽视了"技术赋能"本身所蕴含的管理理念。

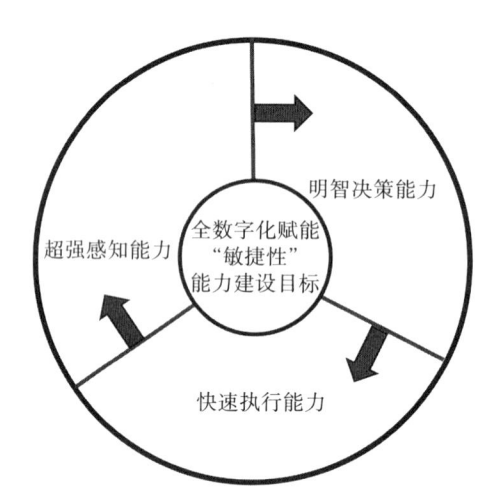

图 0-3 全数字赋能"敏捷性"能力建设目标

资料来源：[英]迈克尔·韦德等著：《全数字化赋能——迎接颠覆者的竞争战略》，中信出版股份有限公司 2019 年版。

[①] Tomoko Yokoi, Jialu Shan, Michael Wade, James Macaulay, "Digital Vortex 2019-Continuous and Connected Change", *Global Center for Digital Business Transformation*, 2019, p.91.

[②] 刘东明：《智能+：赋能传统产业数字化转型》，北京：中国经济出版社，2019 年版，第 55 页。

[③] 杨林、于全：《动态赋能网络空间防御》，北京：人民邮电出版社，2018 年版，第 31 页。

绪论

围绕"技术赋能"的管理思路研究则在某种程度上弥补了纯粹技术角度的缺陷,值得强调的是,从管理思路上强调技术路线的研究都普遍重视"敏捷"的重要性。思科公司全数字化转型主席、全球数字化转型业务主任Michael Wade教授(2019)尝试以"技术"作为一种自我转型方式去重塑"价值"。他认为,数字化时代的竞争截然不同于传统的工商业竞争,数字化时代的技术竞争最主要的特点就是"颠覆",而这在"变革速度"与"变革风险"两个方面体现得非常突出。[①] 全数字化的竞争者能够迅速创新,并善于利用创新在最短的时间内建立起庞大的用户群,无论是速度还是规模都是传统商业实体所无法比拟的。以赋能为导向的技术转型,则就传统行业面临的严峻挑战给出了明确的方向,鼓励以"赋能"的方式给予个人与部门的"敏捷性",从而面对日新月异的数字化时代。[②] 此外,斯坦利就"赋能"在全数字化时代进行技术转型的模式和特征进行了阐释。主张"赋能"追求敏捷性,以超强感知、明智决策及快速执行三大能力建设为追求目标,以"集权"到"分权""垂直"到"扁平""中心化"到"去中心"为主要模式,对"个人"与"业务"进行赋能授权,充分发挥主观能动性以实现效率与质量的最优化。[③]

(三)关于自我赋能的研究

自我赋能的研究涉及"赋能"理论的重要分支,即从社会心理学的角度研析赋能在个体成长与社会发展领域所发挥的作用。美国学者巴巴拉·索罗门(Barbara Soloman,1977)出于美国黑人民权运动的需要,将"Empowerment"作为社会学概念引入,它首次系统地明确了"赋能"的对象为"无权一族"的社会弱势群体(如美国社会中黑人等少数族裔),并演绎出"减少无权感"(reduce the powerlessness)的直接或间接权力

---

① [英]迈克尔·韦德等著:《全数字化赋能——迎接颠覆者的竞争战略》,北京:中信出版股份有限公司,2019年版,第3页。

② Joseph Bradley, Jeff Loucks, James Macaulay, et al., "Digital Vortex - How Digital Disruption Is Redefining Industries," *Global Center for Digital Business Transformation*, June 2019, p.16.

③ General Stanley McChrystal, Chris Fussell, Tantum Collins, et al., *Team of Teams: New Rules of Engagement for a Complex World*, Portfolio, 2015, p. 112.

"东数西算"背景下西部边疆的"数字赋能"研究

障碍[①]的清除过程,以此作为增进自我效能与社会变革的参考视域。著名艺术家岳路平基于"赋能器"的概念衍生出了"赋权器",指出新媒介就是当今社会的赋权器,其在表征上体现为技术、工具、介质和知识等,实质上则是时空延展性中渠道与内容的结合体,是社会个体或群体广泛参与政治与文化生活的工具依赖。[②]就"赋权器"的概念特征而言,认为其在公共传播领域具有权力的、结构的、运动的及关系的特性,以速度为决定能量和想象空间的核心要素,以"做势"和"做事"为伦理实践的准则,在相对闭合的权力链中无论行动主体在观点、路径及来源等领域存在着差异,但都能够同样实现赋权。北京大学新闻与传播学院师曾志教授将新媒介赋权形式分为三种类型:组织赋权、群体赋权以及自我赋权。就组织赋权而言,主要指有组织的机构利用电子政务、电子商务等形式进行赋权;就群体赋权而言,指社会群体(非组织性)与原生的权力结构关系保持一定的疏离,转而利用虚拟(数字/信息)空间实现社会的联结、整合以及资本的创造;就自我赋权而言,是个体利用(新媒介)工具及手段等实现由"少权"到"增权"的过程。这三种类型的赋权推动着当今社会的解构与重构,实现了权力扁平化的分布,[③]对于社会公正和效率的改善都有着诸多裨益。

二、关于边疆安全的研究

国内外关于边疆安全的研究成果非常丰富,主要侧重于三个方面:一是从安全治理的角度去剖析边疆安全的理论基础、历史脉络以及政治决策;二是从国际政治的角度去研究现实的边疆传统安全问题;三是基于国内治理的角度探索边疆的非传统安全问题。这三个方向都有一批具有代表性的研究成果。

就国内边疆学理论与实践的研究而言,边疆地区的安全与稳定是我国

---

① Barbara Bryant Solomon, *Black Empowerment: Social Work in Oppressed Communities*, New York: Columbia Univ Press, 1977, p.166.
② 师曾志、胡泳等:《新媒介赋权及意义:互联网的兴起》,北京:社会科学文献出版社,2014年版,第18页。
③ 师曾志、金锦萍:《新媒介赋权及意义:国家与社会的协同演进》,北京:社会科学文献出版社,2013年版,第112页。

实现经济发展、社会和谐的重要屏障，因而如何在边疆地区实现"善治"，就不仅是一个"管理"问题，也是"政治"议题。余潇枫教授和徐黎丽教授合著的《边疆安全学引论》一书则是具有开创性地将"边疆学"与"安全学"进行结合，开创了新的学科概念——边疆安全学。此书最具开创性的是上篇的"边疆安全学总论"，阐述了"边疆安全学"的理论视角以及价值基点。在此书的作者看来，"边疆安全学"作为以探索边疆安全治理规律为学科目标与主体内容的交叉性学科，其核心在于边疆、安全以及安全治理，其主要创新在于将作者所擅长的"非传统安全"的研究场域融入边疆的视角，并提出边疆安全的价值基点与最终归宿都是以实现"人的安全"为优先思考。此书的中篇和下篇则是主要结合了边疆安全的相关内容，并以"南疆的安全治理"作为案例展开论述，提出了一系列安全治理的方案与设想。云南大学特聘教授周平主张首先从理论上界定边疆地区管理的技术性、政治的敏感性，建构起边疆政治学完整的理论体系与知识结构，从而为边疆地区的治理提供理论支持。他认为，随着中国的发展以及周边形势的日益复杂，边疆在国家发展中的地位及边疆治理在国家治理中的地位日益凸显，主张从边疆的开发与建设、边疆的民族及宗教问题、边疆的社会组织及其管理、边疆的社会与政治稳定、边境的维护与管理、边疆的安全与防御[①]等多维度进行立体化治理。

国内外涉及我国边疆"传统安全"研究中，尤其以边境争端而导致的国际关系异变是一个重要方向与热点议题，如目前尚未得到妥善解决的中印边境问题就是边疆传统安全领域的典型。云南大学南亚研究领域的吕昭义教授《中印边界问题、印巴领土纠纷研究》一书对于中印边界问题的历史根源进行了非常详细的梳理，并就此书出版时的最新动态进行了跟踪，吕昭义教授关于中印边境问题的诸多著作（如《英属印度与中国西南边疆：1774—1911》《英帝国与中国西南边疆：1911—1947》《关于中印边界东段的几个问题》等）共同架构起了中印边界问题的历史学框架。除论述中印边界问题外，他还基于一个"战略三角"的视野去观察中印巴三国在南亚的竞争与角逐，阐释了领土争端作为一个重要的战略筹码在三个国家关系中所扮演的重要角色。"历史脉络"既是此书的视角也是本书的纲领，

---

① 周平：《中国边疆政治学》，北京：中央编译出版社，2015年版，第6页。

"东数西算"背景下西部边疆的"数字赋能"研究

吕昭义教授从中印传统的习惯性边界为切入点,逐渐展开了殖民时期英国政府与清政府以及西藏地方政府之间的博弈与斗争,详细阐述了英国对中印边界划定的三种方案——寇松的"缓冲国计划"、明托的"战略边界计划""麦克马洪线"以及三种方案背后的政治与军事考量。[①]与之相比较的是,外国学者对于"中印边境"问题却有着不同的看法。印度学者阿米特·兰杰(Amit Ranjan,2016)则从印度的角度对中印边界争端进行了一定的考证研究。他追溯了中印边界问题从大英帝国在印度的"大博弈"时期的起源到今天的发展历程,同时考察了西部和东部地区,并追溯了各种假定的边界(分别是约翰逊—阿达格/马加特—麦克唐纳线和麦克马洪线)的发展。此外,阿米特·兰杰讨论了最近边界地区出现的紧张局势,以及为解决争端而进行的长期但不成功的努力,并考虑了为最终解决这些问题可能需要采取的行动。在问题的解决方法上,认为扩大贸易合作并不能从根本上扭转目前的僵局,即使是中印两国之间的贸易额接近千亿美元,但两国未能结束边界争端。他举例称在20世纪80年代和90年代,人们认为两国间日益增长的经济合作将成为解决政治争端的一个契机,但事实并非如此,印中边境警卫之间的军事对峙和对抗经常发生[②]。阿米特·兰杰的观点其实在某种程度上驳斥了国内相当一部分"理想主义"的印度研究学者,以历史的借鉴来阐释中印的领土争端并不能通过双边关系的缓和来解决,因为两个大国的国家利益和国内舆论的顾忌都无法使得两国政府在这一问题上做出妥协。此外,域外国家学者在中国边疆传统安全(涉印方面)则有着不同的理解。美国康奈尔大学美籍华裔教授李玲(L.H.M. Ling,2016)从世界主义理论的角度出发来重新审视中印两国在边境问题的对峙。她的观点首先挑战了国际关系学界最为经典的"威斯特伐利亚体系",否定了国家主权间不可避免的潜在冲突,而是将边界视为促进物质、文化和社会利益互联互通的中枢,是地方社区、民族国家和整个地区之间流动的"毛细血管",强调通过中印边境的当地机构和社区相互依赖关系来重塑中印

---

① 吕昭义、孙建波:《中印边界问题、印巴领土纠纷研究》,北京:人民出版社,2013年版,第40—75页。

② Amit Ranjan, "India-China Boundary Disputes: An Overview," *Asian Affairs*, March 09, 2016, p.47.

两国紧张的边境状态[①]。李玲以世界主义角度肯定了边界两边人民之间的积极互动能够产生更大的跨境社区，以合作与发展去给零和的双边关系提供解决方案，即被地缘政治边界划分的人们可以绕过种族、性别、阶级、宗教和其他社会障碍，形成更具包容性的自治组织和治理形式。

边疆的"非传统安全研究"主要集中在后现代社会人类所面临的环境、思想以及新技术革命等非传统安全变量所带来的冲击。事实上，2019年底所突发的新冠肺炎疫情，代表的不仅仅是非传统安全对人类社会的预警，而是一次全方位、现实性挑战的开始，非传统安全的迫切性涵盖了包括边疆安全在内几乎所有的社会议题。中国国际问题研究院国际战略研究所杨超越研究员研究新中国成立以来边疆安全问题的长期发展变化，认为冷战时期的边疆主要面临传统安全领域的威胁，如美国在朝鲜半岛、越南的入侵直接威胁我国东北和东南边疆的安全，苏联在北方对我国边防的巨大压力。进入后冷战时期后，国际局势与周边态势的迅速变化，使得以往围绕边境安全与国家主权的边疆传统安全问题的严重性不断下降，而以三股势力为代表的非传统安全则日益上升为边疆地区维稳治边的主要挑战，甚至引发地区问题国际化的新担忧。四川大学中国西部边疆安全与发展协同创新中心的谢贵平教授认为在深度全球化时代，随着中国的进一步开放以及"一带一路"建设的持续推进，边疆作为国与国之间利益镶嵌、互依互保的毗邻地带，其所面临的非传统安全问题将会更加多元复杂，关乎政治、经济、文化、生态、公共卫生等诸多领域，涵盖地缘、认同、利益与网络等不同安全场域，并融入周边安全、国际安全与人类安全之中。[②] 中国社会科学院亚太与全球战略研究院李志斐研究员认为，非传统安全涉及水域环境安全、信息网络犯罪、社会公共卫生以及跨境犯罪等众多议题，显示出明显的联动性与复合性的结构特征，非传统安全所代表的变革正深刻地影响着地区乃至全球的政治、经济、文化以及社会安全。[③] 徐晓林则基于我国边疆的地缘特征与异质特性阐述了所面临的虚拟空间的非传统安全挑战，指出边疆的网络安全所存在的诸多问题，

[①] Ling L. H. M., Adriana Erthal Abdenur, Payal Banerjee, et al., *India China: Rethinking Borders and Security*, Ann Arbor: University of Michigan Press, 2016, p.101.

[②] 谢贵平：《中国边疆跨境非传统安全：挑战与应对》，载《国际安全研究》，2020年第1期，第131页。

[③] 李志斐：《澜湄合作中的非传统安全治理：从碎片化到平台化》，载《国际安全研究》，2021年第1期，第90页。

"东数西算"背景下西部边疆的"数字赋能"研究

如网络基础设施的安全风险高、政府电子政务（网络治理）的软实力薄弱、"生态治理"与"管制治理"的冲突与矛盾以及边疆网络治理多元主体缺乏共识等，这些问题的存在致使边疆地区出现了目的性与工具性并存的网络恐怖主义、意识形态话语权的拉锯等一系列具有多元关联性的非传统安全挑战。①

三、关于数字治理的研究

目前，数字治理的研究成果集中在数字政府与电子政务领域，即利用数字设备终端、互联网技术来实现政府治理能力与效率的提高。我国进入了基本现代化建设的关键时期，意味着要在2035年基本实现基于信息化基础之上的国家治理体系与治理能力的现代化，这也就对数字政府的建设标准提出了更高的要求。中共中央党校李军鹏研究员认为，以世界一流为标准的数字政府建设，除了继续坚持以人为本的根本价值观取向，要更加突出基于数字技术进行协同治理的主要目标，以"放、管、服"为支点拓宽数字政府建设的广度与深度，②全面提升通信基础设施建设、数字人才的储备、在线发展指数以及在线服务水平，从而实现电子参与的持续性扩大。③对于我国当前推进的数字中国建设而言，就是要在电子政务与办公自动化的基础上，实现数字政府的全方位建设以及治理能力的现代化，突出治理方式的科学性，凸显人类社会发展的总体趋势，基于数字技术的基础之上实现政治、经济、文化、社会与安全等诸多功能的综合提升与共融。④数字中国建设中另一个关键领域——城市治理现代化，同样是提高数字治理能力的重要实践场域，强调将数字技术与信息化能力广泛应用于城市治理的整体过程之中，突出"服

---

① 徐晓林、刘帅、毛子骏：《我国边疆地区网络安全问题及其治理研究》，载《电子政务》，2020年第2期，第47页。
② 李军鹏：《面向基本现代化的数字政府建设方略》，载《改革》，2020年第12期，第16页。
③ 高奇琦：《智能革命与国家治理现代化初探》，载《中国社会科学》，2020年第7期，第91页。
④ 戴长征、鲍静：《数字政府治理——基于社会形态演变进程的考察》，载《中国行政管理》，2017年第9期，第25页。

务型政府"的时效性与功能性。①

此外,数字治理并不仅要将数字化技术简单地应用于具体的政务处理,还要考虑到政府作为公共部门的管理模式是否与数字化技术、公民的社会权利之间实现兼容与契合,这也意味着智能化时代政府公共管理制度模式必须进行相应的调整与转型。②据此,杨述明研究员认为政府管理模式的调整与转型必须处理好三种平衡:其一,公民隐私权与治理效率之间的平衡;其二,公民数字权利与政府数字治理权利之间的平衡;其三,政府数字治理过程中权力的扩张与制约之间的平衡。③尤其是在涉及数字化时代个人与政府之间的关系时,更要强调个人隐私(信息)商品化所带来的负面效应,政府要及时对数据交易市场进行财产权的制度建设,完善个人信息的利用与交易机制,依据初级信息市场、二级信息市场的严格分类来设置数据的财产权限,从而将个人信息以财产权的方式框束在大数据的范畴之内,④最终构建"在保护中利用,在利用中保护的"数字运行规范。与此同时,2019年底新冠肺炎疫情的突发,数字技术的大量应用以及管理模式的优化是我国实现疫情有效防控的重要保障,这也引发了数字技术应用于公共卫生领域的新模式探索。王谦认为,各国对于公共卫生突发事件的不同应对,凸显了不同社会的形态在社会管理领域的差异化,而这种差异正在重塑数字化时代的公共卫生领域的治理体系与具体模式。在具体推进国家公共卫生治理体系与治理能力不断优化改良的进程中,要对数字技术有整体性认知,对公共卫生领域的防控与治理体系要有系统性理解,于此基础之上将数字技术精准地嵌入国家的公共卫生治理体系,充分发挥现代信息技术的合力,走出适合各国公共卫生治理情境的数字化道路。⑤

---

① 杨述明:《数字政府治理:智能社会背景下政府再造的必然选择》,载《社会科学动态》,2020年第11期,第26页。

② 徐晓林、明承瀚、陈涛:《数字政府环境下政务服务数据共享研究》,载《行政论坛》,2018年第1期,第5页。

③ 杨述明:《论现代政府治理能力与智能社会的相适性——社会治理智能化视角》,载《理论月刊》,2019年第3期,第81页。

④ Brandimarte L, Acquisti A, Loewenstein G, "Misplaced Confidences: Privacy and the Control Paradox," *Social Psychological and Personality Science*, Vol.11, No.2, 2013, p.91.

⑤ 王谦:《数字治理:信息社会的国家治理新模式——基于突发公共卫生事件应对的思考》,载《国家治理》,2020年第15期,第31页。

数字治理文化作为治理能力的重要组成，不仅建构了数字化时代的行政结构、生成逻辑，还在具体的社会实践中发挥无可替代的正向功能。① 数字治理文化主要是指数字政府的形成、建设以及发展过程中，数字治理主体行政思维中的思想理论、态度理念、心理活动以及意识形态的总和。数字治理文化的生成逻辑表现为得到普遍认可的数字治理观念、日渐增强的数字治理心理以及趋向成熟的数字治理理论体系，这三者代表了数字治理文化的形成必须遵循社会意识起源于社会实践的客观规律。② 基于数字治理文化的结构与逻辑生成，数字治理的正向功能也由此得到充分展现，不仅能够规范治理行为、供给并更新治理知识（能力），同时还能在社会层面实现精神动力的凝聚。③ 更值得关注的是，数字治理文化对于我国行政传统而言是一种革命，其对于效率的强调将有力地冲击传统治理中的惰性，其所秉持的公开透明的观念将破除传统治理中的内部封闭性，其所倡导的公平公正的法治原则将会逐步取代传统治理中"人治"的成分，其所衍生的服务意识将会颠覆以往治理中的管制体系。④

四、文献述评

在既有的学术成果梳理中，围绕赋能、边疆安全以及数字治理三个领域都有着非常深入的研究，并且大多结合了当前的时代背景。但与此同时，这三个方面分别涉及了公共管理学、国家安全学、政治学以及计算机学等诸多学科，而基于交叉学科基础之上的综合性研究却是较欠缺的。

其一，目前涉及"赋能"的研究大多聚焦于管理学与社会学，尚未涉及国家安全的研究领域。"赋能"于近年来受到企业与社会组织的普遍青睐，得益于其在后现代社会的问题解决能力，如互联网科技企业依据赋能的理念

---

① 唐志远、毛宇：《数字行政文化的主体结构、生成逻辑与正向功能》，载《岭南学刊》，2020年第6期，第17页。
② Vijay Khatri, Carol V. Brown, "Designing data governance," *Communications of the ACM*, No.1, 2010, p.110.
③ Kristin Weber, Boris Otto, Hubert Sterle, "One Size Does Not Fit All—A Contingency Approach to Data Governance," *Journal of Data and Information Quality*, No.1, 2009, p.49.
④ 覃梅、苏涛：《"数字政府"下的行政文化变迁》，载《理论月刊》，2004年第9期，第117页。

来建构新的管理模式以实现主观能动性的最优,从而进一步挖掘员工的潜能,如社会组织依托于赋能在个体心理上的特殊作用,以赋能增权的方式实现社会的公平与公正。但是,"赋能"如何在国家安全领域有所应用,能否在边疆安全的组织结构与管理模式上有所借鉴,"赋能"在边疆安全的实践中又是否能实现进一步的调整与发展,这无论是对于边疆安全还是赋能都是积极的探索与论证。

其二,目前的边疆安全研究对于数字化时代的非传统安全风险普遍认识不足,没有具有针对性的研究聚焦。边疆安全在农业化时代、工业化时代及数字化时代所面临的风险是截然不同的,农业化时代的边疆安全风险主要是人的因素,工业化时代的风险则是除了人,还要附加机器与工业制成品(如各类武器)所带来的挑战,数字化时代则是更进一步,不仅要面对人与机器等来自物质世界的威胁,还要围绕虚拟空间的争夺与安全进行反复的博弈与较量。目前的学界研究,同样认识到这一问题的存在,但普遍将虚拟空间作为非传统安全风险的一个侧面进行阐述,尚未对该问题的存在与异变进行专项研究与深度剖析。

其三,数字治理的研究局限于具体的技术与管理层面,缺乏方向上的理论指导与结构设计。目前的数字治理研究,大多围绕"数字中国"的提出与实践,重点是数字化设备终端以及信息化系统在具体政务中的处理,其中也包括对于新设备应用后的管理模式探讨。但问题在于,"数字治理"的真正核心并不是"运用数字能力去治理",而是"运用数字思维去治理",仅仅是将数字化设备应用于具体的问题解决,而不从底层逻辑去颠覆以往的制度与管理窠臼,就无法真正地实现实质意义上的跨越。因此,这就需要从理论上重新设计数字化时代的管理结构,而"赋能"能否符合数字化时代安全管理的底层逻辑,是否又存在其他工具理性思维的替代者,这些都是应当继续论证与研究的。

本书基于学界前辈丰硕的研究成果之上,立足于学科交叉的研究思路,探索数字化时代的边疆安全研究动态与学术前沿,并尝试以赋能理论为指导思想构建边疆数字化安全体系,这也是本书最为重要的研究突破点。鉴于此,本书基于安全学与公共管理学的交叉综合,主张把科学合理性、社会合意性建立在技术规范的有效性与技术理论的可行性的基础之上,兼顾效率与目的、自然与社会之间的和谐,通过"技术手段"与"技术思维"来重塑数字化时代的边疆管理模式与安全文化。

第三节 研究方法和技术路线

本书尝试从公共管理学与边疆学的交叉视角出发,立足于问题的解构与体系的建构,探索数字化时代边疆安全的内在逻辑与演进方向,为进一步应对大变局背景下边疆地区的风险与安全挑战提供政策建议。鉴于此,本书主要关注以下三个问题。

第一,数字化时代边疆地区所面临的安全新风险、新挑战,继而提出基于新技术手段的新应对。

第二,边疆地区当前"数字赋能"的进展以及困境,继而在公共管理学科框架下探索国家安全领域的理论适用性与体系建构。

第三,区分"治理技术"与"技术治理",继而提出在技术理性的逻辑上建构边疆安全的管理体系。

基于以上三个方面,本书研析当前边疆安全所面临的新态势,梳理数字化时代安全风险的发展脉络,总结边疆治理的普遍规律与发展趋势,从而建构起具有针对性、时效性的边疆安全治理的数字化安全体系,并为我国的边疆安全治理实践提供制度供给与政策建议。

一、研究思路

本书基于"技术理性"的哲学逻辑,对于某种信条或是观念(旧有的边疆安全治理模式)的摒弃,即意味着脱离原先认定的一整套价值体系,而这在实际上就是挑战自我认同,因此观念与思维的转变往往是复杂与痛苦的。对于国家安全的治理理念,同样经历了各种复杂的争论与博弈,有疆防与海防之间安全重心的反复,有闭关自保与开放进取之间的争辩,有绝对安全与相对安全之间安全观念的博弈,也有单独安全保障与集体安全框架之间安全模式的抉择,这些理念之间的碰撞与转变既是国家安全的演变史,也映射了人类文明的发展进程,还为当前边疆数字化安全体系的构建提供了路径与目标上的借鉴。

绪论

鉴于上述逻辑进路，提出以"赋能"作为数字化时代国家安全体系建构的基本理论框架。如今各国都在加强边疆的智能化建设，但依然在使用传统的管理模式进行人员的组织与设备的运用，仅仅是机械化与信息化的升级，并没有依靠智能化的思维去管理和应对边疆事务，也没有通过管理方式的改革而去实现人、机、物的三元融合，以充分发挥数字化所带来的巨大功效。基于边疆地区的特殊性、适应数字化进程的迫切性、"赋能"在公共管理领域的高效性三个方面，本书以数字赋能为研究进路，剖析数字化进程对于边疆地区的重塑，尝试论证以赋能作为主要治理形式的功效，以此思考"赋能"理论在公共管理与国家安全领域的新拓展。

二、研究方法

边疆治理研究涉及多学科的交叉领域，因而在具体研究方法上将会以"跨学科研究法"为基础，以"文献研究法"为纲领，以"定量分析"为支撑，从而对本书研究对象进行立体剖析。

（一）跨学科研究法

"跨学科研究法"也被称作"交叉研究法"，即基于整体的视角采用多学科的理论与方法对某一问题进行综合研究。运动发展的普遍性与特殊性是交叉错合的，科学研究同样也是一个既高度分化又高度综合的复杂体，任何单一学科的视角都有可能导致研究的片面性与主观性，即无法在广度和深度上保证本研究的科学性。本书的研究对象是数字技术与管理在边疆地区的应用性，将会涉及政治学、管理学、经济学以及信息与通信工程等诸多学科，因而在研究过程中必然就具体问题所涉及的多学科分析模型加以综合运用，从而能够以全面且深入对问题的本质进行解构和再建构。

（二）文献研究法

文献研究法作为最常见也是最重要的研究方法之一，在实际的课题研究中占有非常重要的地位，它通过大量文献的阅读以及比较参考，了解研究对象的历史积累和动态发展，从而在已有成果的基础上进行总结或是开拓性的创新研究。本书即通过文献研究法进行文章基本框架的构建，尤其强调在边疆安全、数字化进程以及赋能理论三个领域文献的大量阅读，通过比较分析、归类综合等方法就本书研究对象进行资料的收集与整理。

（三）比较分析法

比较分析在研究的对比参照中追求认识的精确化，以便正确地了解并掌握规律的科学性而普遍应用的一种研究方法。比较分析不仅能够对事物的本质有深度的剖析，还能够厘清本体与客体之间的相互关系，并对事物的未来发展方向进行科学的预测。本书将会利用比较分析的方法，对数字赋能前与后的边疆安全治理的效能进行比较、对中外边疆安全治理的"数字赋能"形式进行比较，从而为将来边疆地区的数字赋能和安全治理路径提供借鉴。

第四节 研究重点、难点及创新点

研究重点、难点与创新点是本书的核心所在，也是本书的重点研究领域，对此就这三个方面进行阐述。

一、研究重点

根据本书的研究对象所涵盖的范围，将赋能治理与边疆安全研究这两个领域作为重点研究领域。

（一）侧重"数字赋能治理"

近年来，"赋能"作为一个管理学概念迅速为数字化时代的企业家所认可，而"数字赋能"也开始为中心城市的公共治理领域所接受，但对于国家安全尤其是涉及边境等边远地区很少有所探索和尝试。与之相对的是，军队往往作为前沿技术优先试验的载体，数字化技术为代表的信息战、舆论战等已经在包括边防在内的整体国防中得到普遍应用，如果无法在组织关系和管理体系上有所应对性调整，就很难保证技术优势给边境安全所带来的全部裨益。"赋能"理论作为数字经济时代最为推崇的管理理论之一，其在商业领域的成功证明了它的合理性以及先进性，如若能够将赋能治理的理念和操作方式成功地移植到边疆公共管理和安全治理领域,对于理论自身发展以及公共事务处理效率的提高都将是一个重要的突破。

本书尝试将"赋能治理"应用于边疆安全治理研究当中,既是探索公共管理与工商管理理论两大领域的交叉互鉴,也是以"效率优先"为思路拓展边疆安全的提升空间,从而为我国国家总体安全有所建树。

(二)构建"边疆安全体系"

"边疆安全"是本书研究的最终目标,无论是对于数字化变革的研究,还是赋能治理理论的探索,其从根本上都是为了边疆安全治理服务,因而边疆安全是本书最为核心的研究重点。近年来,边疆地区虽总体平稳但却风波不断,如中印之间的洞朗对峙、班公湖摩擦等事件凸显出边疆依然是一个极度敏感且须特别重视的区域,因而加强边疆地区的安全治理是有着时代背景和国家利益的现实针对性的。总体来看,"边疆安全"是一个综合性极高的复杂体,不仅涉及人员、装备、技术等,同样还包括了后勤、调控等,涉及的范围十分广泛。本书聚焦的主要是数字化技术在军事以及民用都得到普及后,如何使用数字化时代的管理技术去协调边境地区的安全治理,从而最大限度地发挥我国人员、装备及技术上的优势。

本书从应对周边国家数字化建设为背景,以我国边境数字化建设及管理为切入点,着重剖析边境安全在数字化时代的新变化与新发展,从而为边疆的和平与稳定提供管理思维上的借鉴。

二、研究难点

本书的研究难点主要集中在边境调研的困难性、交叉研究的复杂性以及数字化时代技术迭代快三个方面。

(一)边疆调研的困难性

边疆地区一直是国家安全的前沿地带,也是国家间安全利益博弈的缓冲区,尤其是对于如中印两个存在领土争端的国家而言,包括边境在内的边疆地区便显得尤为敏感和封闭,双方由于安全原因对于边境人员的流动也有着极为严格的控制,这给本书的调研造成了一定的困难,对于边疆尤其是冲突地带（如中印边境）的实际情况的了解也设定了一些局限。

（二）交叉研究的复杂性

本书涉及了政治学、管理学、经济学以及信息与通信工程等诸多学科，因而在研究过程中必然就具体问题所涉及的多学科分析模型加以综合运用，这对于笔者所需的知识面和专业程度提出了巨大的要求和挑战。此外，多学科交叉存在着比较与互鉴，也存在着相互排斥与冲突，如何妥善且"聚焦"式地将多学科融合到边疆的安全治理研究当中便成为本书研究的一个难点。

（三）数字化时代技术迭代更新快

进入工业化时代以来，人类技术更新的步伐与频率不断加速，时至今日，技术的日新月异已然不是夸张的比喻，而是正在或将要面临的现实。本书主要的研究对象就是利用数字技术赋能边疆安全治理，但在研究的过程中会不会出现技术性的滞后，致使研究的时效性和针对性出现不同程度的弱化。因此，如何在研究进程中维系数字化管理与数字化技术之间的价值平衡，如何从动态的技术更新中寻找到静态的治理体系变化规律，则是本书的主要难点之一。

三、主要创新点

本书的创新点主要围绕以下三个领域进行展开。

（一）系统性地梳理了赋能理论的发展历程

"赋能"虽于最近以来在企业管理实践中备受推崇，但存在两个明显的缺陷：其一，一个"Empowerment"各自（翻译）表述，导致理论的边界不断外拓的同时又显得模糊不清。如"赋能""赋权"与"增权"等适用于何种学科背景、符合于何种应用语境，就目前而言是相当混乱的，没有形成围绕"Empowerment"的学科理论规范。其二，"赋能"理论自 20 世纪 20 年代玛丽·芙丽特提出以来，至今已有百年，但至今没有形成对于"赋能"概念的统一认识与清晰梳理。这两点对于一个已有百年发展史的管理学理论而言是缺憾，也是亟须弥补的空白。本书在核心概念与理论基础的层面，就

"Empowerment"在管理学科的"赋能"、社会学与心理学的"赋权"的区别使用进行了界定与规范,并着重梳理了自 20 世纪 20 年代至今的三个主要发展阶段,对"赋能"理论的发展过程做出较为详细的总结。

(二)"赋能"管理与"区块链"技术的结合应用

本书尝试将"赋能"管理与"区块链"技术相结合,并应用于边疆的公共安全管理实践。"赋能"强调管理层级的扁平化与去中心化,而这一思路正符合"区块链"关于分布式数据区块的技术设计,二者同样追求网格化的平面结构。本书基于当前边疆"数字赋能"进程中所面临的具体困境,结合我国边疆安全治理的功能性需求,具有针对性地提出以"区块链"为支撑的技术治理路径,并分别就建构以区块链技术为赋能内核的边疆国土安全体系、网络安全体系、以多传感器信息融合为中心的边疆生物安全体系以及边疆反恐情报融合共享的安全体系等。通过数据区块链条将大数据处理能力嵌入安全部门的决策进程中,重新塑造边疆安全治理体系的组织结构与治理模式。

(三)探索"赋能"在国家安全领域的应用

探讨技术理性与治理场域的耦合,在安全治理实践应用"数字赋能",发展"赋能理论"。目前,关于"赋能"的热点主要侧重于商业管理的领域,视角多侧重于数字赋能管理理念在现代商业运行中"扁平化、去中心化"的应用性与操作性。但对于如何将"赋能"理论应用于公共安全治理、如何利用数字技术提高边疆的总体安全、如何通过技术和理论的创新去应对边疆地区可能出现的安全态势恶化这几个问题而言,就目前来看是缺乏针对性研究的。"赋能"理论作为一种管理学的理论,同样有着理论发展与实践的过程,而国家安全学作为近年来的新兴学科,同样需要在理论上有所创新。面临后现代社会的数字化时代,利用"赋能"提升国家安全的等级、改善边民的生活、加强安全事件应对,既是"技术理性"的突破方向,也是"赋能"理论践行、发展和创新自身理论的契机,还是本书所寻求的创新点所在。

第一章
核心概念、理论基础与分析框架

核心概念是学术研究的支点，理论基础是贯穿始终的主干，明确核心概念与理论基础是本书的核心所在，也是确保研究完整度、科学性的重要前提。

第一节 核心概念

本书主要围绕数字赋能、边疆安全与数字化三个核心概念进行延展，严格区分核心概念与衍生概念之间的交叉与统合，为研究的逐次展开奠定相对翔实的基础。

一、数字赋能

"数字赋能"是一个由时间链条衍生出的复合型概念，是由"赋能"再到"数字赋能"的次序逐渐形成的概念框架与理论拓展。就"赋能"而言，其从概念到理论的形成、成熟与发展，经历百余年的时间，其中形成了诸多的概念分支与理论分支，而"数字赋能"则是这个发展进程中较为突出的代表，形成了"赋能"在管理学领域较为独特的思想与范式，是理论发展至今最为核心的存在。"数字赋能"于20世纪末起受到互联网企业的推崇，是行为实践推动理论升华的需要，也是时代背景下理论寻求自身价值的必然，代表了理论的发展前沿与未来方向。因此，围绕"赋能"与"数字赋能"的概念、框架及原则是运用"赋能"理论进行对象研究的必要条件。

"数字赋能"的概念始于20世纪60年代末至70年代初的"政治觉察"及"自助"运动。即利用数字技术来实现组织业务能力和技术水平的从无到有、从弱到强。其中所利用的数字技术包含有大数据、云计算、人工智能、物联网以及

"东数西算"背景下西部边疆的"数字赋能"研究

信息安全。[①] 其中,大数据以及基于大数据的人工智能能够以直接或是间接的手段将数据变现,以此来实现数字化技术的创新价值。云计算作为虚拟空间的基础设施,为数字化设计、编程以及存储提供平台与软件架构,从而实现产品研发、办公协同、生产调配、物流运输等具体程序环节的效率提升。物联网则是在数字化世界互联互通的前提下普及数字化设备端口,实现数据信息的采集、传输以及命令链的落实。数字安全技术则是以上一切环节的稳定运行的安全屏障,且随着数字技术的日趋复杂、数据信息的碎片化程度加深、虚拟空间渗透与博弈的加剧,数字化安全将日益凸显出专业化、综合化的关键地位。

"数字赋能"所代表的是以结果和回报为导向的管理过程,而不仅仅是局限于某种行为或是某种措施。首先,数字赋能要求赋能者与被赋能者至少掌握一门数字技术,因为技术决定了数字赋能过程的流量与具体路径。这里值得强调的是,在数字化时代,是否掌握一门技术之间的差距将会不断扩大个体之间的收入差异、生活差异、价值差异甚至是阶层差异,也即数字鸿沟的现象将会越来越严重。但是,数字赋能的出现,在某种程度上正在尽力弥合数字鸿沟所造成的差距,通过赋能的形式让技术不拥有者同样享有数字化所带来的工作与生活便利(如普通管理者可以使用技术拥有者所开发的各类App、软件以及数字化设备),这也是数字赋能对于社会发展所做出的重要贡献。其次,"数字赋能"所代表的是一种数字文化,无论是实施者抑或是接受者都能够在数字赋能的过程中分享到政治、经济、社会、教育以及精神能力,从底层的物质基础及技术建构上提高自身的政治地位、经济地位以及社会地位。最后,"数字赋能"所寻求突破的是实现管理者与被管理者之间彼此的信任与尊重,以"互信"来实现个人潜能与价值的完全释放,这是"赋能"式管理以及"数字赋能"追求的最终目标。

奠基"数字赋能"的框架有两个视角与四大要素。就管理学视角而言,被管理者获得数字技术的增益,最大限度地释放个人的才智与潜能,从而激发个体在组织中的创造性及主观能动性。[②] 就社会学视角而言,数字赋能是

[①] Leong C, Pan S L, Newell S, et al., "The emergence of self-organizing e-commerce ecosystems in remote villages of china: A tale of digital empowerment for rural development," *Mis Quarterly*, Vol.40, No.2, 2016, p.479.

[②] Faulkner J, Laschinger H, "The effects of structural and psychological empowerment on perceived respect in acute care nurses," *Journal of Nursing Management*, Vol.16, No.2, 2010, pp.214–221.

第一章 核心概念、理论基础与分析框架

识别、促进以及提升个体解决问题的能力,通过数字资源的有效利用,能够自觉并自主地控制管理进程与业务绩效。[1] 此外,"数字赋能"的认知模型中还包含了四大要素,分别是能力、意义、选择性以及影响力。[2] 能力是指数字化技术的掌握与否,意义是指数字赋能所带来的个体/集体的主动或被动增益,选择性是指数字赋能在技术使用方向上的抉择,影响力则是数字赋能后所产生的直接影响及外部性。

表1-1 数字赋能与赋能管理之间的区别 [3]

	数字赋能	赋能管理
赋能者	数字技术	方式不限
	指点引导型	锦上添花型
	非强制性	权威授予
	个人发展第一	组织利益第一
	间接使能	直接赋能
	对相对重要的事务进行赋能	对相对不重要的事务进行赋能
被赋能者	非零和博弈	零和博弈
	层次相对较低人群	高层次、低层次人群
	获得的能力具有永久性	权力的实效具有不确定性
	自我管理	领导控制
	自我幸福感、自我满足	被给予满足感、自信心
	无能、弱能—有能	有能—有权
	全部权限	部分权限
	主观能动性	被动型

资料来源:研究总结绘制。

---

[1] Hermansson E, Martensson L, "Empowerment in the midwifery context—A concept analysis," *Midwifery*, Vol.27, No.6, 2011, pp.811–816.

[2] Thomas K W, Velthouse B A, "Cognitive elements of empowerment: An interpretive model of intrinsic task motivation," *Academy of Management Review*, Vol.15, No.4, 1990, p.676.

[3] Ganjali A, Farhadi R, Ahmadipanah M, "The role of electronic management of human resources in psychological empowerment of human resources in Shiraz gas company," *International Letters of Social and Humanistic Sciences*, Vol.5, No.4, 2015, p.68.

"东数西算"背景下西部边疆的"数字赋能"研究

就"赋能""组织赋能"以及"数字赋能"三者之间的区分而言，实质上是"赋能管理"与"数字赋能"之间的差异，二者虽在理念上看似类同，但却有着本质上的不同。首先，从实施者的视角而言，数字赋能通过技术手段引导并指点个体实现能力的飞跃，间接地使被赋能者获取社会资源、增强生存与发展的能力，标志着被赋能者具备更多的独立性、自主性以及自由发展的空间。相较而言，赋能管理是管理者、领导者出于组织利益最大化而自愿下沉职权，将原属于自身的职责部分地转移给被管理者，被管理者在被动接受上级指令时，在命令链的框架内发挥个人能动性，是有条件的、有前提的自主。其次，从接受者的角度而言，数字赋能强调个体通过数字化技术的引导、学习或是辅助，由"无能、弱能"而至"有能"，且这种后天获得的能力完全属于个体所有，个体也完全享有这种后天能力获得时所产生的满足感及幸福感。赋能管理的接受者虽然受上级的信任而获得部分职权，但这种权力授予是有能力条件的，如此才能获得管理者充分的信任及授权。但这种信任是相对活跃的，且有很强的时效性，被赋能者的自助性受到领导者即时的满足感、安全感以及自信心。[①] 最后，数字赋能与赋能管理都强调使接受者获得相应的能力或是权力，但二者最大的区分在于赋能方式的迥异。数字赋能的工具是大数据、云计算、移动通信以及物联网等数字化手段，这是依凭直接或是间接的数字化技术手段来提升个体能力以及集体的生活水平，是数字化时代的历史映射。赋能管理则是倾向于人事组织的任命、授权以及分派，通过结构的拆分、重塑或是转型来实现组织效率的提升。

二、边疆安全

"边疆安全治理"是"边疆安全学"的重要分支，而后者则是徐黎丽、余潇枫等学者所提出的学科概念，是基于对治边经验及教训的历史总结、社会转型时期边疆安全研究新语境所建构出的新理论。但正如两位学者在《边疆安全学引论》一书中所提及的问题，当前的边疆安全研究是规范有余而量化不足，缺乏具有实际操作能力的治理思考。尤其是在科学技术日新月异的

[①] Fotoukian Z, Shahboulaghi F.M, Khoshknab M.F, et al., "Concept analysis of empowerment in old people with chronic diseases using ahybrid model", *Asian Nursing Research*, Vol.8, No.2, 2014, p.120.

第一章　核心概念、理论基础与分析框架

今天，历史上的治边经验如何结合现代化的元素，才能更好地发挥其在治民安边进程中的基础性影响，以益于开辟出更具适用性的治边新思路。基于此点，本书在边疆安全学研究已有成果之上，结合"赋能"理论以及新技术手段的针对性，尝试对边疆安全治理思路的理论框架进行再建构，从结构设计上探求数字赋能下的边疆安全治理研究。

总体来看，边疆安全作为"边疆"与"安全"两者的复合体，于普遍性及特殊性的内在逻辑存在着结构性的层次关系，并以认同作为价值基点贯穿于时间与空间的维度。在边疆安全的层次体系中，形成了以国家主体为框架、以边疆治理为主体、以族群认同为核心的三层结构，三者辩证统一于边疆安全的认知、分析及实践之中。

边疆安全的外层就是国家体系下的整体安全，脱离了国家安全的语境，边疆安全及治理便失去了方向定位与实质意义。学术界对于边疆的分类较为多元，有立足于传统视野的陆疆、海疆及空疆等；有立足于维度区分的"高边疆"与"低边疆"；也有以实体区分的"硬边疆"与"软边疆"，但无论是何种分野，都是基于国家为主体来界定边疆的范畴。同样，无论是传统安全抑或是非传统安全，也都是围绕国家实体的利益范畴与疆域界限来阐述国家安全的语境。关于如何实现并维护国家安全，分别形成了建构主义、现实主义以及自由主义三种建设性思路。建构性安全主张通过观念认同与文化共享来建构国家间和谐稳定的基础，以周边安全的建构来实现边界的和平与稳定。现实主义的安全观则是技术理性思维导图下的产物，强调国际无政府状态下"零和"关系的必然性与安全悖论的普遍性，只有实现国家实力的比较甚至是绝对优势才能实现包括边疆在内的国家整体安全。自由主义安全观在部分层面与建构主义的观点类似，同样认为国家间的安全可以通过合作与共有来实现。但建构主义侧重于共有观念，而自由主义则认为安全与"交往力度"及"利益密度"相关，通过彼此的合作形成相互依赖的利益共同体，以利益的羁绊来控制国家安全的竞争甚至是对抗。这三种国家整体安全观直接决定了研究边疆安全的路径依赖。建构主义及自由主义安全观视域下的边疆处于一种开放状态，边疆安全的地位及重要性相对下降，秩序取代安全成为治理的主要标的。与之相反的是，现实主义安全观下的边疆安全则成为国家安全的首要屏障，国家间关系的任何异变都会在边疆地区得到体现，边疆也成为国家间综合实力竞争与对抗的角逐地带。无论是何种国家安全观，边疆

"东数西算"背景下西部边疆的"数字赋能"研究

作为主权国家的特殊组成,都将直接受到国家制度与政策的影响辐射,而国家安全也为边疆安全的实现提供了最为重要的支撑。

边疆安全的中层是边安的主体内容。具体涵盖了以下三个方面:其一,地理上的边界安全。边界是边疆的基线,边界安全具体是指围绕边界及边界外拓空间(如陆疆、海疆、空疆乃至天疆等)的边界安全,其于实质上属于传统安全的归类,国家维护边界的安全也大多依靠政治、军事以及外交的传统安全策略。但不容忽视的是,边界作为国与国之间的交界地带,实际上是一种模糊的、动态的且具有相对性的稳定,这不仅是历史演变的结果,也受到国家能力的限制。以海疆为例,目前国际海洋法所定义的领海是海岸基线面海一侧外延12海里以内的范围,领海主权所有国有权在12海里范围内行使立法权、管辖权、沿海航运权以及资源的开发与利用权。但是,由于国家实力的巨大差异,相当部分的沿海发展中国家是无力行使并维护本国领海主权的。此外,处于地区冲突的国家的边界也是模糊的,冲突双方的拉锯及交错使得边界缺乏绝对的稳态。就某种程度而言,国家的法定边界虽是由国际法以及国家间的条约所划定的,但法定边界范围内的实控边界的张力是由一国的综合实力所决定的。只有当国家综合实力能够完全辐射到法定边界才能够真正体现边境划界的有效性。其二,边疆地区族群共同体的安全。生活在边疆地区的边民是边疆的建设者、捍卫者与创造者,无论是国家安全抑或是边疆安全,都以实现"人的安全"为第一目标,向国民供给"免于恐惧"及"免于匮乏"的自由,保障生存的同时提供个体发展的机遇及空间。值得强调的是,由于各国实际情况的不同,族群共同体又可以分为单一民族、多民族以及跨国民族三种类型,对于后两者除了实现"人"的安全、民族安全之外,还要积极构建围绕国家共同体的心理安全。此外,在国际化不断推进的今天,边疆地区族群的安全还包含本身独立发展利益不受地缘政治及外部势力的侵扰。其三,边疆地区生存与发展的安全。边疆地区由于远离统治中枢,往往经济发展水平落后,且大多生态环境恶劣,能否保障边区的发展利益与生存条件的改善,直接关乎边疆安全实现的可持续性。此外,边疆的生态作为一种国家资源,不仅为边民的生产与生活提供了必要性的供给,同时也会发生因资源争夺而引起的边境冲突与边疆地区的不稳定。如1928年美孚公司声称在位于南美洲阿根廷、巴拉圭以及玻利维亚三国交界处的格兰查科地区发现了石油,继而引爆了玻利维亚与巴拉圭因争夺边疆地区石油资源的三

第一章　核心概念、理论基础与分析框架

年查科战争，致使数十万人的伤亡（丧生者约 12 万人）。然而荒唐的是，这场石油战争的起因却是由美孚公司的错误勘探结论引发的，查科地区并不存在石油，而边疆地区却对这错误的勘探结论付出了巨大的政治、经济以及军事代价。以上三点共同构成了边疆安全的中层主体，相辅相成并统一于边疆经济开发、社会发展以及安全维护的具体实践之中。

边疆安全的内层是边疆共同体的认同问题，这也是边疆安全及治理的本质与价值核心。认同作为边疆安全的意识载体，强调边民对于国家及边疆地区的精神认知，并基于认同的基础上构建国家统一及民族团结的共同体意识。在国家认同的语境下，边疆安全体现为"安全""安全化"以及"安全感"三种层次的认知，并丰富了安全在表达"主观不存在恐惧""客观不存在危险"之外的第三种描述，即"主体内部结构不存在冲突"。但是，对于"认同"的理解却存在多元的解释，有观点主张"认同"是基于文化认同的共同体内部的族群的整合。[1] 也有观点认为"认同"即是在民族平等的基础上，秉持多元主义精神，构建统一的、共享的公共文化认知。[2] 我国学者余潇枫及徐黎丽认为，"国家认同一般起源于共同的祖先、共同的体验、共同的种族背景、共同的语言、共同的文化以及共同的宗教，[3] 是基于各个民族与国家的共同利益、共同情感而表现出的对国家行为体的认同意识"[4]。无论是哪一类涉及认同的阐释，都遵循了国家认同是民族认同的升华与拓展，并为民族认同的实现与保障提供了地域与安全的心理边界。基于国家认同的基础之上，实现边疆的认同安全则需涵盖四个方面的要点：其一，国家政权与边疆各民族的共同利益是实现边疆认同的物质前提。人类社会之所以以群居的形式出现，就在于群居能够在利益共同体的框架下保证个体的安全与利益。边疆地区的各个民族与主体民族间能够形成统一体，是在历史上相互依存、利益联结，共同抗击灾害与风险的必

---

[1] Juan. M. Delgado-Moreira, *Multicultural Citizenship of the European Union*, London: Routledge, p.97.

[2] Yoav. Peled and Jose. Brunner, "Culture is not Enough, A Democratic Critique of Liberal Multi-Culturalism". In ShlomoBen-Ami, et al., eds., *Ethnic Challenges to the Modern Nation State*, London: Macmilan Press Lid, 2000, p.83.

[3] 余潇枫：《"认同危机"与国家安全——评亨廷顿〈我是谁〉》，载《毛泽东邓小平理论研究》，2006 年第 1 期，第 44 页。

[4] 徐黎丽：《影响西北边疆地区民族关系的变量分析》，载《云南师范大学学报》，2009 年第 3 期，第 8 页。

"东数西算"背景下西部边疆的"数字赋能"研究

然结果,也是国家意识形成的物质基础。其二,基于多元文化框架下的共享、共有及共建的价值观是边疆认同的精神支柱。边疆民族间的和谐共处建立在民族平等与相互尊重的基础之上,这就意味着必须承认并保护各个民族的原生文化与风俗习惯,以兼容并蓄的精神容纳多元文化的共生共存,从而为边疆认同的实现提供有力的精神支撑。其三,对于统一多民族国家的认可及爱国情感是边疆认同精神联结与心理系带。人类的心理过程呈现出由认知过程、情感过程再到意志过程的递次上升,认知过程是人类心理建立的第一个阶段,并会产生活跃的初步印象。进入情感过程后,由于对客观事物进一步认知以及个人价值观差异的发酵,产生了或喜或恶的"情感态度"并逐渐固化认知印象。在"情感过程"积累到量变阶段时,心理态度便会上升到以信仰与意识形态为代表的意志过程,此时的认知将会形成稳定的心理态度,并会深刻影响人们观察世界的角度与改造世界的行为方式。在心理过程的三个阶段中,"情感过程"是承上启下的"质变"起点,也是共同体框架下从"认知"到"认同"的转折,有意识的爱国情感既是个体与集体联结的心理系带,也是个体决定加入并维护利益共同体架构的行为指导。其四,对于政权认可的政治认同是边疆认同的载体,对于共同体认可的国家认同是边疆认同的核心。[①] 政权的认可包含了对一国政治制度、政治合法性以及执政党的认可,这是民众接受"被统治""被治理"的政治前提,缺乏对政权的认可便意味着执政合法性的消失,民众便会基于政治认同形成新的政权载体。因此,政治认同的重要性,是边疆地区治理主体的合法性基础,也是维持边疆作为国家组成的心理基础。

边疆安全的三层结构是一个关系不断递进的过程,不仅是从物质基础升华到上层建筑,更是边疆的民族整合、善政治理不断优化的过程。其中又以边疆认同为边疆安全的核心,主要是基于个体心理过程的角度要求边疆主体内部之间矛盾的最小化,从根本上实现边疆安全的可持续性。但是,解构边疆安全的目的在于以更好的治理方式实现理想化的安全范式,这不仅关乎国家的统一完整,还涉及边疆民众的生活质量与社会发展。

---

① 余潇枫、徐黎丽、李正元等:《边疆安全学引论》,北京:中国社会科学出版社,2013年版,第94页。

三、数字化

"数字化"也被称为"后信息化",属于"信息化"的范畴。根据全球最具影响力的未来学者之一、美国麻省理工学院教授尼古拉·尼葛洛庞帝(Nicholas Negroponte)在《数字化生存》一书中所提出的,人类社会将会进入以"数字"和"比特"为核心的"后信息化时代",也被称作"数字化时代"或是"比特时代"。

我国自1997年召开的首届全国信息化工作会议后,官方文件一直以"信息化"来代指"培育、发展以智能化工具为代表的新的生产力并使之造福于社会的历史过程"。但2016年G20杭州峰会上,我国首次将"数字经济"以官方文本的形式公布,以"数字化"代替"信息化"作为未来的发展方向。2019年10月25日,习近平总书记在中央政治局第十八次集体学习时强调要把区块链作为核心技术进行自主创新的重要突破口。这两个重要的历史性事件,分别于国际和国内两个重要平台宣布了"后信息化"——"数字化时代"将会以更快的速度、更宏观的态势融入并深刻改变当前人类所处的世界。

除了概念界定的区分,"数字化"与"信息化"的内在区别还主要体现在四个方面:其一,从两者应用范围比较来看,信息化往往是指某单个部门所从事的专业性任务,而数字化则是整个组织机构乃至于全社会都依赖数字化程序的全流通,通过数据互联实现互通,真正意义上实现了业务赋能。其二,从数据本身的角度来看,信息化时代的"数据"仅仅是数字,是程序环节中的一部分,而数字化时代的"数据"是一种资产,这种数据资产甚至直接决定了机构的效率以及生存能力。其三,从联结的角度来看,信息化时代的企业(机构)信息化是相对封闭的,并没有实现与社会各个单元的联结,专业性与封闭性凸显。数字化时代则不同,所有信息以及流程都以数字化的形式实现共享流通,是一种模式上的重构。其四,从思维方式上来看,信息化所体现的是一种管理(或称作传统管理)思维,数据以及网络仅是为了实现"金字塔式"的管好、管死、管严格的管理目标,是一种工具性的认识。数字化则是自身作为一个合作平台,实现各个系统节点终端(用户)自我效率的提高,完全颠覆了传统的管理逻辑,以伙伴式合作代替官僚式管理。

"东数西算"背景下西部边疆的"数字赋能"研究

总体来看,"数字化"作为"后信息化"的代指,与我们固有认知的"信息化"(也即"前信息化")是同类架构下的概念升级。"数字化"与"前信息化"之间虽然存在着界定范畴、使用范围以及思维方式等的诸多差异,但却都同属于"信息化"的总体范畴,属于"信息化"的不同发展阶段。

第二节 理论基础

本研究所涉及的理论主要为三个:一是"赋能理论",基于这一理论将整体建构数字化时代的边疆安全管理体系;二是"制度变迁理论",将会为边疆安全治理模式自传统向数字化转型的过程中可能存在的冲突与问题提供解构的指导;三是"技术理性"思想,通过技术手段的使用、技术规范的确立来实现技术所要求达到的价值目标。

一、技术理性

(一)"技术理性"的内涵

"技术理性"的思想是由德国著名学者尤尔根·哈贝马斯(Jürgen Habermas)所提出,其所追求的是科学合理性与社会合意性相结合,将技术这类"物化"的知识力量贯穿社会运行的规范与实践精神,以此作为历史进步与社会发展的思想设计与体系安排。"技术理性"所代表的是人类在认识自然、改造自然过程中追求理性、效率以及规范的抽象思维,既是一种崇尚功能性导向的实践精神,也是将社会合意性纳入技术规范之中的智慧与能力。

技术理性作为人类在认识自然、改造自然的实践中所形成的理性,它将世界及所有构成要素视作为达成实践目标的工具与手段,而淡化甚至是忽视产生的意义与价值。技术理性是一种纯粹的实用主义,唯一的价值尺度便是效率,追求实用至上。技术理性还是一种顺从主义,将价值与事实相剥离,绝对的目标导向而达成结果,甚至可以为此否定道义的价值与力量、排除思维的辩证与批判、抛开目标合理性的质疑,顺应现实的功利追求。技术理性是一种客观理性,作为一种改造世界的能力广泛地存在于社会制度、人际关系与个人意识之中。因此,技术理性的客观性与唯物性是其本质固有的原则,是一种思维方式与改造自然的基本路径,它以人的绝对自由与生产力的绝对解放为最高目标,突出对现实世界的不满、批判与超越,是一种富有反思性、批判性与解放性的理性。技术理性的主体是"被抽象的人",这在马尔库塞和韦伯对技术理性进行抽象提炼时,便已然舍弃了现实中的各类主体,以"抽象的人"来代表近乎纯粹的理性。既是后世学者的批判,也大多脱离了实在个体,只不过他们所认为的主体是浸染乃至深陷于当代的人类。技术理性的主体由于需要承受独立竞争的成功与失败,因而必须要具备自主的决策权、独立性以及个体之间的平权,在实践中诠释着技术理性。

(二)"技术理性"的国家安全观

技术革命极大地推动了人类社会的进步,世界各国都将科学技术作为维护国家安全、推动生产力跃升以及改善人民生活水平的主推器,而技术理性在与人类发展的进一步融合的进程中,也对文明社会的既有认知及存在进行着改造与重塑。其中,技术理性对于既往国家安全的重塑表现得尤为突出。

首先,技术理性驱动下的国家安全竞争日益表现为科学技术的竞争。由于国家安全的敏感性与对抗的尖锐性,迫切需要新式工具来协助安全主体提高对国家安全的控制,对于技术装备的领先及迭代有着巨大的应用性需求。如两次世界大战催生了大量的新式技术(如新式材料、新能源、生化技术以及电子通信技术等),不仅在战争期间发挥了积极的作用,同样也在战后世界的重建与发展中造福于人类社会。正如江泽民同志在《用现代科学技术武装起来》一文中所指出:"科学技术成为推动现代生产力发展的最活跃的因素,是现代社会进步的决定力量。现代国际的竞争,关键是科学技术的竞争。"[①]世界各国都将技术的领先作为国家安全最为稳固的屏障,技术的代差往往决定了整个竞争甚至是战争的胜负。

其次,技术理性视域下国家安全建设的主体——"人"的重要性在降低,甚至有被部分取代的趋势。以唯物史观的角度来看,人民群众是历史创造的主体,是物质财富、精神财富以及社会变革的决定性力量,只要人类社会依然存续,"人本"思想的至高性、本体性便不会改变。但是,这并不意味着

---

① 江泽民:《用科学技术知识武装起来》,载姚平录、孙霞:《现代科学基础知识(干部选读)》,科学出版社,1999年版,第1页。

"东数西算"背景下西部边疆的"数字赋能"研究

人类在历史发展中地位不会出现替代性的削弱。如人类在早期农业生产当中，生产力水平完全取决于劳动力的数量；进入封建社会后，铁制农具与牲畜的大量普及，使得人在农业生产中"完全体"的地位被部分替代；工业革命以后，人作为机器的操作者虽依然居于主导，但机械化大农业生产使得劳动力数量的重要性严重削弱，生产力水平高低的决定性因素正逐渐向技术装备倾斜。而数字化时代的人工智能作为"类人"甚至是"超人"的存在将会使得人在社会生产中的地位进一步下降，人将只是作为一个"命令发出的需求方"，人工智能将会替代人类本体参与到社会生产的具体过程中。同样，包括国家安全领域的社会活动也面临着农业生产同样的境遇，技术理性所引发的技术革新正不断冲击并重塑着现存的理念与物质实在。类比于农业生产，维护边疆安全的主体与方式也在技术革新中发生着不断的建构、解构与重构。在人类以部落的形式群居时，便有了防范野兽以及敌对部落攻击的领地意识，依靠人的巡逻、岗哨以及樊篱作为领地安全的屏障。进入封建社会后，战马、城墙以及包括车弩、烽火台等战争器械的使用大大提高了单位个体维护边疆安全的效率与辐射范围。进入热兵器时代以后，随着火枪、火炮乃至导弹的出现，技术装备的防护效力、杀伤效率以及任务的自主性都使得人类在维护边疆安全的直接参与度以及单位密度不断下降，甚至未来的智能边疆建设中而被功能性取代。

最后，技术理性指导下的技术革新，拓宽了国家安全的外延、丰富了国家安全的内容。从国家安全的外延来讲，从平面的陆地边疆过渡到立体视角下的陆疆、海疆、空疆以及天疆，① 再到以信息边疆与文化边疆所代表的软边疆，每次安全边界的外拓都是技术革新的衍生物。如航海技术与海战装备的成熟，使得海上威胁日益成为国家安全的新选项，而飞机的发明则又使各国的天空成为国家安全的角逐空间。每次技术革命既改善了人类的生活方式，但同时也制造了等量甚至是更多的安全隐患空间，这是矛盾向对立面转化的结果，是运动绝对性与矛盾相对性的产物。从国家安全的内容来讲，国家安

---

① 天疆，即指"高边疆"，泛指太空边疆。1980年，美国里根政府的前国家安全委员会特种计划室主任、美国国家安全顾问丹尼尔·格雷厄姆（Daniel Graham）围绕里根的"星球大战"计划提出了"高边疆"（High Frontier）这一概念。后在我国学者于沛的著作《全球化境遇中西方边疆理论研究》中将其译述为天疆，而这一表述也在周平、余潇枫以及徐黎丽等边疆研究著作中得以引用。

第一章 核心概念、理论基础与分析框架

全所涵盖的范围不仅是作为国家行为体的政权稳定与主权维护,还包括共同体框架下族群以及个体的生存安全与发展安全,这就突破了如政治、军事及外交等传统安全领域,还渗透到了生态、卫生、能源及信息等非传统安全领域,这些新型领域都有一个新特征,即被"放大"的威胁。"放大"并不是指夸大非传统安全威胁的严重性,而是指这些威胁的既定存在,却伴随着科技革命给予人类更多生活便利的同时,也放大了这些威胁对人类的致命程度。如生态安全问题,于狭义角度来讲,即是指自然系统完整性和健康度的整体反映及其保障人类在生产、生活和健康等领域不受生态破坏影响的能力程度,包括空气质量、水土保持以及饮用水安全等基本要素。在这个定义的语境下,人类自从事生产以来便面临着生态安全的威胁,如饮用水污染引发疾病、较低程度的水土流失等,但于工业革命以前,这些问题并不突出,仅局限于社会族群中偶发性、周期性的生活问题,一般不至于威胁国家的安全。但机器大生产摧毁了小农经济的樊篱后,技术革命所代表的技术理性打破了人与自然之间的平衡,在强行改造自然的过程中无限"放大"既存的人与自然间的矛盾(如工业生产的污水、过度的开垦及农药的使用),并随着程度的加剧而日益上升为非传统的国家安全问题。

技术理性在行为上体现了"行使理性"的自觉,"自觉的理性化行动"不受限于手段—目的的程式,但在行动中严格贯彻明确设计的规则、精准活动可能的范围,并强调专业知识及专门概念于现实中的应用。这种对于人类言行追求异化、物化及程序化的控制,使得技术理性一直是法兰克福学派批判理论的核心内容,即使至今日,关于科学技术"类人""超人"(如人工智能)的发展是否符合人类伦理价值、是否威胁人类生存发展的质疑同样也是争论的热点。尤其是"技术优先"的国家安全领域,未来人类为安全而研发的科技,是否会异化为人类安全的对立面,这是技术赋能安全的潜在问题,也是人类利用技术理性改造自然时的方向性思考。

二、赋能理论

(一)"赋能"的缘起

"赋能"一词原为英文单词"Empowerment"的中文翻译,但也被翻译

"东数西算"背景下西部边疆的"数字赋能"研究

为赋权、授权、增权等,主要取决于该单词具体应用于某类特定学科语境。根据《韦氏大学字典》对于"Empowerment"的解释是授予权威或法律权利;帮助自我实现或增强影响力;使用能力。《韦伯斯特新世界词典》则在《韦氏大学词典》基础上更为精练,译作为赋予能力;使能;授予权威。从语言学上来讲,"Empowerment"总体上可以理解为"赋能授权",即通过授予对象一定的权力以协助实现对象自身的目标。

当"Empowerment"作为一个理论概念被引入后,随即出现了"管理学"与"社会学"两条进路分歧,但二者又都对立统一于以"增进个体权能"为核心的人文本旨。"Empowerment"于20世纪初期首先被称为管理学理论之母的玛丽·帕克·芙丽特引入管理学,她于这一时期出版的探索企业哲学的代表作——《创造性的经验》,提出了一系列开创性的管理理念,其中最为关键的主张就是"领导者要着力培养下属的领导能力"[①],并摒弃了以往科层组织框架下的纵向合作模式,而是以"集体工作网"的架构进行横向赋能,强调"群体力"在企业运营中的核心地位。自此,"Empowerment"作为一个管理学理论不断深耕拓展,适应时代更替的同时也焕发出新的理论活力。与此同时,"Empowerment"作为社会学的"赋权"的概念也在不断延伸,并于20世纪70年代起进入了理论发展的增长期。1976年,美国哥伦比亚大学学者巴巴拉·索罗门(Barbara Soloman)出版了《黑人赋权:受压迫社区中的社会工作》一书,由此标志着"Empowerment"作为社会学概念的"赋权"进入了新的发展阶段,它首次系统地明确了"赋权"的对象为"无权一族"的社会弱势群体(如美国社会中黑人等少数族裔),并演绎出"减少无权感"(reduce the powerlessness)的直接或间接权力障碍[②]的清除过程,以此作为增进自我效能与社会变革的参考视域。此后的社会学领域学者分别从宏观、微观以及多层级的角度持续拓宽"赋权"的理论外延,从而将概念的价值取向明确为"引导个体、家庭、社区以及社群通过确立积极的态度与行动参与到社会过程中,以此来提升自身的个体能力与社会权利,从而改变自

---

① Mary Parker Follett, *Creative Experience*, London: Longmans, Green and Company,1924, p.221.

② Barbara Bryant Solomon, *Black Empowerment: Social Work in Oppressed Communities*, New York: Columbia Univ Press, 1977, p.166.

第一章 核心概念、理论基础与分析框架

己既往'无权'的不利境遇，推动整个社会权力结构的合理与公正"。[①] "赋能"与"赋权"二者之间虽于概念延展上存在着明显的方向性分歧，一者强调释放个人能力、提高个体效能；另一者主张消除人权障碍、增进社会公正，但二者都统一于"人的发展"这一最高本旨，以各自的方式实现个体最大的社会自主性。本书主要是基于管理学的视角去研究"Empowerment"在数字化变革与边疆安全治理革新之间的结构性"赋能"作用，但在论证过程中同时也借鉴了"技术赋权"对边疆地区民众心理安全及社会参与的建设性影响。数字赋能在边疆安全治理过程中可以从"施众"与"受众"两个层次来进行具体界定，一方面是边疆安全治理的施众利用数字化技术的特点进行自上而下的、主动的扁平化管理革新，增强治理端口的安全敏感度与行动自主性；另一方则是鼓励边疆地区的受众利用技术赋权的契机主动参与到安全治理过程中，利用数字赋能来实现自身在边疆社会安全结构中的增权。赋能增权是数字化时代边疆安全治理变革的关键，也是将"以人为本"贯彻于社会治理的内在要求，通过管理方式的变革来发挥科学技术（数字技术）在实现边地安全、边人安全以及边境安全中的最大效能，进而实现边疆地区的总体安全及可持续性发展。

（二）"赋能"理论的主要发展阶段

"赋能"作为管理学理论在形成与发展的进程中形成了三个主要阶段，并围绕赋能的主体、程度以及方式的区分而形成了各自的学术分野。与此同时，"赋能"理论存在的诸多缺陷也逐渐凸显，如"赋能机制"往往会导致反赋能的效果，"赋能"的应用界定是管理模块、工作方式还是反智主义（anti-intellectualism）的特殊张力——自助，这些都在考验着赋能理论的成熟度，同时也在推动赋能理论的进一步拓展。

[①] Kieffer, C. H., *The emergence of empowerment: a development of participatory competence among individuals in citizen organization*, Ann Arbor: University of Michigan Press, 1981. 转引自陈树强：《增权：社会工作理论与实践的新视角》，载《社会学研究》，2003年第5期，第72页。

"东数西算"背景下西部边疆的"数字赋能"研究

表1-2 "赋能"理论的发展阶段

发展阶段	代表性学者	理论贡献	主要观点
第一阶段 20世纪20—70年代	玛丽·帕克·芙丽特	初步建立 将"赋能"的概念引入管理学	"开明领导"培养下属的过程中要实现权力的让渡以最大限度释放个人效能
			反对金字塔式的分级管理体制
第二阶段 20世纪70—90年代	罗莎贝斯·坎特杰伊·康格	基本成型 确定"赋能"的理论框架与基本路径	组织赋能 权力充分下沉,将工作以充分委托的方式交予被管理者,并以绩效最优的方式去指导业务目标实现
			心理赋能 强调被管理者"授权感知"的心理状态。主张心理状态的程度决定了赋能的具体效果,也即员工于赋能后增强自我效能的内在感受
第三阶段 21世纪初至今	斯坦利·麦克里斯特尔	趋于成熟 "赋能"在实践中不断发展,也在进行理论反思	"敏捷性"取代"效率"成为"赋能"管理核心
			在实践中形成"垂直赋能""矩阵赋能"以及"动态赋能"等诸多模式
			在实践中"反赋能"负面效果的出现,以及对于"赋能"后管理控制力与能见度的反思

资料来源：研究总结绘制。

20世纪20—70年代,是"赋能"理论初步形成阶段。1924年,玛丽·帕克·芙丽特出版了《创造性的经验》一书,书中独特的见解以及预见性的企业哲学思路,奠定了其作为"管理理论之母"与"管理学先知"[①]的学术地位。芙丽特在此书中建构了如环形心理反应、非人称化权威和情景规律、集体工作网以及交叉机制等诸多具有开创性、超前性的管理学概念,虽并不为当时的学者及企业管理者所完全接受,但其思想的引力和对组织变革趋势的掌握,使得这些于当时悬置（甚至是被批判）的概念逐渐演绎为当前企业管理实践

---

① Pauline Graham, *Mary Parker Follett Prophet of Management*, New York: Beard Books, 2003, p.1.

第一章 核心概念、理论基础与分析框架

中所推崇的理论。其中,"赋能"便是芙丽特在此书中所引入的重要概念,但此时的"赋能"仅仅是她作为批判等级森严的分级管理的一种论据观点,并未就赋能的理论框架进行建构与丰富。芙丽特对于"赋能"的理解,在很大程度上是受到管理心理学的影响(事实上,利益与心理的统一始终贯穿在她的管理哲学当中),她主张开明的领导者应当敢于并善于培养下属,强调上下级之间不是领导与被领导的关系,而是基于共同目标进行充分的协调与情感沟通,其"关键"就在于培养下属的过程中实现权力的让渡以最大限度释放个人效能,[1] 也即"赋能"。芙丽特这里提出的"赋能"仅仅是将其作为一种领导特质的归纳,包括其所配套的扁平化的组织设计都是服务于"开明领导"的组织人设,并没有就"赋能"作为一种理论进行论证。但不可否认的是,芙丽特关于"开明领导"的解读与阐释,实际上描绘出了"赋能"的基本蓝图,尤其是首创性地提出"控制是指对生产要素的掌握,而非是对人的自主性与创造力的束缚"[2],为此后的"赋能"理论的成型与发展确立了基本的研究方向。芙丽特提出了"赋能"的概念后,并没有得到人们普遍的认可与发展,因此于实质而言出现了理论的停滞与断代,而其中的原因主要是两个方面:其一,芙丽特提出"赋能"概念后,全世界随即卷入了第二次世界大战,工商管理被战时分配所替代;其二,20世纪初期的工业依然是以劳动密集型为主,在管理上更强调传统的分级管理,对于劳动力本身则由于知识力的低下而缺乏"赋能"所预期的能动性张力。正是由于以上原因,"赋能"于当时昙花一现便很快被时代所湮没,这一境况直至第二次世界大战以后才得到根本的扭转。

20世纪70—90年代,是"赋能"理论逐渐成形的阶段。第二次世界大战以后,恢复国民经济是当时欧美国家内政的重心所在,稳定生产与促进就业成为战后初期的主基调。此时的企业正在由战时分配转向市场化管理,并随着经济的恢复与发展,生产组织对于效率的追求推动了工商管理理论与实践的高速发展。与此同时,进入70年代以后,知识经济初露端倪,劳动力自身的潜在附加值不断增容,如何最大限度地释放劳动者的生产力已然不仅

---

[1] Mary Parker Follett, *Creative Experience*, London: Longmans, Green and Company, 1924, p.146.

[2] Mary Parker Follett, *Dynamic Administration: The Collected Papers of Mary Parker Follett*, London: Forgotten Books, 2018, p.91.

"东数西算"背景下西部边疆的"数字赋能"研究

仅是一个管理学的追求,同时也是支撑社会进一步发展的关键支点,正是在这样的时代背景下,"赋能"的管理学价值才逐渐被学界以及工商界所认可。"赋能"的再度激活始于社会学领域的"赋权",1976年美国的社会学学者巴巴拉·索罗门出版了《黑人赋权：受压迫社区中的社会工作》一书,该书出版引发了人们普遍的关注与研讨,"赋能授权"也因此成为一个热点活跃于社会各界,"赋能"理论也在这个进程中趋于成熟与完善。1983年,美国哈佛商学院首席管理教授罗莎贝斯·莫斯·坎特（Rosabeth Moss Kanter）出版了《变革大师》一书,该书系统论述了"赋能"作为一种管理学理论的具体框架,不仅标志着"赋能"理论的初步成型,同时也是对"赋能"在企业管理中的实践价值予以肯定及总结。坎特最大的理论贡献就在于将"赋能"由当初的一个前沿概念提炼为明确的管理学理论。她认为,"赋能"是优秀管理者最重要的技能之一,具体是指管理工作的充分下沉,将工作或项目以充分委托（或承诺）的方式交予被管理者,并以绩效最优的方式去指导业务目标的实现。"赋能"的核心在于管理者合理、充分地筹划工作的分配,不仅是职责的简单授予,更是将职责标准的确立权传递给被赋能者。[1]继坎特的"赋能"定性之后,众多管理学学者则是沿着玛丽·帕克·芙丽特当初设定的心理学方向实现"赋能"理论的纵向延伸。如杰伊·奥尔登·康格（Jay Alden Conger）、罗纳德·里吉奥（Ronald Riggio）、格雷琴·斯普雷策（Gretchen M. Spreitzer）以及罗伯特·奎恩（Robert E. Quinn）等提出了"心理赋能"的理论框架。他们认为"赋能"实际上是被管理者的"心理状态",即"授权感知"[2]所主导,而他们的心理状态的程度则决定了赋能的具体效果,因此赋能的过程就是员工于授权激励后增强自我效能的内在感受。[3]其中,美国密歇根大学的马克·泽曼（Marc A. Zimmerman）教授于1995年发表的《心理授权：问题与例证》,则是以更为宏观的视角看待"心理赋能"在组织中的特殊作用。他认为,"赋能"存在着个体与组织的多层次载体、心理赋能与组织赋能的多结构赋能,组织赋能的实现需要个体、组织以及共同体之间

---

[1] Rosabeth Moss Kanter, *Change Masters*, New York: Free Press, 1985, p.327.

[2] Jay Alden Conger, Ronald Riggio, "The Empowerment Process: Integrating Theory and Practice," *Academy of Management Review*, Vol.13, No.3, 1988, p.479.

[3] Gretchen M. Spreitzer, Robert E. Quinn, Empowering Middle Managers to be Transformational Leaders, *Journal of Applied Behavioral Science*, Vol.32, No.3, 1996, p.255.

第一章 核心概念、理论基础与分析框架

的协调与合作，而心理赋能虽是基于个体层面，但它对于（包括集体在内）诸多情境的影响是交互的。[①]泽曼理论最大贡献是将"赋能"根据主体不同而进一步具体化，并围绕个体赋能的心理层面做出了特殊贡献。经过第二阶段的理论发展，"赋能"理论在趋于成熟的同时，也得到了各方的认可与推崇，在工商管理的实践中推动着理论的进一步发展。

21世纪初至如今，是"赋能"理论在互联网企业的实践中不断分野的横向拓展阶段。自20世纪末以来，以互联网为代表的数字化时代推动了知识经济的高速发展，而知识经济时代的人力管理显然有别于此前工业化时代的分级管理，尤其是知识密集型产业（如互联网等高科技行业）对下属工作潜力的挖掘优先于机械化的流水线工作。这个时期迥异于前两个阶段的显著特征是：各行业各领域的管理者取代专业学者成为理论发展的主干力量，并结合管理实践拓宽了理论的横向视野。"赋能"于21世纪初的再度兴起始于美国的互联网行业创新与军事管理的需要。随着信息化时代向数字化时代（也称后信息化时代）过渡，科技消费市场对于互联网行业的创新提出了更高的要求，工业化时代的管理制度已然无法满足生产力进一步解放的要求。美国硅谷的互联网企业作为全球数字化技术与管理的革新者与引领者，率先将赋能应用于企业管理当中，并在实践的过程中不断革新拓展。其中，以典型公司为单位分别形成了三种赋能模式：苹果公司的"垂直赋能"、谷歌公司的"矩阵赋能"以及亚马逊公司的"动态赋能"。[②]苹果公司的"垂直赋能"是指以首席执行官为结构中心，通过垂直控制与层级赋能，从而使顶层领导人直接控制所有的组织流程，其核心是领导层直接向所有组织团队赋能赠权，确保其自主性、及时性以及创新力避免因层级管理而出现损耗。谷歌公司的"矩阵赋能"是以跨职能为特征的扁平组织结构，核心在于强调"协调文化、自'组'赋能"在组织内部的充分流动，以任务（项目）为导向寻求最佳的管理集合。亚马逊公司的"动态赋能"则是基于"矩阵赋能"之上更具竞争性的模式。谷歌的"矩阵赋能"是以目标为导向，赋能团队跨部门自主组合，而亚马逊则是管理层赋能个体自寻目标、自组团队、共同分享，

[①] Marc A. Zimmerman, "Psychological empowerment: Issues and illustrations," *American Journal of Community Psychology*, Vol.23, No.6, 1995, p.590.

[②] Scott Galloway, *The Four: The Hidden DNA of Amazon, Apple, Facebook, and Google*, New York: Random House Large Print, 2017, p.115.

确保每个员工得到最大限度的赋能授权。与此同时，2001年的"9·11"事件爆发后，美国发动了阿富汗的反恐战争，这场战争于美军最大的启示是常规的阵地战无法适用于街道巷口的"治安战"，传统的军队调度指挥使得美军在战争的中期面临着极大的消耗与伤亡。以唐纳德·拉姆斯菲尔德（Donald Rumsfeld）、斯坦利·麦克里斯特尔（Stanley McChrystal）为代表的美军高级指挥员寻求军队管理方式的革新与转型，赋能以"模块化、敏捷性"为特征的小作战单位进行自主的战场动态感知与作战行动，从而应对阿富汗反恐战争中的巷战、游击战与破袭战。[①]2015年，斯坦利·麦克里斯特尔将军出版了《赋能——打造应对不确定性的敏捷团队》一书，结合他自己在阿富汗战争的指挥经验以及他个人与史蒂夫·乔布斯（Steve Jobs）交流中所掌握的企业管理经验，从思维与组织架构两个层面上对"赋能"理论进行了系统的论述。该书出版在美国各界产生了巨大的影响，作为《纽约时报》的畅销书被亚马逊推荐为年度商业管理阅读图书，也被业界视为是"赋能"理论发展至今的集大成者。在这个阶段，"赋能"理论的应用范围突破了以往工商管理的范畴，而是在社会各个领域进行横向拓展，不仅极大丰富了理论的主体内容，也证明了"赋能"的巨大实践价值。

（三）"赋能"理论的管理结构设计

"赋能"虽然经过了三个阶段的发展，就应用领域形成了各自的主体内容，但至今依然没有相关成果进行系统地总结"赋能"理论的顶层框架。此外，当前对于"赋能"的理解与传统管理中的"激励"出现了混淆，类似情况的出现都是由于"赋能"理论框架不清晰所导致的结果，也凸显了基于已有研究成果的基础之上进行宏观理论框架建构的必要性与迫切性。

总结来看，"赋能"是以追求组织领导的能见度与控制力为管理目标，以扁平化的权力结构为核心特征，基于共享、协调的价值观基础、去中心化的组织模块，最大限度释放个人自主工作的权利与潜能的一类新型管理。在这个阐述中有三点是"赋能"概念的核心：其一，"赋能"作为管理者的工具属性并不因理论的差异性而有所改变。"赋能"同样服务于管理者对于能

---

① Stanley McChrystal, Tantum Collins, David Silverman, Chris Fussell, *Team of Teams: New Rules of Engagement for a Complex World*, London: Penguin Random House Audio, 2015, p.67.

第一章　核心概念、理论基础与分析框架

见度以及控制力的要求，虽然在形式上表现出区别于传统管理的权力下沉，但二者都是以实现组织管理的有序性、有效性为主要目标。其二，权力结构的扁平化是管理应用场域对于"赋能"的基本要求，也是区别于传统管理的核心特征。"赋能"创设于工业化时代，但于后信息化时代受到推崇与发展，其原因就在于"赋能"的扁平化权力结构符合后信息化时代管理对于敏感性、自主性与创新力的应用要求。其三，"赋能"模糊了"管理者"与"被管理者"之间的绝对界限。"赋能"之所以能够最大限度释放被管理者的潜能，就在于对自我管理的自主性给予了充分尊重，从而调动了个体在效力及创造力上的能动性。

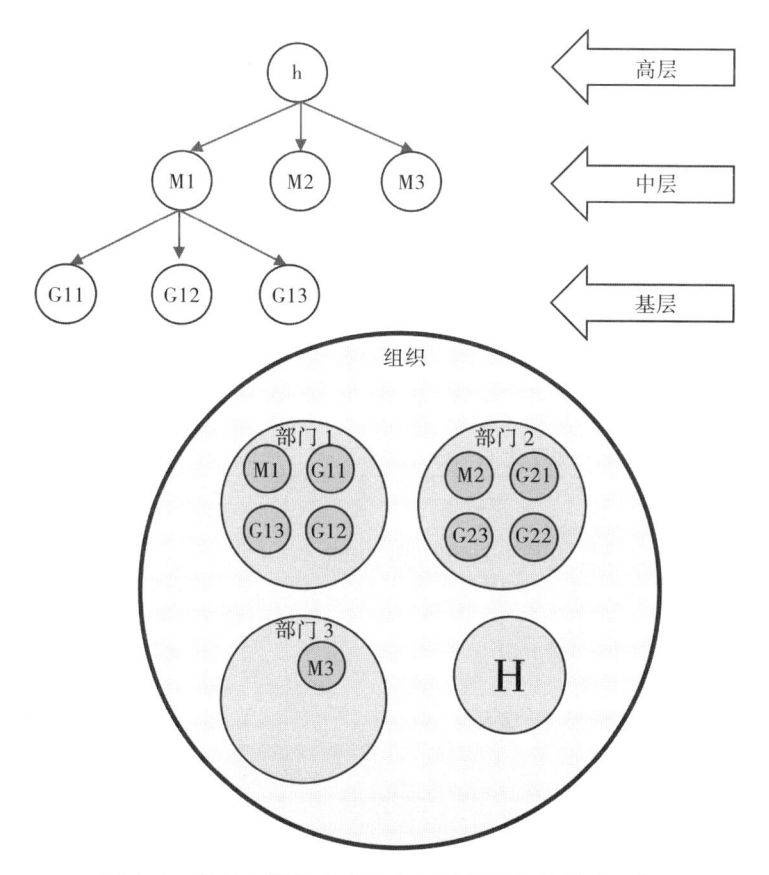

图1-1　传统组织结构（上）与赋能组织结构（下）

资料来源：研究总结绘制。

此外，"赋能"理论的界定还内含着与传统管理的区分，尤其是在应用实践中避免与"激励"存在着混淆。传统管理的组织结构无论如何变革，其

"东数西算"背景下西部边疆的"数字赋能"研究

组织架构的底层逻辑依然是基于树状的层级结构。"赋能"管理则是要求权力下沉，以管理层级的扁平化为组织改革目标，以自主权、协调权及激励权为内驱推动组织的发展及目标的实现。传统的组织结构与赋能组织结构之间的比较而言，传统的组织结构（参见图1-1上）中，明确地反映了传统的权力关系：基层、中层以及上层。这种管理以层级指挥控制为基础，高层（H）与基层之间的交流与互动很大程度上依赖中层（M1、M2、M3）枢纽，如果这个中间环节偏离了组织目标或是在执行力上有所迟滞，组织的整体运作效力及效率便会受到严重影响。事实上，在大组织管理的实践中，权力关系的层级数远远超过简单组织结构中的三层，高层的控制与基层的自主活力都桎梏在若干的中转与代言中。相较而言，赋能的组织结构（参见图1-1下）则突破了传统管理中的这一瓶颈。通过对权力的重新分配，基于同一个平面将不同岗位的权力以"协调"而非是"控制"进行整合，最大限度上保证管理层级的优化、自主潜能的释放以及信息在全组织内部的无损耗地流通与共享。这里还应当指出的是，"赋能"不同于传统管理模式下的"激励"，"赋能"的成长性与创造力是一种质的突破，而两者最大的区分在于，采用"激励"的组织依然无法摆脱权力层级的桎梏与窠臼，与"赋能"的管理改革目标也是截然相反的。

表1-3 数字化时代的"赋能"与传统的"激励"比较

关注视角	激励	赋能
关注目标	关注个体，组织将个人按照明确的科层和差序等级进行团队建设	关注平台，强调基于交流和创新的组织平台设计
组织关系	利益分享风险共担	激发个体兴趣与动力优先考虑个体受益
文化依赖	弱依赖（考核、绩效）	强依赖（文化认同、自我驱动）
时效比较	战术性安排（现实性）	战略性设计（持续性）

资料来源：研究总结绘制。

"赋能"理论经过三个阶段近百年时间的发展，已经由学科边缘的角色演变为备受推崇且经历过实践检验的管理学理论，这不仅是历代学者及管理者不断拓展的成果，也是对价值与人权的重新审视，代表了人类社会进步的正确方向。

三、制度变迁理论

制度变迁理论（Institution Change Theory）源于20世纪70年代，起初应用于解释经济增长中制度因素所发挥的具体作用。道格拉斯·诺斯（Douglass C.North）对制度变迁理论的界定是"以规则、道德、伦理以及服从程序为标准的行为规范与制度安排"[①]，强调在技术不变革的前提下同样可以实现效率的提供，即以制度或产权变迁的机制来激励个人或团体的竞争能力。

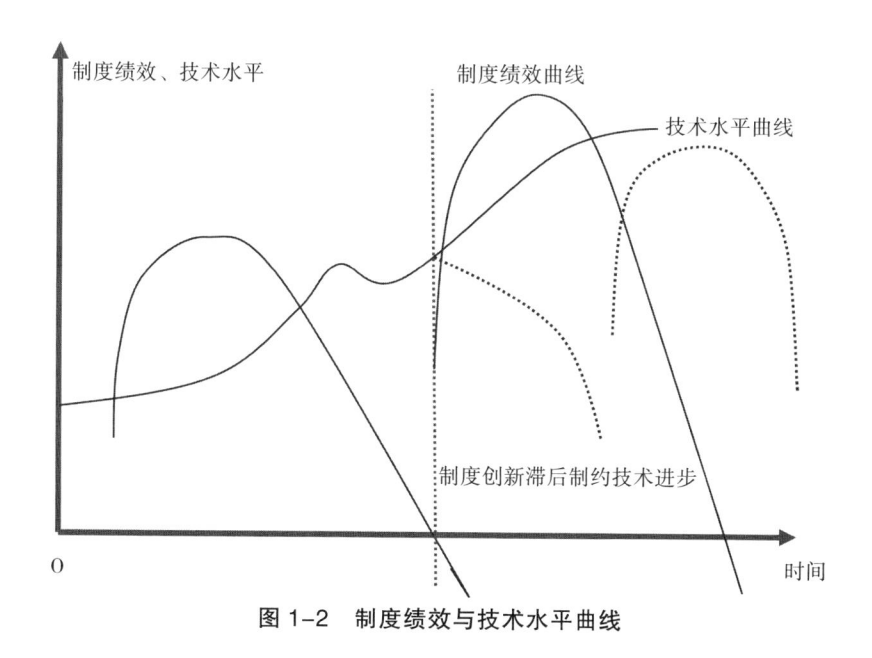

图 1-2 制度绩效与技术水平曲线

就某种意义上而言，制度变迁理论是传统治理模式赖以维持现状的理论根据，同时也是解构技术变革阻力、预判数字化转型难易的主要参考借鉴。诺斯在研究中发现1600—1850年的世界海运并没有出现突破性的技术变革，却在这2个半的世纪中保持了效率的持续增长，这主要是因为船运产权制度

---

① ［美］道格拉斯·C.诺斯著，杭行译：《制度、制度变迁与经济绩效》，北京：格致出版社，2008年版，第13页。

"东数西算"背景下西部边疆的"数字赋能"研究

与组织方式的不断调整进步所产生的积极作用,降低了海运成本,提高了海运效率。[①]对此,他提出了以产权理论、国家理论与意识形态理论为三大基石的制度变迁理论,认为在产权赋予的激励、国家制度框架的破立以及意识形态中机会主义的共同作用下实现结构外无法获得的追加收入。但是,制度变迁理论对于制度的过度推崇恰恰构成了管理实践中对于技术变革的贬低甚至是排斥,如我国著名经济学家吴敬琏认为"制度重于技术"[②],邹东涛也主张"制度更是第一生产力"[③],都强调组织变革在治理进程中的决定性作用。这类思维模式在边疆治理的数字化转型中表现得也尤为明显,建制派对于技术派的歧视不仅影响了数字化转型的进程,也限制了数字文化与数字化制度的持续推进。

此外,国家(边疆)治理的数字化转型是以纯粹的技术手段植入为主,还是具有颠覆性的数字化治理制度的变迁占据主导,同样是这一进程中尤应重视的问题。边疆的数字化建设与治理同样存在一个主次的问题,目前普遍对于"数字化"的认知是技术手段与设备终端,但"数字化"所代表的未来趋势则是文化与思维模式的颠覆,区块链、虚拟化等作为数字化时代的生产关系联结着社会的各个层面,甚至意味着人的主导地位将会逐渐让步于人工智能所代表的数字革命。[④]面对这样的未来,边疆安全治理模式的改良与变革是依然因循既往"技术手段"的数字化,还是突破性地引入数字化时代的生产关系来重构管理体制,这是制度变迁理论可以发挥的积极层面,即重视新管理模式在生产力进步中的调适与应用。

制度供给作为个人或组织所生产的公共产品,受到资源稀缺性与人类有限理性的限制,因而制度的本身是处于动态的,是在不断适应外界的环境变化、制度需求与供给的拉锯中实现着个人(集体)理性的提高与制度的动态变迁。[⑤]因此在考虑边疆安全治理的数字化转型中同样要考虑到制度变迁的

---

① [美]道格拉斯·C.诺斯著,杭行译:《制度、制度变迁与经济绩效》,北京:格致出版社,2008年版,第21页。
② 吴敬琏:《发展中国高新技术产业制度重于技术》,北京:中国发展出版社,2002年版,第2页。
③ 邹东涛:《制度更是第一生产力》,载《中国科技信息》,2001年第5期,第4页。
④ 张茂元:《数字技术形塑制度的机制与路径》,载《湖南师范大学学报(哲学社会科学版)》,2020年第6期,第6页。
⑤ "Technology and Institutions: What Can Research on Information Technology and Research on Organizations Learn from Each Other?" *MIS Quarterly*, Vol.25, No.2, 2001, p.147.

第一章 核心概念、理论基础与分析框架

成本与收益的平衡,数字化转型所消耗的成本不仅是技术与设备的升级与更迭,也涉及人员的淘汰、遴选与培训,以及组织结构的调整与治理模式的磨合。尤其强调的是,数字化时代的组织结构调整的轴心迥异于农业、工业以及信息化时代。以往的制度变革与调整,工具是辅助性的次要存在,服务于人类主要的生产与生活活动,但数字化时代的制度变迁则要突出工具的重要甚至是主导地位,人类管理结构的调整是为了更好地服务于数字化工具的能力发挥,[1]但由于个人(集体)理性受制于时代与知识的局限,这种革命性、颠覆性的变革必然会引发指导思路的分歧与反复、从而导致制度变迁的曲折与成本的攀升。因此,加强从制度变迁的角度研析边疆安全治理的数字化转型,有助于从成本分析的角度思考转型的路径依赖,从而推动制度与技术的尽快磨合。

制度变迁的推动力量主要是两类,分别是直接推动制度变迁的第一行动集团与间接推动制度变迁的第二行动集团,二者同为决策主体,彼此的协同合作是促成制度变迁的关键力量,而这也体现了"赋能"管理中权力结构扁平化的特征。第一行动集团按照内部主体的不同,可以区分为"自上而下"的制度变迁以及"自下而上"的制度变迁。前者指由政府发起,以行政命令与法律条规的形式推动"强制性制度变迁";后者则是由个体或群体在自利的驱动下,自发地倡议、组织以及推动的"诱致性制度变迁"。[2]无论第一行动集团的主体与变迁发起的方式如何,第二行动集团都会根据第一行动集团的制度变迁方案进行选择、评估及参与,形成发挥次要作用的重要集团。但是,在现实的边疆治理与制度变迁当中,第一行动集团与第二行动集团之间的角色存在较大的偏离,往往是纯粹的"被动适应",并没有充分地发挥直接参与、间接推动的作用。[3]"赋能"作为强调权力下沉与权责共担的管理理论,更加重视多主体的参与,更加强调基层单位在权力结构中的重要角色,这于边疆安全治理体系进行数字化转型时是可以与制度变迁理论进行互鉴共进的。

---

[1] Samer Hassan, Primavera De Filippi, "Blockchain Technology as a Regulatory Technology: From Code is Law to Law is Code," *First Monday*, Vol.21, No.12, 2016, p.86.

[2] [美]道格拉斯·C.诺斯著,杭行译:《制度、制度变迁与经济绩效》,北京:格致出版社,2008年版,第101页。

[3] 郭东杰:《制度变迁视阈下中国社会流动机制演进分析》,载《浙江社会科学》,2020年第11期,第73页。

第三节　基于"技术理性"的分析框架

法兰克福学派代表学者赫伯特·马尔库塞（Herbert Marcuse）继承并发展了马克斯·韦伯关于"工具理性"与"技术理性"的思想，并在代表作《理性与革命》中对"技术理性"进行了阐释、解剖与批判。在这个哲学思维的过程中，马尔库塞从需求功能性、科学合理性、社会合意性以及技术规范性四个角度来聚焦于技术工具在生产力发展中所发挥的具体作用，并讨论了技术给人类社会伦理所带来的冲击与颠覆。此外，无论是技术更新，还是制度的更迭，二者都处于一种动态变迁之中，且在"均衡—失衡—再均衡"的反复博弈中推动着彼此的进步，技术变革有着自身的内在驱动，制度变迁则作为外部环境同样发挥着重要作用。

在经过了以上四个层面的分析之后，还应当从技术成本的侧面去考虑制度变革的必要性、可能性与恰当性。当技术变革而导致制度体系的相对滞后时，由此产生的效率低下激发了制度变迁的需求。当变革成本超过收益时，即使有变革的需要，也应当继续维系现有制度；当变革收益较为突出时，制度规范调适与重塑的必要性便会相对突出。技术理性框架下的制度变迁不仅是技术上的理性，也是工具理性与实践精神的耦合，因此基于"技术理性"进行边疆安全治理中的"数字赋能"研究便有了一定的科学合理性依据。

对此，本书借鉴了赫伯特·马尔库塞在《理性与革命》中的技术理性分析框架，先是基于需求功能性推导出"数字赋能"的必要性（第二章），再从科学合理性、社会合意性两个角度阐述边疆安全治理中"数字赋能"的主要方式、困境以及国外的经验借鉴（第三、第四章），最后再从技术规范的角度论述"数字赋能"治理体系的调适与重塑（第五章）。文章的结论则对全文进行总结，并就笔者自身对于研究的理解，提出一些制度供给建议。

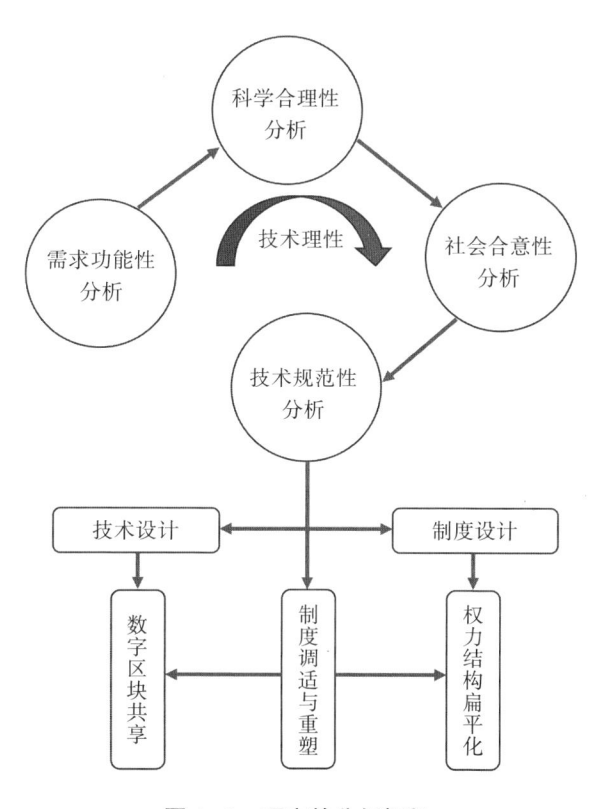

第一章 核心概念、理论基础与分析框架

图 1-3 研究的分析框架

一、需求功能性分析

任何技术活动的最终目的，就是给予人类社会发展以技术性的服务，因而目标需求、问题导向自然成为技术理性分析的首要前提。由此，安全需求决定了数字赋能的方向，架构起制度变迁中怎么变、如何变的底层逻辑。边疆安全治理中"数字赋能"的需求，总体可区分为国内与国际两个政治环境下的具体安全需求。就国内政治环境而言，主要面临着三股势力的残余、多元文化的共存、包括宗教在内的思想冲突逐渐加剧等风险与挑战。就国际政治环境而言，则是经济全球化与政治民主化的全球浪潮中所引发的全球性政治、经济、生态以及安全问题，或者就某种意义上而言，是各国内政治理的主客体以及范围渐次向全球扩展的整体性问题，[1] 而这在位于边疆邻国之间

---

[1] 俞可平：《全球治理引论》，载《马克思主义与现实》，2002年第1期，第30页。

表现得尤其突出。

此外，边疆的"安全感"是高度理性化、综合化的制度需求，必须将明确的价值理念追求融入制度需求的顶层设计之中，并以此作为安全治理的具体目标与行动指南。首先，"平安边疆"是数字赋能下边疆安全治理的首要价值追求。"平安边疆"是指内部不受破坏、外部不受威胁的和平、安全、安宁的社会状态，也是一直以来民众最为朴实和基本的期待与追求，也是政府必须向民众提供的基础公共产品。其次，"文明边疆"所代表的文化安全是边疆安全治理的核心价值追求。"文明边疆"的前提是文化安全，关键是文化自信，目标是文化复兴，只有实现了文化的安全、自信与复兴才能实现"文明边疆"的价值追求。最后，"法治边疆"是数字赋能下边疆安全治理的主体向度的价值追求。法治是人类文明不断进化的产物，是现代文明的主要标志之一，是人类公共生活中以保障公民权利为目标，以制约公权力的方式，所形成的一系列制度规范与行为准则。① 这些构成了边疆安全治理中"数字赋能"的内在功能性需求，围绕"平安边疆""文明边疆"以及"法治边疆"进行相应的技术配套与治理体系的锤炼，同时也为"数字赋能"的方向与方式给予了功能性的指导。

二、科学合理性分析

科学合理性是"技术理性"的关键内核，涉及技术手段的可行性与有效性，这也就要求技术理性下的技术手段及工具必须符合客观规律，并且在具体的实践中有着可操作性的保证。

在边疆"数字赋能"实践中的科学合理性突出表现为数字工具的技术效用，其本质在于通过数字化技术效用的体现来建立新的安全规范，从而为国家安全与边疆发展创造更大的公共价值与安全利益，代表着公共行政典范的数字化转移。具体而言，主要表现在以下两个方面：其一，以从信息中心向数据驱动的边疆安全体系转型为基础。涉及边疆安全的政府部门都应当认识到数据是一种战略性资源，也是边疆安全体系未来转型的基础与动力。因此，边疆安全部门亟须充分利用数据来分析、判断及预测国家与公民的利益需要

---

① 方盛举、苏紫程：《论我国陆地边疆治理的价值追求》，载《思想战线》，2016年第3期，第106页。

第一章　核心概念、理论基础与分析框架

而提供安全服务，了解数字化时代的安全体系的绩效变化并不断回应制度变革的前瞻性需求。其二，以从现有流程数字化到设计数字化的转型为支撑。数字化视野下的边疆安全治理，并不是简单地将数字技术、手段与设备应用于数字化进程，而是从设计到流程实现数字化思维导图建构。边疆安全体系的数字化设计，必须遵循战略转型的持续性需要，重塑专职安全部门以及相关单位运作流程，高度重视数字技术从工具到价值领域的潜力，从而设计可持续的、具有针对性且有效的边疆安全体系。

此外，"数字赋能"的科学合理性还表现在生产力与生产关系之间的均衡。生产力决定生产关系，技术的进步决定了制度体系的调整方向，只有二者之间的契合才能最大限度地发挥生产力的社会效力。但是，技术变革的程度、进度以及影响度在各个层面都会直接或间接地影响制度变迁的进程，因而必须首先对技术的"影响机制"进行辨析，才能够较为全面地了解"数字赋能"在边疆安全治理变迁中所发挥的作用，保证"数字赋能"进程的科学合理性。

三、社会合意性分析

社会合意性是指技术的开发与应用都应当符合社会基本的道德规范与价值需求，社会的基本要求与追求不断内化于技术的设计、开发与应用，而技术作为价值客体的存在与发展也必须符合人类社会与客观规律的约束。

客观世界的认识与改造是一个长期的过程（甚至是无止境的），而改造的主体——人类也会在这个过程中产生生理性以及心理性的诸多变化，这就需要坚定的信仰与精神支撑才能继续认知与改造世界的过程。此外，随着技术理性主导下的技术自主性不断提高，势必会对个体的自主与社会的自由产生冲击，甚至会反制或吞噬人类利用技术理性认识自然规律的初衷。这同样需要坚定的意志与高度的精神自觉，确保科学技术所代表的技术理性在实践过程中的正向性，始终秉持服务于人类福祉的根本宗旨。

在边疆安全治理的"数字赋能"实践中，一味地追求技术至上会步入"唯器论"的歧路，甚至会走上突破人类底线的邪路，如生化武器等就是突破了人类社会的底线而被世界大多数国家所禁止。因此，在具体的数字技术采用上，应当正确区分并划定边界，坚定地立足于道理与伦理的红线，不能为了

安全而肆意扩大安全的范围、突破技术适用的界限，更不能够滥用安全的名义而侵犯边疆民众的基本权力与利益。

四、技术规范性分析

技术规范性主要表现在"技术转化过程"的理论可行、实践可操作以及效果符合预期的一系列作业规则与方案设计。技术规范除了在技术领域的要求，还注重技术在治理中生产关系的适应与处理，强调"人"的因素在规范中的主导性作用。

在边疆安全治理的"数字赋能"体系中，同样是由一系列的技术规则与制度规范，具体可区分为"结构赋能"与"技术赋能"两条主线，并围绕"赋能"模式的参与性落实，形成机构整合、资源供给、发展伙伴关系以及系统性策略四个方面的体系支撑。"结构赋能"是边疆安全治理实现赋能式变革的组织基础。"结构赋能"主要针对的是边疆组织内部（主要是安全部门）的管理变革，强调以权力结构扁平化、项目运作去中心化的赋能式结构，并结合边疆地区的实际情况，提高应对边疆不安定因素的敏捷性。"技术赋能"主要是指利用技术来改良现状，强调生产力与生产技术在社会关系中所发挥的重要作用。此外，机构整合、资源供给、发展伙伴关系以及系统性策略四个方面则能较好地支撑赋能体系下的边疆安全治理路径。从机构整合来看，赋能的重要前提即为了边疆多机构的协调以及经验的分享，须将所有参与或是涉及赋能的各个机构整合在组织目标的运作之中，避免内部工作人员因相互不了解而缺乏赋能的基础，否则便会成为叠加在组织机构之外的依附性存在——"外挂组件"（Bolt-Ons）。[1] 从资源供给来看，任何的生产或是管理都需要满足能量守恒，都要求必需的资源投入，赋能作为一种管理模式，只有在相关资源的支撑下，才能满足基本的运作。从发展伙伴关系来看，"赋能"作为一种生产关系的调整，就需要在体系内部寻求支持力量以推进赋能的议程，这是"赋能小环境寻求体系大背景"的需求结果。从系统性策略来看，边疆治理的改革需要保证强有力的决策机构与执行机构，这需要在旧有体系下提出具有"赋能导向"的系统策略，全方位地支持并协调边疆安全治

---

[1] Wright P, Turner C, Clay D, et al., *Guide to the Participation of Children and Young People in Developing Social Care*, London: SCIE, 2006, p.21.

第一章 核心概念、理论基础与分析框架

理体系进行赋能改革的目标达成。

本章通过对核心概念、数字赋能、边疆安全、数字化的梳理，明确了全书的研究支点；通过对赋能理论、制度变迁理论以及技术理性思想的阐述，为研究的学理性奠定了基础；通过对技术影响分析、制度需求分析、技术效用分析以及路径设计分析等研究要素的整理，建构起全书分析的基本框架。本章内容是研究准备的重要组成，也是数字赋能下边疆安全治理研究的实质性开端。

第二章
"东数西算"背景下边疆"数字赋能"的功能性需求

数字化时代的加速到来,既是技术理性需求功能化的结果,同时也是传统治理模式进行存量变革与增量调整的磨合,解构与再构成为数字化时代渐次递进的过程。其中,变革的动力成为推动数字化进程速度的关键因素,而现状存在的问题与挑战则构成了变革最为迫切的需求,也为变革指明了道路与前进的方向。

第一节 "数字赋能"发生的场域:我国边疆安全治理

"场域"作为社会学领域的重要概念,主要是指人类的任何行为都受到其所存在的空间环境影响,这种由位置、关系等所形成的网络能量场便是"场域"。"场域"概念的提出为社科研究对象提供了稳定且相对独立的社会空间。本书中"数字赋能"的研究场域则是聚焦于我国的陆地边疆安全治理,基于实践的功能性需求探讨"数字赋能"的充分性、必要性以及可行性,从而解构当前"数字赋能"所面临的困境,并为未来治理生态的重塑提供一定的参考与借鉴。

一、我国边疆安全治理的内外环境

从农业化时代的自我管理到工业化时代的有组织管理,时代的变革不仅是生产力的突飞猛进,同时也是生产关系调整的必然选择,否则就会在生产力与生产关系的矛盾中限制时代的进步与社会的发展,因而治理体系的调整与变革便成为一种必然。与此同时,随着我国"一带一路"倡议的逐步推进,"数字中国"战略的持续深入,边疆安全治理的数字化转型已经成为技术理性时代的必然选择。

"东数西算"背景下西部边疆的"数字赋能"研究

（一）国内安全环境

边疆安全治理的国内政治环境复杂多样，且随着多元文化的并存与全球化与区域一体化的不断深入，政治环境的复杂性日益加深。总体而言，目前的边疆国内政治环境主要是由边疆意识形态环境、边疆政治环境、地方政权安全环境以及国家主权安全环境四类组成。

从边疆意识形态环境上来看，边疆区域、各阶层与各民族群众之间形成的社会思潮日趋多元化，并在文化价值与思想观念上有着集中的表现与表达，尤其是新近出现的泛民族主义、历史虚无主义以及新自由主义等与传统思潮共同构成了对主流意识形态的威胁与挑战。当前面临的边疆意识形态环境，首要任务在于如何应对多元文化之间的并存与冲突问题，并且争取边疆各族民众的支持与拥护，以此维持有利于数字化安全体系建设的意识形态环境。

从边疆的政治环境来看，当前主要面临着邪教的传播与煽动、黑恶集团以及三股势力的威胁等诸多问题，恶意破坏边疆地区稳定的社会环境与执政基础，甚至直接挑战、攻击和危害中国共产党在边疆地区合法的政治地位。值得强调的是，上述所存在的威胁在相当程度上是有一定的边疆宗教与民族为支撑的，因而在具体的处理过程中尤其需要强调长期性、复杂性以及艰巨性，不仅要精确定位，更要采取有力措施维护边疆稳定的政党执政环境。

从地方政权的安全环境来看，边疆由于自身特殊的地缘位置与结构，使其成为走私、贩毒、人口拐卖以及跨境赌博等诸多社会问题滋生的土壤。此外，随着境内外敌对势力的煽动与破坏，近年来呈现出社会组织活动不规范、群体性事件频仍以及负面网络舆情泛滥，严重威胁到了边疆的稳定与和谐。与此同时，边疆的开发与建设依然是最为迫切的民生问题，虽然我国于2020年实现了贫困人口清零，但老少边穷的问题依然非常突出，尤其是边疆地区囿于生存环境恶劣与基础设施薄弱而依然处于开发建设的关键时期。

从边疆的国家主权安全环境来看，目前最为迫切的便是推进反民族分裂、反极端的统一战线建设，获取少数民族群众对国家统一事业的支持，强化国家认同、民族认同、文化认同、执政认同以及社会主义认同的"五个认同"教育。除了行政上的举措，还要进一步推进并完善法律法规的建设，正确认识并健全《反分裂国家法》的具体法规，使之成为维护边疆地区国家主

第二章 "东数西算"背景下边疆"数字赋能"的功能性需求

权环境的重要支撑。应当强调的是,国内主权安全环境日益呈现出"被动国际化"的趋势,西方国家反华势力肆意干涉我国内政,导致本属内政的边疆主权安全问题逐渐议题国际化。因而对于边疆的国家主权环境的建设与维护必须考虑到防治策略的国际化,将边疆的安全环境建设置于全球的政治背景下综合考量。

(二)国际安全环境

全球化不仅仅意味着经济领域的互联互通,同时还标志着全球性的政治、经济、安全与生态环境成为各国发展的时代背景,世界上几乎所有国家都无法回避其他文明或国家对本国内政的影响。因此,着力于数字赋能下的边疆安全治理就必须深入探讨国际政治环境的诸多影响。

其一,西方国家的软实力渗透冲击边疆地区的文化环境。经济全球化为我国的政治、经济以及文化发展提供了巨大的契机与平台,但同时也对我国的传统文化以及意识形态造成了巨大的冲击。尤其是在西方经济、医疗、科技以及教育的优势下,部分边疆地区的青年往往会对本民族文化产生不自信,由此为西方反华势力干扰、渗透甚至是破坏的可能。因此,加强我国边疆地区对于外国意识形态的影响,就必须加强与完善以文化为主体的软实力建设,坚持中国特色社会主义道路自信、理论自信、制度自信、文化自信,[①] 排除外部势力对边疆安全体系升级转型的消极影响。

其二,百年未有之大变局背景下边疆地区的周边关系再构。2018年6月,习近平总书记在中央外事工作会议上作出了"世界处于百年未有之大变局"的重要判断,随后的2020年世界处于公共卫生危机、民粹浪潮、种族歧视、阶级矛盾以及南北国家冲突等交杂错综的困境之中。在这样的国际环境下,既有的西方经验已然无法解决不断显现的社会危机,甚至正在制造并加剧社会的对立,全球政治格局的权力中心正逐步向东方转移,亚洲国家的发展经验对当前世界局势的发展则有着诸多的裨益与借鉴。我国边疆地区在大变局的背景下受到了周边国家安全态势的冲击,但同样也在重塑着未来的新型周边关系,而在解构与重构的过程中,新的技术手段与管理模式的应用则显得尤其突出与重要。

---

① "习近平在庆祝中国共产党成立95周年大会上的讲话",载《人民日报》,2016年7月2日,第2版。

"东数西算"背景下西部边疆的"数字赋能"研究

其三,新冠肺炎疫情等全球公共卫生危机对边疆安全的威胁。2019年年底的新冠肺炎病毒危机突出了生物安全对于国家安全以及人民群众生命健康的重要影响,也引发了对边疆地区非传统安全管控的新思考,而我国边疆地区也确实面临着生物安全的巨大压力。仅2020年,我国海关检疫并截获外来物种4270批、1258种,其中有害生物384种、6.95万种次,边疆地区承受着巨大的境外有害生物入侵的压力。随着2021年《中华人民共和国生物安全法》的颁布与实施,边疆地区将严格按照法律法规严守"境外、口岸、境内"三道生物安全防线,坚持全链条动植物检疫防控,建立从检疫准入到境外预检、到检疫审批、到口岸查验、到实验室检测、到检疫处理、到隔离检疫、到定点加工,再到疫情监测的三道防线九项具体措施的防御体系,扎实做好进出境动植物检疫工作,维护好国家生物安全的防线和屏障,筑牢国门生物安全网。①

二、我国边疆安全治理的政治体系

既有的边疆安全治理体系作为一种系统性存在,同样是由多个层次所建构。魏宏森认为,"政治体系的广义维度涉及组织制度、政治心理、观念思想以及物质技术等不同层面,因而在研究政治发展的现状与趋势时也必须紧密围绕这四个方面的主要变化"。②从广义的逻辑关系上推演,政治心理以及思想观念都属于政治文化的理论范畴,其中政治思想是政治文化框架中的理性层面与深层内容,而政治心理则是政治文化中的感性概念与表层部分,两者互构成政治发展分析的立体模型。③边疆地区"赋能—共生"权力结构的分析,可以源自高层与低层、深层与浅层的辩证关系之中,从而对组织制度、政治心理、观念思想以及物质技术进行解构。

首先,物质技术作为边疆安全治理体系中的浅表层面,虽然涵盖的元素

---

① 郭媛丹:《保护生物多样性 筑牢国门生物安全防线》,《环球时报》,2021年2月10日。https://china.huanqiu.com/article/41s6dD5octe。(访问日期:2021年2月11日)

② 魏宏森:《试论系统的层次性原理》,载《系统辨证学学报》,1995年第1期,第42页。

③ 马起华:《政治学原理》,台北:大中国图书公司,1985年版,第736页。

第二章 "东数西算"背景下边疆"数字赋能"的功能性需求

复杂多元,但其主体与核心依然是政治技术与技能。[1] 其中,政治系统内部的技术与技能的主体主要是边疆安全治理的各部门单位(如政府机关、边防部队、公检法各单位等)的各类施政技能与管理技巧。如以检查、控制、监视、纠偏的技术手段保证公共权力机关在安全职权范围内依法行政;生态环境与政治权力机构之间实现信息交流与转换的过程中所需的技术与技能;为了维护社会的总体和谐与稳定,在权力结构内部以及社会生活中冲突与矛盾调解过程中所需的技术与技能;集聚社会力量,将所需的政治、经济以及文化资源进行有序整合,构建行为系统、优化组织关系所需的技术与技能;对于重大政治问题的分析与决策中所需的技术与技能;以实现和维护社会性质及发展为目标,运用政治权威与行政权力,对系统内外的治理客体施加政治影响力,确保边疆权力结构的稳定以及安全治理体系发展方向所必需的各类技术与技能。

其次,政治组织的权力结构与组织制度作为边疆地区政治体系的"硬件"部分,反映了安全治理进程的显性内容,同时也代表政治体系中刚性的一面。以核心政治制度、隐性政治规则以及法制运行制度等为代表的政治制度,是边疆安全治理体系中权力结构的外在表现。这些政治制度确定了边疆地区安全治理机构的根本性质、行政框架以及基本特征,规范了边疆地区各层级的安全部门主管、非政府组织以及民族群众等政治角色的地位、活动范围与方式,因而在边疆的安全治理中发挥着根本性作用与影响。核心政治制度的实体化、范本化便是"具体政治制度",是围绕核心政治制度进行的权限划分、组织建构以及方式规范,以缜密的制度安排来保证安全治理权这一特殊政治权力的正常运行以及政治社会生活的稳定发展。[2]

最后,政治思想观念与政治心理安全是边疆政治系统中的"软件"部分,反映的是安全治理体系的深层结构,是柔性化、隐性化的软实力建设。在边疆地区的民族区域自治体系中,政治思想观念主要指各民族对于政治生活的认知、观点以及见解的统称。虽然其属于各民族群众对于政治安排与进程的主观态度,但实际上通常体现为宗教精英、民族精英等精英群体对于政治角色和权力结构或是理性,或是理想化的表达,由于精英群体的"少数代表性",

---

[1] 燕继荣:《政治模式的哲学基础——论政治价值体系与政治治理模式的关系》,载《内蒙古师范大学学报(哲学社会科学版)》,2005年第5期,第56页。

[2] 闵伟轩:《民族法制建设迈出新步伐》,载《中国民族报》,2007年9月14日。

"东数西算"背景下西部边疆的"数字赋能"研究

因而就理论上而言往往影响力有限。但是，在资本以及政治社会力量的推动下，精英的观点经过沉淀、发酵以及传播，社会普通成员往往能够认可、推崇并普遍接受，而精英型政治角色所代表的政治思想也逐渐成为社会的主流，规约并指导其他政治与社会角色所秉持的政治理念与意识形态。因此，边疆的安全治理要充分发挥地区精英在"心理安全"建构中的关键性作用，及时对边疆民众进行积极向上的心理疏导，根除极端主义在边疆社群中的滋生土壤，从而由内而外地建构边疆安全稳定的社会环境。

在以物质技术为基础，政治系统硬件与软件的集成下，边疆地区的安全治理体制的结构以及功能性的运行方式可以实现系统性的整合。总体来看，从不同层次上可以区分为：党委与行政机构的领导、政治协商与多党合作的推动、民族政治（宗教）精英的促进、外部政治的输入以及公民政治参与的驱动。[①] 我国的民族自治是在单一制国家制度安全的前提下所形成的具备地方特色的特殊政治制度，这种自治体制依然要围绕自上而下的决策机制，确保中央对地方的绝对领导。[②] 在此前提之下，边疆安全治理体系中同样要明确政治协商的促进作用，充分发挥多党合作的协调机制与政治形式，推动边疆治理的民主监督与参涉安全的进程。[③] 民族政治（宗教）精英作为"社会认可的少数优秀人物"或"能够凭借威望来施加影响，甚至拥有决定性权力的少数关键群体"，利用自身的资源直接或间接地引导边疆社会安全的总体趋势。[④] 此外，在全球化的大时代背景下，外部的政治输入是一个不可避免的现实问题，同时也是边疆地区与周边国家相互依存、相互作用、相互制约以及相互影响的客观存在。正确看待并处理内政问题的外围因素，于当前及未来将在边疆的安全治理中将日益凸显其重要性及特殊性。公民参与到边疆安全治理的进程是民众依法享有权利，是公民社会安全利益诉求的表达。这些共同构造了边疆地区安全治理的权力通道与制度结构，为我国边疆政治社会的稳定、周边关系的和谐做出贡献的同时，也在新时代背景下面临着诸多的风险与挑战。

---

① 周平：《民族政治学》，北京：高度教育出版社，2007年版，第312页。
② 李维汉：《统一战线问题与民族问题》，北京：人民出版社，1981年版，第160页。
③ 周平：《中国少数民族政治分析》，昆明：云南大学出版社，2007年版，第32页。
④ 高永久、柳建文：《民族政治精英论》，载《南开大学学报（哲学社会科学版）》，2008年第5期，第124页。

第二章 "东数西算"背景下边疆"数字赋能"的功能性需求

三、我国陆疆安全治理的基本现状

数字化时代我国的边疆安全挑战，无论是传统安全领域还是非传统安全领域，都具有一个显著特点，也即"趋于微观"。如传统安全领域印度在边境上的特种部队的渗透、占地与争地，非传统安全领域的虚拟空间、水资源以及生物安全等，面临的问题都更加具体、更侧重细节，而大量具体细节的监控与处理必然造成大量的数字能力负载，这就从基本现状的困境提出了边疆数字化安全体系的迫切需求。

（一）传统安全领域

"传统安全"源于1943年美国著名的新闻评论家、作家沃尔特·李普曼[①]（Walter Lippmann）首次提出的"国家安全"（National Security）一词，[②]美国学界随即将"国家安全"界定为涉及军事力量的威胁、使用和控制，在词义概念上等同于"军事安全"。进入20世纪70年代以来，美国学界便把以"军事安全"为核心的安全统称作"传统安全"，因此传统安全威胁也即军事安全威胁，而军事以外的安全威胁则被称作非传统安全威胁。当前，部分周边国家在西方反华势力与情报部门的支持与培训下，不断强化对西部边疆地区的人员渗透、情报搜集以及社会破坏等特种作战能力，严重影响到我国西部边疆的和谐安定与人民群众的生命财产安全，在传统安全领域对我国形成了巨大的地缘政治压力。因此，加强对边疆地区的传统安全风险研究不仅是一个边疆治理的局部议题，更是涉及国家主权与人民安全的宏观战略视野。

目前，尚未与我国划定陆地边界的仅有印度和不丹，而不丹在实质上是受印度的影响而未能划界，因而中印两国的边界摩擦与军事冲突便成为一个我国边疆在传统安全领域的最大挑战。自1950年中印两国建交以来，围绕边境问题先后爆发了多次武装冲突以及若干次不同程度及规模的边境冲突与摩擦。

---

① 沃尔特·李普曼（Walter Lippmann），美国著名新闻评论家、作家，是传播学史上具有重要影响的学者之一，在宣传分析和舆论研究方面享有很高的声誉。代表作《舆论》开创了今天被称为议程设置的早期思想，被公认为是传播学领域的奠基之作，1958年获得"普利策新闻奖"。

② Stephen W. Baskerville, Walter Lippmann, "Cosmopolitanism in the Century of Total War," *Journal of American Studies*, Vol.20, No.1, 1986, pp.146–147.

"东数西算"背景下西部边疆的"数字赋能"研究

中印边境的反复摩擦与冲突，除有过较大规模且造成较大伤亡的武装冲突和局部对峙外，更需要警惕的是在渗透与反渗透之间的较量，其中最为典型的就是"印藏边境特种部队"对我边境的渗透与破坏。"印藏特种边境部队"（Special Frontier Force，SFF）作为一支具有"藏独"背景的印度边境特种部队，一直以来都活跃在中印边境地带，并在美印两国情报部门的支持与培训下，不断强化对西藏、新疆等地区的人员渗透、情报收集以及社会破坏等特种作战能力，严重影响到我国西部边疆的和谐安定与人民群众的生命财产安全。如1964年，美印为了获取我国原子弹爆炸的相关数据，而当时的美国在"间谍卫星"领域尚未突破，而高空U-2侦察机则屡次在中国被击落，[①]当时的雨季也不利于U-2从印度起飞前往侦察，而通过人员渗透便成了唯一的选择。[②]因此，中情局决定启动一项电子情报行动（ELINT），跟踪我国的核试验并监测导弹发射，而执行这项任务的正是SFF。SFF的特工原定计划在楠达德维山（Nanda Devi）安置一个永久的电子情报设备（核SNAP19C动力组燃料电池提供动力），用于收集相关武器试验数据，但由于海拔较高且自然环境恶劣，该装置丢失而致使计划流产。[③]再如1967年，我国开始测试一种新型洲际弹道导弹，中情局再度想利用SFF在高山地区的攀爬与渗透能力，在南达角山（Nanda Kot）安置一个类似于1964年的ELINT设备。此次行动获得了成功，并在此后的数年内收集了大量关于我国相关战略武器的重要数据。1969年，SFF渗透进我国控制区域，再度安装了ELINT设备用于收集相关情报，随后由于美国拥有了第一代TRW间谍卫星，而不必依赖老式的ELINT设备，[④]SFF的这类渗透活动才逐渐终止。此

---

① 我国共击落5架U-2侦察机：1962年击落1架，1965年击落3架，1967年击落1架。

② "India used US spy planes to map Chinese incursion in Sino-Indian war, " *Hindustan Times*, August 16, 2013. http://www.hindustantimes.com/world-news/Americas/India-used-US-spy-planes-to-map-Chinese-incursion-in-1962-war/Article1-1108481.aspx.（访问日期：2020年10月12日）

③ Harish Kapadia, *"Nanda Devi" in World Mountaineering*, Audrey Salkeld, editor, Bulfinch Press, 1998, pp. 254–257.

④ Madan, Tanvi , "The pitfalls and promise of a US-India partnership driven by China, " Brookings, September 1, 2020. https://www.brookings.edu/blog/order-from-chaos/2020/02/27/the-pitfalls-and-promise-of-a-us-india-partnership-driven-by-china/.（访问日期：2020年10月12日）

第二章 "东数西算"背景下边疆"数字赋能"的功能性需求

外,SFF利用其藏民的身份在边境的活动依然非常活跃。根据公开报道,自2020年6月中印加勒万河谷冲突以来,SFF利用牧民身份在我边境地区进行情报收集,9月我边防部队抓获了5名"印度猎人",而《环球时报》则称为印方的情报人员[①],并极有可能便是有着SFF的背景。这主要是因为这5名"猎人"都是利用藏民的身份在边境地区活动,而印度部队中以"流亡藏人"为主、且主要负责情报与渗透工作的也正是SFF。不仅如此,在边境对峙中,SFF的第5营充当了挑衅和冲突的急先锋,不仅屡次利用自身高原作战的经验与能力进行高地争夺,甚至挥舞着"藏独"的"雪山狮子旗"对我军进行反复挑衅。

印藏边境特种部队的成立背景与隶属关系

目前普遍认为SFF始建于1962年中印边境战争之后,但事实上该部队的时间链条可以追溯到英属印度的殖民时期,并于20世纪50年代在多方的谋划下已现雏形,而1962年边境战争只是加速了这支具有反华血统的"藏独"军队的正式建立以及对外公开。(1)19世纪50年代。英国人殖民印度之后,便一直觊觎北部的我国西藏地区,通过收买、胁迫等形式雇佣部分藏人、不丹人、廓尔喀人等充当间谍、情报人员甚至是秘密民兵在中印边境进行活动。[②](2)20世纪初,英国利用中国辛亥革命的混乱时期加紧对我国西藏地区的渗透,时任印度副王及总督的明托伯爵(The Earl of Minto)甚至亲赴大吉岭与西藏的达赖喇嘛密会,怂恿达赖以亲英的察荣大藏(Tsarong Dazang Dramdul)为总司令组织起上万人的民兵,并承诺为这支部队提供武器与经费,[③]这支由英国人支持与培训下所组建的部队,开启了(英属)印度利用藏人部队从事反华分裂行为的先河,[④]也为英国殖民者精心打造了长

---

① 《独家:之前在藏南"失踪"的5名印度人是装扮成猎人的印方情报人员》,《环球时报》,2020年9月12日。https://world.huanqiu.com/article/3zqoKDJrz9u,访问日期:2020年10月6日。

② Kapileshwar Labh, *India and Bhutan*, New Delhi: Sindhu Publications, 1974, p. 177.

③ 张玉堂为报应邀参加英商务局招待会及租赁条款谈判将继续举行等事致安格联半官方性函,1911年6月30日第58号。中国第二历史档案馆、中国藏学研究中心合编:《西藏亚东关档案选编》(下册),第1173页。

④ 大卫·麦克唐纳著,孙梅生、黄次书译,刘家驹等校:《旅藏二十年》,上海:商务印书馆,1936年版,第153页。

"东数西算"背景下西部边疆的"数字赋能"研究

期稳固的侵华侵藏前沿堡垒[1],也是培养各类间谍和反叛武装的基地。(3)20世纪50年代以来,中情局"藏人计划"的出台以及"四水六岗卫教军"的成立意味着SFF初具雏形。出于反华和领土扩张的需要,美国与印度联手在尼泊尔的"野马基地"开始组建"藏人游击队",而这也标志着SFF的雏形逐渐显现。[2]为此,美国中央情报局勾结十四世达赖兄弟制订了"藏人计划"[3](CIA Tibetan Program)。[4]所谓"藏人计划"以"政治宣传、行动、情报活动以及准军事行动"为主要方式,以实现"西藏自中国的分裂与自治"为政治目标所进行的反华秘密行动[5]。1959年藏区叛乱发生后,护送及接应十四世达赖逃亡印度的藏人都是中情局所训练的特工。另一部分则活跃于"四水六岗[6]"一带,并成为"四水六岗卫教志愿军"的骨干力量,而这支叛军也即是SFF的前身。随后该叛军随十四世达赖逃亡尼泊尔和印度,并在美国中情局的推动下于木斯塘地区重建该部。[7](4)1962年中印边境战争是推动SFF形成建制的催化剂,其作为一支具有多重反华背景的特种作战力量随之正式登上历史舞台。中印边境战争期间,印度陆军参谋长K S Thimaya将军首先提出建立一支由流亡藏人组成的特种部队,他的

---

[1] 梁忠翠:《边境上的刺探:英国侵藏先锋大卫·麦克唐纳评》,载《历史教学问题》,2019年第1期,第112页。

[2] "Chinese Communist Motives in Invasion of Tibet"(PDF), Central Intelligence Agency, November 16, 1950. Retrieved February 9, 2017. https://www.cia.gov/library/readingroom/docs/CIA-RDP82-00457R006300270010-6.pdf.(访问日期:2020年9月14日)

[3] "藏人计划"的主要秘密行动:(1)"ST CIRCUS"行动:在美国的塞班岛和科罗拉多州的黑尔营训练"藏独"游击队;(2)"ST BARNUM"行动:向西藏空运中情局特工、军事物资和支持设备;(3)"ST BAILEY"行动:进行秘密宣传,鼓动"藏独"分裂运动。

[4] "Sino India Relations"(PDF), Central Intelligence Agency, October 12, 1954. Retrieved February 9, 2017. https://www.cia.gov/library/readingroom/docs/CIA-RDP80R01443R000300080002-0.pdf.(访问日期:2020年9月24日)

[5] Jim Mann, "CIA Gave Aid to Tibetan Exiles in 60s, Files Show," *Los Angeles Times*, September 15, 1998. https://www.latimes.com/archives/la-xpm-1998-sep-15-mn-22993-story.html.(访问日期:2020年9月11日)

[6] "四水六岗"是一个地理名词,泛指古代藏文典籍中对康巴藏族地区的总称,也称山南地区。其中,"四水"指雅砻江、澜沧江、金沙江、怒江;"六岗"指擦木雅绕岗、瓦岗、麻则岗、色莫岗、芒康岗、泽贡岗。

[7] 吉柚权:《西藏平叛记实》,拉萨:西藏人民出版社,1993年版,第92页。

第二章　"东数西算"背景下边疆"数字赋能"的功能性需求

想法得到了印度情报局（IB）局长 Bhola Nath Mullik 的支持，并成功游说尼赫鲁政府决心组建一支精锐突击部队和山地师。1962年11月，中印边境战争临近尾声，印度的情报部门——印度研究与分析局与美国中情局（在肯尼迪政府的授意下）以及"达赖集团"三方协同共建了"印藏特种边境部队"，也即 SFF。

"印藏边境特种部队"刚组建时仅有5000人（现为10000人左右）①，大部分是在德拉丹的查克拉塔（Chakrata, Dehradun）山区所招募。SFF共有6个营以及一支700名廓尔喀人组成的特战队，② 总部设在北方邦的恰克拉塔。根据已有的消息了解，SFF第1营永久部署在锡亚琴冰川，第2营部署在我国藏南地区，第3营则部署在印巴冲突的前沿：查谟与克什米尔的实控区。而当前在拉达克与我军对峙的则是SFF第5营。"印藏边境特种部队"虽主要以流亡藏人为主要兵源，但随着流亡藏人的日益减少以及成规模逃兵的出现，SFF也吸收了一部分廓尔喀人以及其他民族，日益形成一个更具有种族混合性的部队。全军的藏人比例已经下降至60%左右，其余的主要是廓尔喀人为主，这主要是由于流亡藏人在印度生活日趋窘迫。《美国之音》报道，在印藏民人数锐减，由15.8万人锐减至8.5万人，流出者一部分返回中国西藏，另一部分则前往美国、加拿大以及瑞士等西方国家。长久来看，在印的流亡藏人面临着政治身份的摇摆、经济生活的困顿以及内部分裂的加剧，SFF的兵源将会进一步枯竭，并逐渐向高原多民族混合的特战部队。SFF直接听令于印度内阁（内政部）而不受印度陆军辖制，美国中情局（CIA）与印度调查分析局（RAW）主要负责日常的基本训练，虽然在20世纪70年代以后，CIA逐渐退出了与SFF的日常事务，但两者一直保持着密切的联系。

---

① Sanyal A., The Curious Case of Establishment 22, February 16, 2009. http://www.hindustantimes.com/india/the-curious-case-of-establishment-22/story-eiDenZvNioffJFupLzNGOI.html.（访问日期：2020年10月6日）

② Rehman I., "A Himalayan Challenge: India's Conventional Deterrent and the Role of Special Operation Forces along the Sino-Indian Border: Naval War College Review," November, 2017, pp. 104–142. https://www.usnwc.edu/getattachment/07f232bc-6116-466a-abc5-3ecd45c9baa0/A-Himalayan-Challenge,-India%E2%80%9339;s-Conventional-De.aspx.（访问日期：2020年10月6日）

"东数西算"背景下西部边疆的"数字赋能"研究

目前来看，我国边疆地区在传统安全领域面临的挑战是个别的，我国与俄罗斯、越南、缅甸等国都已经划分了明确的陆地边界，且在我国睦邻友好的政策方针下基本上不存在军事冲突和摩擦的可能。虽然印度在我边疆地区屡次发起军事挑衅与摩擦冲突，但2013年中印两国签署新防务协议中增加了互不开枪的条款，使得中印边境的军事冲突风险总体上是可控的。但是，传统的边疆治理模式正面临着诸如SFF渗透等非对称态势的挑战，敏捷化正在取代效率成为传统安全领域新的核心关键。这实际上是一场关于战争形式与安全治理模式的革命，由以往的"复杂"局面升级为"错综复杂"的态势。以往的"复杂"是指烦琐，但依然是"线性布局"，运用泰勒的"科学管理"以及"还原论"是可以将"复杂"的局面一步步解构为简单的零部件，继而通过微观控制来实现宏观管理。而"错综复杂"的局面则不同，后者是一个"非线性布局"，管理者将无法控制和预测可能出现的任何情况。如同洛伦茨的"蝴蝶效应"，气象学家永远（至少在目前）无法预测哪一只蝴蝶扇动翅膀、扇动频率及次数的多少，会在全球的哪一个地区产生何等级别的飓风。"错综复杂"的"非线性布局"的难度在于每个个体背后都有成千上万甚至是上亿的联结，任何细微的变化和差错都可能产生完全迥异的结果。无论是地缘因素还是政治议题，传统的边疆安全治理模式都已无法胜任，甚至连基本的防控都对边防战士们提出了巨大的挑战。如何在新形势下，尤其是在未来一段时间内中印边境依然持续紧张的态势下，寻找出一条适合中印边境传统安全治理的新模式便成了当务之急。

（二）非传统安全领域

边疆地区地处偏僻，是国家权力辐射的肢端末梢，也是各类社会风险凸显的前沿区域，不仅面临着因边疆地区独特非传统安全问题引起的治理秩序风险，还同时面临着与内陆地区具有共同性的"转型风险"。介于边疆地区独特的自然环境、社会环境、人文环境以及区域位置，使得边疆地区的非传统安全问题凸显出跨境性、复杂性、关联性以及民族性等综合性特征。在应对边疆地区非传统安全问题的实践探索之中，我国边疆地区各个方向都呈现出具有普遍共性又极具地方性的典型安全治理经验，逐渐形成了一套相对有效、相对适应的社会秩序机制与安全治理模式。

第二章 "东数西算"背景下边疆"数字赋能"的功能性需求

1. 宗教渗透

宗教作为意识形态具有极强的渗透力，是我国边疆地区面临的主要非传统安全威胁之一。从社会心理学的角度来看，"宗教渗透是将一个社会的意识形态弥散、扩充到另一个异质文化社会中并将其社会化的过程，同时力图消融、同化和控制异质社会的意识形态，以达到自身意识形态传播的目的"。[1]近年来，我国边疆地区的宗教安全问题集中在境外宗教在西北边疆地区和东南边疆地区的渗透，并表现出以下几个主要特点。

一方面，境外宗教渗透的手段与工具日趋多样化，且更具隐蔽性。目前我国面临的主要宗教威胁分别是西北方向的伊斯兰教与东南方向的基督教，近年来以各种方式向我境内边民进行渗透。其一，利用我边疆地区已有的信徒作为传播者与代理人在境内进行非法传教，破坏边疆地区的民族团结与社会稳定。如从云南贡山离境的莫尔斯在泰国清迈创办神学院、在缅甸北部创办"木兰施底"培训基地，大量招揽贡山一带的傈僳族参加宗教培训，并通过他们返乡进行非法传教。目前仅中缅边境沿线专门针对我国境内的基督教汉语培训中心数十所，少数民族语言培训中心 10 所左右，甚至在我国境内的泸水县、怒江州、大田坝、片马镇以及鱼洞等地都分布有地下神学院。[2]其二，假借扶贫开发、项目开展以及慈善救助等名义进行实质上的宗教渗透。由于我国相关安全部门的审查与打击，公开的非法传教与渗透不仅容易识破且易受人民群众的抵制与相关部门的查处，因此隐蔽性便成了境外宗教进行渗透的首要考虑。相关境外组织往往以扶贫开发、捐资助学以及慈善事业等不具备明显宗教特征的项目为遮掩，在项目的实施过程中进行有倾向性、欺骗性的宗教传播，这种更具隐蔽性的非法传教已经成为当前较为普遍的渗透方式。其三，传统的渗透渠道依然发挥重要作用，并以"文化布道"的名义通过各种手段与工具向我国境内输送具有宗教甚至是恐怖主义性质的音像制品和印刷品（目前还出现免费送手机、电话卡等形式）。其四，利用数字传媒和网络虚拟空间进行"空中传教"。部分境外极端反华的基督教团体利用网络和数字化媒体等在我国西南沿边地区进行所谓"跨文化繁殖工程"，以

---

[1] 张桥贵：《云南跨境民族宗教社会问题研究（第一册）》，北京：中国社会科学出版社，2008年版，第5页。

[2] 鲁刚：《社会和谐与边境稳定》，北京：中国社会科学出版社，2012年版，第89页。

"空中传教"的形式妄称要以"基督教驯服中国龙"。其五，以非政府组织为宗教渗透的主体。非政府组织最活跃的省份之一云南省，在政府登记注册的非政府组织已有 300 家左右，其中有些非政府组织具有宗教背景，他们以扶贫、防艾和禁毒等慈善名义在展开活动的同时或多或少、或明或暗地进行别有目的的公共活动。

另一方面，除了主流的伊斯兰教、基督教，其他流派的宗教（如南传佛教等）所造成的宗教问题也日益突出。改革开放以来，基督教和伊斯兰教在我国边疆地区造成的非传统安全威胁相当突出，东南部分省区也出现了如南传佛教等其他宗教所引发的安全问题。在我国部分边疆地区，"有寺无僧"成为一个较为普遍的现象，这就导致了大量外籍僧人入住甚至是住持寺院，虽然大量的外籍僧侣的入境和住持寺院尚未对边疆地区的整体安全造成较大的负面影响，但个别的、零星的问题已经逐渐呈现出泛化的态势，如果相关部门不能就此问题进行及时纠偏，那么一系列的安全问题会接踵而至。一是大量的外籍僧人入境并在我国寺庙住持相关宗教活动，这本身就是对我国宗教法规的冲击与挑战；[①] 二是，外籍僧人中的少数群体利用自身所谓"佛爷""活佛"的身份在边疆地区进行诈骗、强奸以及贩毒等违法犯罪活动，严重破坏了边疆地区社会的和谐与安定；三是外籍僧人自身的"外籍"身份，可能造成信徒对于自己国家身份的不认同，不利于边疆地区的国家统一与民族团结。

2. 环境保护

由于部分边疆地区的过度开发以及环保意识的淡薄，使得边疆地区的生态环境遭到了一定程度的破坏，尤其是水土流失、土地沙漠化、盐渍化、草地退化以及水资源污染和浪费的问题尤为严重。近年来，在习近平总书记提出"绿水青山就是金山银山"[②]科学论断的指导下，边疆地区的环境问题得到了普遍的重视以及有效的治理，原先不断恶化的环境破坏被明显地遏制。

---

① 保跃平：《跨境民族地区的非传统安全问题与社会秩序建构——以云南为例》，载《西南边疆民族研究》，2016 年第 1 期，第 23 页。
② 《习近平谈新时代坚持和发展中国特色社会主义的基本方略》，新华网，2017 年 10 月 18 日，http://www.xinhuanet.com/politics/2017-10/18/c_1121820368.htm。（访问日期：2021 年 1 月 18 日）

第二章 "东数西算"背景下边疆"数字赋能"的功能性需求

但是,一些外源性的环境问题则依然在困扰我国边疆地区,如跨境开发引发污染、资源掠夺等诸多问题,随着全球化以及我国开放程度的不断加深,这些非传统安全问题同样在不断侵蚀着我国边疆地区环境保护的成效。

3. 生物安全

随着人们出入境的日益频繁、集装箱装载量以及边疆口岸交通工具的持续增多,境外生化侵入的可能性在不断加大,这也对我国边疆地区的生物安全防范构成了严峻挑战。

其一,境外烈性传染病的入境传播风险持续加大。虽然目前对于新冠肺炎疫情的源头依然没有明确的科学论断,但自美国德克里克堡生物实验室外泄的可能性正成为各界聚焦的热点,这也再度引起了对于境外烈性传染病传入的担忧。仅在2019年,全国口岸的出入境人数达到6.7亿人次,而入境人员中被检疫出的传染病携带者或具有疫病症状者则有13.2万人次,确诊者则高达近2万例。不仅如此,近年来几乎每年都有至少1种烈性传染病在世界范围内广泛传播,如黄热病、寨卡病毒、中东呼吸综合征以及埃博拉出血热,都多次被世界卫生组织宣布为国际关注的公共卫生突发事件。

其二,输入性病媒生物携带传染病原体传入的风险增加。[1]2020年,我国从入境货物中检疫并拦截有害生物6.95万种次(相当于日均截获约计190种次)、384类,并从入境旅客的携带物、邮寄物中查获外来物种达4270批、1258种,退回或者销毁38个国家与地区的农作物579批,检疫淘汰不合格的大中型动物9.93万头,持续加强对携带诸如高致病性禽流感、口蹄疫、非洲猪瘟等携带动植物病毒的入侵物种的检疫与截获。这些数据显示了我国在边疆口岸面临的巨大的生物安全压力,只有进一步完善相关的设施与组织体系,才能更为高效地应对潜在的更大风险。

其三,核生化涉恐风险持续性上升。我国陆地边境线长达22800千米,且相邻的15个周边国家安全形势复杂,尤其是西部边疆不仅内生有"三股势力"的袭扰,还包括外源性的存在(如中东恐怖主义力量的渗透),部分组织及个人通过走私等方式向境内偷运核生化及辐射相关的有害物体,直接威胁到边疆和内陆地区的安全稳定。2011年,我国边境口岸检测出的核

---

[1] 李新实、张顺合、刘晗:《新常态下国门生物安全面临的挑战和对策》,载《中国国境卫生检疫杂志》,2017年第4期,第230页。

"东数西算"背景下西部边疆的"数字赋能"研究

辐射超标物件总计才 11 起,而到了 2014 年,我国边境口岸共检测出 2520 起核辐射超标事件,8 起化学有害物质事件,3 起有害生物因子事件,同期增长 16%,相较于 2011 年则增长了 228 倍。但到了 2016 年,我国边境口岸实际处置核生化疑似事件则达到 7505 起,同比增长率已经升至 65%,2017—2019 年都持续维持了 30% 左右的核生化事件处置的增长率,这些都凸显了核风险正在不断靠近我国的周边,并对我国国家安全和人民群众的生命健康造成了切实的巨大威胁。

此外,2002 年的"非典"与 2019 年底的"新冠肺炎"两次疫情,不仅是在医学上给予了中国政府及人民以深刻的教训,也为我国的生化安全问题敲响了警钟。我国边疆地区长期面临着传染病、跨国(境)外来生物入侵等问题,且这些生化安全问题跨境传播范围广、速度快、频率高、破坏力强等特点增加了应对的难度,甚至可能经由边疆地区扩散为跨国家、跨地区甚至是全球性的灾难。不仅如此,我国作为社会主义国家,长期以来受到国际上极端反华、反社会主义势力的攻击与破坏,而包括基因战、细菌战以及物种战在内的生化战正逐渐成为他们的重要手段。极端分子及组织可能利用已然存在新合成病原体、境外传染携带物、烈性病毒的媒介生物等,通过国际贸易并借助各类运输载体(远洋轮船、各类海陆货物等)以隐蔽或伪装的形式入境,深入边疆并向内陆地区传播与释放,由此引发人类甚至是动植物的病变疫情,给包括边疆地区在内的国家整体的生态安全、物种安全、生命安全都造成了极大的威胁,并引发政治以及社会的动荡。[①]

我国边疆地区检验检疫的相关单位虽然在职责上承担着抵御生化风险的任务,但并没有将其上升为一种自觉的、意识层面的重视,并没有上升到包括自身在内的国民安全和国家整体安全的高度。此外,随着生化风险及全球气候变化等非传统安全的日益加剧,有害物质越发多样性、隐蔽性以及难以识别,这不仅要求边疆口岸负责生物安全工作人员具备较高的防范意识和识别能力,也要求对相关设备仪器进行及时的更新和升级。

---

① 谢贵平:《中国陆疆安全的识别、评估与治理》,载《国际展望》,2016 年第 5 期,第 139 页。

第二章 "东数西算"背景下边疆"数字赋能"的功能性需求

第二节 边疆地区安全治理中"数字赋能"的主客体

主客体的识别决定了研究对象的明确，掌握研究对象的利益联结，才能够解析出"数字赋能"的动力与需求，同时也能够清晰地了解潜在的矛盾与冲突。

一、边疆地区"数字赋能"的主客体识别

边疆地区"数字赋能"的主客体识别，关乎边疆地区安全利益的联结，利益的参涉者出于功能性需求而产生了"数字赋能"的动机。边疆地区的安全利益非常多元，涉及政治、经济、文化以及社会等多个层面。从政治安全利益的角度来讲，最为核心的就是坚持党的领导，并包含国家领土主权的完整、边疆地区政治局面的基本稳定以及各民族团结和谐局面的巩固。从经济安全利益的角度来讲，主要涉及边疆地区的经济秩序与金融安全，包括生产、运输、销售以及金融借贷等系列流程的有序进行。从边疆地区文化利益的角度来讲，主要包含国家/民族主体文化的认知与巩固，维护本地区、本民族的文化遗产，抵御极端主义、恐怖主义以及分裂主义等的侵袭。从边疆社会利益的角度来讲，主要涉及边疆地区社会秩序的正常运行，维护民众的合法权利，改善边民的生活水平。在这些利益的聚合之中，每个主体都在边疆地区安全治理的"数字赋能"中有着不同的利益诉求与影响力，并且利益相关者会以各种形式影响"数字赋能"的形成与具体过程。

总体来看，我国边疆地区安全治理中"数字赋能"的主体包括中央及地方层面的国家安全委员会及下属的安全机构，边疆省区的行政部门、企业集体、社会组织及个人等。涵盖如此广泛的"数字赋能"主体，更要强调合作的协同性、信息的共享性以及协调机制的互信。这种共享与互信不仅要在垂直管理领域加以贯彻，也要突出跨区域、跨部门的横向落实，从而实现维护国家安全的有力支撑。如果安全部门之间出于自身利益的考虑而拒绝安全信息的共享甚至出现竞争性行为，就会使得边疆安全的维护成本增加，即使是有限的情报共享也会导致可信度受到质疑。因此，寻求互信、高效的组织结

"东数西算"背景下西部边疆的"数字赋能"研究

构与管理体系便成为安全部门之间充分协调与配合的关键,而于当前能否通过技术手段的建构来保证制度体系的可靠就成为边疆地区安全治理的一个迫切议题。

"数字赋能"的客体主要是边疆地区安全治理的各类安全资源,这些安全资源包括情报资源、政治资源、宣传资源等一系列物质资产,以及边防部队、安全维稳人员等人力资源。数字技术将安全资源以更好的终端形式、组织方式适配于安全主体,从而实现对安全主体的赋能增权,增强安全主体在边疆安全治理过程中的个体/集体效能。但应当强调的是,"数字赋能"的客体作为一类安全资源,涉及边疆乃至国家安全的各个层面,因此在"数字赋能"的过程中尤其强调对安全资源使用和调度的规范性以及保密性,这就要求建立起完备的安全资产的标准规范体系,不仅要对安全资源进行分类归属,还应设置相应的密级与检索权限,既要保证安全主体对于资源共享的需求,也要保障边疆/国家安全资产的绝对安全。

二、边疆主体"数字赋能"的动力源流

"数字赋能"的动力源流是制度变迁研究中无法回避的"元问题"。林毅夫将制度变迁的"动力源流"区分为诱致性变迁动力与强制性变迁动力,这种二元区分既将非政府的社会因素纳入制度变迁的分析框架之中,又要符合"在转型期中国,政府仍是变迁动力的主要供给者[①]"这一客观事实,在现实的研究中成为引导我国社会变迁的基本逻辑。在这个逻辑框架之中,"诱致性变迁动力"是指公共安全治理环境、安全治理手段等诸多非强制性因素;"强制性变迁动力"则指承压型体制中经由上级党政领导的意识偏好所生成的行政驱动力。

我国边疆地区"数字赋能"的安全治理体系变迁中占据动力源流主要地位的是党和政府,这是历史的必然性所决定的,也有边疆地区长期安全实践的必然选择。新中国成立之前,中央对于地方的控制力较为薄弱,尤其是西部边疆地区处于一种割据的状态。中国共产党及所领导的人民武装统一了全国后,重新将边疆地区纳入中央的有效管辖,并且在边疆地区所实行的土地

[①] Justin Yifu Lin, "An Economic Theory of Institutional Change: Induced and Imposed Change," *Cato Journal*, No.9, 1989, p.22.

第二章　"东数西算"背景下边疆"数字赋能"的功能性需求

改革以及建立起社会主义公有制,从根本上改变了边疆少数民族地区落后的社会状态,这是党和政府作为动力源流所进行的第一次边疆治理体系的变迁。改革开放后,国家与社会的关系在某种程度上出现了脱嵌,从而使得社会与市场拥有更多自我发展的自由,国家权力逐渐从社会生活中有秩序地退出。但是,对于维护边疆安全的警惕与社会结构失序的担忧依然是边疆安全治理的重点议题,也使得党和政府并未从政治逻辑的层面退出边疆的治理体系,反而随着形势的变化以有形或无形的方式加强了对相关领域的管控。进入数字化时代以来,网络空间所代表的虚拟世界成为未来边疆安全的主要阵地之一,无论是网络意识形态还是数字技术的开发应用,都对原有的安全治理模式产生了冲击,这就要求党和边疆地区的地方政府作为"强制性变迁动力"介入安全体系的架构与建设。

相较而言,"诱致性变迁动力"则对边疆安全治理体系的"数字赋能"变迁起到辅助性作用。在当前边疆安全治理的框架下,政府信任危机、行政效能低下、突发公共事件以及社会矛盾多发等都在提出新的制度需求,正是由于这些新的安全需求的出现才不断明晰了制度变迁的方向、框架以及内容。然而,无论是突发性的安全事件或社会内生的矛盾,抑或是其他内外部的安全风险都无法直接开启边疆安全治理制度的变迁。诱致性变迁主要是通过影响社会秩序和风评,来引发专职安全部门的注意与反思,从而将需求性的改革纳入安全体系甚至是党和政府的议事日程之中。此外,新型数字技术创新所代表的技术治理创新,通过运用云计算、物联网以及信息通信技术来提高边疆安全治理的效能,用技术的赋能优化来实现边疆安全治理能力与水平的提高。[①] 但对于技术在管理领域的作用也不应过分夸大,技术的赋能仅仅是为边疆安全治理体系的转型与变迁提供了手段或工具,是只起辅助性作用而不能决定变革的方向。在边疆安全治理的实践中,大量数字技术的采用确实改变了安全部门既有的组织形式并实现了效能的跃升,但这还不足以成为制度变迁的决定性力量。技术的改进只是进入了党和政府选择制度变迁方向的参考选项之中,只能在党和政府的组织下与其他变迁因素耦合形成变迁推力,

---

① 刘秀秀:《新时代国家治理中技术治理的双重维度及其出路》,载《行政管理改革》,2019年第10期,第68页。

制度变迁的决定性因素仍然由党和政府控制。[①]

三、边疆主体对于"数字赋能"的需求认知

（一）边疆主体对于"数字赋能"的需求维度

"数字赋能"作为联结边疆安全治理主客体的纽带，其最终目的就是维护边疆地区的安全与稳定发展，而以何种数字联结方式作为底层的组织关系基础便成为"数字赋能"能否兑现的关键所在。基于主体的类别，边疆安全治理参与主体的赋能具体分为"自我赋能""个体赋能""团体赋能"以及"组织赋能"，四类主体以各自的赋能方式相互融合借鉴，并贯穿边疆安全维护的具体实践当中。

"自我赋能"作为赋能概念的核心，主要是指个体掌握自身生存与发展的权利，在边疆安全治理中突出表现为个体的安全意识及追求安全、维护安全的主观能动性。高度组织化的社会，个体往往会处于被边缘化的地位，反而成为赋能理论及实践中最易被忽略的对象。[②]"自我赋能"包括四个维度，分别是自助、自我教导（self-instruction）、自我发展（self-development）以及自我教育（self-education），这四个赋能维度的路径方法，就其目的性即在于使个体拥有掌握本体用度的能力，成为各类别赋能的载体。在边疆安全治理中，"自我赋能"同样处于最为核心的地位，个体对于安全的自我意识，促进了自身对于安全的认识，并通过互动营造安全环境，不断压缩恐怖主义、分裂主义以及极端主义的生存空间，从而从根本上解决"三股势力"对边疆安全治理的困扰。

与"自我赋能"相对应的是"个体赋能"，"个体赋能"与"自我赋能"的区别在于"被动"，是指"使他人获得赋能"，在边疆治理中体现为个体之间围绕安全维护的互动。"个体赋能"存在一定的复杂性，主要在于对他人个体的赋能，会影响到与被赋能者进行互动的其他人，也即所谓"撞击效

---

① 张嘉池：《动力、观念与路径：派出所制度变迁的逻辑分析与理性审视》，载《铁道警察学院学报》，2020年第3期，第91页。

② Croft. S. and Beresford. P., "Empowerment", in M. Davis, (ed.) *The Blackwell Encyclopedia of Social Work*, Oxford: Blackwell, 2000, p.117.

第二章 "东数西算"背景下边疆"数字赋能"的功能性需求

应"(knock-on effects)。著名的政治哲学家弗雷勒·保罗认为,个体赋能的心理层面中最为关键的就是个体的精神状态,赋能者要为被赋能者清除他们在赋能过程中所遭遇的各方面压力(如物质条件、文化思想、人际关系以及智力限制等个人及社会因素),并激励他们尝试去破除自身的无助感与依赖性。[①]边疆地区"自我赋能"的一个主要障碍就在于"撞击效应"可能导致个体从"被赋能"的角色中退却。如边疆地区部分少数民族风俗、宗教及文化的影响,部分承担"被赋能"角色的少数民族成员往往会面临自身所在的族群压力和文化干涉而选择回归到一种"无权"的状态。这种"撞击效应"所产生的影响是边疆安全赋能的重要议题,也是数字化手段及赋能管理手段所尝试突破的重要方向。

"团体赋能"往往与"自助团体"存在着密切的关系,人们往往基于实现某种特殊目的过程中逐渐形成团体,集体中的成员或是出于克服某种障碍、满足各种愿望以及实现某种社会或政治变革目标而寻求团体中的互助,从而激发提高他们的影响以及改变现状的能力。[②]在边疆生活的民众中,有相当部分人为了抵御极端主义、恐怖主义及分裂主义的侵害而形成"自助团体"。这类团体一是提供了个体自我赋能的平台,二是使得"自助团体"成为承担安全并维护自认的"被赋能"对象。

"组织赋能"研究的是机构组织如何在赋能的实践中提高效率,并且拥有赋能其他个体及团体的能力,而这在边疆地区突出表现为地方自治、地方治理以及边民所承担的角色。应当强调的是,虽然"组织赋能"体现出权力扁平化后的"自治"倾向,但在实际过程中,地方治理及地方自治的复杂性则需要给予高度的重视,在个别地区甚至会导致"反赋能"的出现。纽曼等西方学者则强调了"组织赋能"进程中的参与式治理,认为不仅可以在涉及公共领域的事务中增强合法性的存在,也可以借助"沟通式互动"来解决地方赋能治理中可能存在的问题。[③]

[①] Freire Paulo, "A Critical Understanding of Social Work", *Journal of Progressive Human Service*, Vol.1, No.1, 1990, p.9.

[②] Katz. A.H, and Bender. E.I., *The Strength in Us: Self-help Groups in the Modern World*, New York: New Viewpoint/Franklin Watts, 1976, p.177.

[③] Newman J, "Participative Governance and the Remaking of the Public Sphere," in Newman J (ed.) *Remaking Governance: Peoples, Politics and the Public Sphere*, Bristol: Policy Press, 2005, p.130.

"东数西算"背景下西部边疆的"数字赋能"研究

四类"赋能"模式围绕主体规模及定位的不同,形成了各自的赋能平台以实现不同程度的"自治"目标。在边疆地区的安全治理实践中,同样要依据主体身份及社群的规模进行具有针对性的赋能,不能仅仅依靠行政力量去应对复杂的安全形势,而是以赋能的管理形式将所有维护安全的积极力量组织起来,共同致力于边疆安全的构建与维护。

(二)边疆主体"数字赋能"的需求特征

边疆安全治理主体的"赋能模式"就是组织机构自上而下地分配与释放权力,以"去中心化"为方式,以"扁平化"为特征,充分发挥个体自主安全的权力,从而在最大限度上发挥个体的主观能动性,避免了因为官僚体制、科层管理的僵硬而限制了个体参与边疆安全治理效能。[1] 此外,边疆安全部门在管理实务中要落实"赋能"就需落实三个目标:其一,建立边疆赋能文化。文化是管理的灵魂,只有建立起"赋能"的管理文化,才能保证落实的彻底性、传承的稳定性与发展的持续性。其二,寻找边疆赋能之人。"赋能"并非没有前提,绝不是将权力下放至组织内部的每个个体的平均主义,而是更类似于"区块链"式的节点赋能,而这个节点就是"合适的个体",只有"精准赋能",才能发挥出优秀人才的奇点效应。其三,构建边疆赋能平台。以往负责边疆安全治理的职能部门往往将大部分时间与精力用于盯人式管理,对于个人的发挥、部门的交流往往是忌惮的,从未构想过以一个开放的平台来鼓励安全部门之间的交流借鉴,为创新提供那关键的 20%。[2] 边疆安全治理的"赋能机制"应当要做到"三大认同、两个赋予",分别是使命认同、愿景认同、安全文化认同,赋予工作技能和赋予管理技能,前三者追求的是价值观建设,后两者则是在方法论上给予安全主体能力上的解放,以此来释放个人与组织的潜能。

以"赋能"为导向的边疆安全治理体系变迁,其目的就是使安全主体中的个体实现充分的自我管理与存在价值,而"赋能"就是达成这个目的(释放个人能动性)而进行的组织设计。主要表现为"通过资源调配,给出组织

---

[1] 周朝林:《赋能型组织》,北京:中国纺织出版社,2019年版,第15页。
[2] 这里的20%,是指企业培训的721原则中的"2",721原则具体指一个员工的工作能力,70%源于自我的学习、实践与经验,20%源于反馈与交流,10%源于正规培训。

第二章 "东数西算"背景下边疆"数字赋能"的功能性需求

规范,搭建扁平化的系统实现核心职能的下沉,适应内外战略环境的变化以保持管理的弹性与敏感度,从而在管理层面获取边疆安全能动性的竞争优势"[1]。"赋能"管理框架的核心在于"组织的拆分与重构"。首先就现行的边疆安全治理架构进行剖析及诊断,掌握组织/机构在部门划分、权力集中度、规范化、工作专门化、控制维度以及命令链等诸多方面的现状,发现问题,总结经验,结合优劣势提炼出规划重点、核心职权以及关键职能,从而为边疆治理体系的再塑提供理论依据及现实支撑,以满足边疆安全治理体系变迁以及中长期战略发展的需要。

第三节 边疆安全对于"数字赋能"的需求生成

基于技术理性需求功能性分析,边疆安全治理实践对于"数字赋能"的需求主要来源于:实现边疆安全资源的共建共享、有效改善边防部队的驻防条件、增强应对边疆危机的处理能力、推动边疆安全治理的技术理念升级以及"一带一路"建设中衍生风险的防控需要五个方面。

一、实现边疆安全资源的共建共享

边疆安全治理"数字赋能"的核心需求便是边疆安全部门之间的数字化协同、数据互通互享与业务流程再塑,由此形成"用数据论证、用数据管理、用数据决策、用数据创新"的安全治理体系。具体而言,边疆安全资源的共建共享的功能性需求涵盖了三个方面。

其一,将数字技术及工具融入边疆安全治理进程中的需求。利用数字技术及工具来实现安全治理能力的提升,尤其注重通过提高行政能力来实现安全治理效能的提升,也即"经由数据的治理"。[2]边疆安全治理要进行全面

---

[1] Pauline Graham, *Mary Parker Follett Prophet of Management*, New York: Beard Books, 2003, p.98.

[2] 孟天广:《政府数字化转型的要素、机制与路径——兼论"技术赋能"与"技术赋权"的双向运动》,载《治理研究》,2021年第1期,第10页。

"东数西算"背景下西部边疆的"数字赋能"研究

的"技术赋能",就必须充分重视大数据、人工智能、物联网以及云计算等前沿数字技术,从技术上改善治理机制、治理手段、治理能力以及治理方式,增强边疆安全部门的信息收集、数据规制、数据治理以及濡化能力。[①] 与此同时,借助数字技术和数字工具有利于边疆多主体参与安全治理的赋能结构,从而将不同的参与主体所占有的社会资源和治理意愿充分激发,建立起维护边疆安全治理的统一战线,构建共享共治的安全格局。

其二,面向数据、立足数字进行安全治理的需求。数字化时代的到来,安全治理对象的范围不断外拓,从实体空间渗透到虚拟空间,数字、信息以及数据本身便是边疆安全治理的重要对象,也即所谓"针对数字的治理"。从边疆社会的角度来看,对数据的治理还包含安全数据、政务决策、社会经济、隐私保护以及围绕数据收集和处理的群己界限,谨防"安全议题的泛化"导致对个体数据隐私的侵犯。

其三,强化对边疆"数字空间"治理的需求。数字空间所构成的虚拟世界(如社交网络、在线直播、线上论坛等)是边疆安全治理的重要范畴,也是边疆社会网络舆情安全的主要阵地。随着互联网边界的不断外拓,个人信息、意识倾向与情感态度等都以字节的形式留下痕迹,这不仅意味着个人隐私的保护日益成为突出问题,更标志着舆论话语权的主导之争已经转移至互联网的阵地。数字媒体上的舆情动态已然成为民众生活中不可或缺的部分,而国家与相关机构也愈发重视数字化浪潮下的社会媒体的管控,线上舆情成为国家安全的重要组成。因此在数字化时代,如何从数字技术与设计理念上把握线上舆情的方向,便成为维护边疆舆情安全的重要环节之一。

总体来看,推进边疆安全资源的共建共享是我国边疆治理现代化所亟须完成的迫切任务。边疆安全治理的数字化需求与智能化、数据化以及信息化时代所重叠,这既是我国边疆治理所面临的严峻挑战,也为边疆安全治理的创新奠定了坚实基础。[②] 党的十九大的报告中指出,要以"数字中国""智慧社会"以及"网络强国"为建设目标,充分利用前沿引领的关键的共性技术,以大数据、人工智能、云计算等先进技术为突破口,推动政府的数字化

[①] 孟天广、张小劲:《大数据驱动与政府治理能力提升——理论框架与模式创新》,载《北京航空航天大学学报(社会科学版)》,2018年第1期,第21页。

[②] 孟天广、郭凤林:《大数据政治学:新信息时代的政治现象及其探析路径》,载《国外理论动态》,2015年第1期,第50页。

第二章 "东数西算"背景下边疆"数字赋能"的功能性需求

转型以及边疆安全治理水平的数字化升级。

二、有效改善边防部队的驻防条件

边疆地区大多自然环境恶劣,且地处偏僻,驻防条件和后勤保障都面临极为严峻的形势,无论是西藏海拔4000米以上的边防哨所,还是云南亚热带丛林的边防哨所,都亟须数字化能力去有效改善当前所面临的后勤保障压力,并建立起有效管控的数字化边防。

首先,部分边防点所在地的自然环境极其恶劣,亟须数字化建设以改善驻防条件。如西南边境的亚热带山岳丛林地区,高温高湿、昼夜温差大、国境线漫长、野生动物较多,驻地点多面广且高度分散,交通条件与通信联络极为不便,甚至诸多基层连队及时的医疗保障都无法实现,随时面临着生命安全的威胁。上级的医疗卫生机构只有以"巡诊"的方式才能够为基层官兵提供卫勤保障,[1]且这种保障有时还因后勤路线过长而无法按时供应。

其次,卫勤保障的数字化网络系统及设备终端相对落后,亟须数字化设备提高后勤保障效率。在信息化战争的条件之下,数字化装备在现代战争与后勤中的作用不断上升。与此同时,驻守边疆的部队受限于自然环境的恶劣且远离卫勤保障的后方,因而对装备和数字化网络提出了更高的建设要求。目前绝大多数边疆驻防部队的后勤保障设备陈旧老化,[2]亟须有效可靠的单兵数字化网络以及卫勤保障装备,唯有如此才能够满足信息化条件下的局部战争或冲突。

最后,具有数字化技术的卫勤保障人才极度匮乏,亟须有规划数字化建设以实现人才队伍的培养。由于自然环境的恶劣,实时通信保障难以落实,致使现有的卫勤保障以及指挥人员无法及时有效地获取信息、应用信息以及处理信息。虽然近年来后勤保障信息化建设取得了重要进步,诸多单位已经配备了药材管理、卫生保健及疫病监控等数字化设备与系统,但专业人员的

---

[1] 杨萌、庄颖等:《信息化条件下亚热带山岳丛林地区边防部队的卫勤保障》,载《华南国防医学杂志》,2016年第9期,第596页。
[2] 以驻藏、疆部队为例,直至2020年6月的加勒万冲突以前的驻防条件都较为恶劣,而加勒万冲突后历时数月的对峙,才使该地区边防部队的驻防条件得到显著的提升。但边疆地区仍然有相当部分的驻防条件依然不容乐观。

"东数西算"背景下西部边疆的"数字赋能"研究

配备密度离实际需要还有着相当大的期望落差,这就大大地限制了驻防实地后勤保障数字化系统的研发以及建设。

结合笔者在边疆地区调研的实践与体会,就目前我国边疆地区部队驻防的实际条件,可通过数字赋能的形式加以改善,并由此产生了以下四个方面的功能性需求。

其一,构建以数字化为平台的卫勤保障区域一体化机构。区域一体化的核心组成是通过数字化平台协调后方医疗机构的优质资源来保障基层边防部队的卫勤需要,实现联建共用、联建共享以及联建共管。[①] 此外,建立数字化的网络基础的硬件设施与软件系统,全面覆盖驻防哨所(甚至是单兵)的有线及无线网络联结,保障边防一线部队的通信安全、畅通以及便捷。尤其是在地形复杂、气候环境恶劣的高原山区、热带雨林以及沙漠戈壁地带,以数字化设备终端为调度枢纽,实现全域的灵活反应与快速机动,克服恶劣环境所造成的实际阻碍。位居后方的医疗机构及站点,通过远程信息网络平台和双向卫星基站与基层的卫生站保持密切联系,为一线边防部队士兵建立实时的电子健康档案,共同构建医疗服务平台、远程医疗保健平台、心理服务平台以及医疗技能培训平台,[②] 最终实现跨地域健康信息的检索、调阅、远程诊断及医疗指导的整合与资源共享。

其二,着力强化数字化后勤保障的风险意识与应急能力建设。对于位置偏僻且自然环境恶劣的驻防哨所,任何突发事件的出现都很有可能会造成严重危害,因而提高具有应急性、针对性的数字化条件下的卫勤保障能力建设便显得尤为重要。在数字化条件下,只有大力推进卫勤保障的软硬件由机械化半机械化加速向数字化条件下的新模式转型,才能切实提高对边防驻所的保障效能与水平。[③]

其三,重新审视数字化卫勤保障的地位与重要性。自古至今,战争是士气的比拼、谋略的博弈,但更是后勤的较量,绝大多数军队都无法在后勤匮乏的条件下赢得战争的胜利。进入信息化时代以后,现代的信息化战争更加

---

① 杨明:《区域一体化卫勤保障实践与思考》,载《解放军医院管理杂志》,2014年第12期,第1101页。
② 宋莉莉、郭雪清:《军人电子健康档案及健康管理系统的设计与应用》,载《华南国防医学杂志》,2016年第1期,第59页。
③ 殷小杰、许若飞、刘承:《信息化战争卫勤保障核心能力探讨》,载《解放军医院管理杂志》,2013年第11期,第1073页。

第二章 "东数西算"背景下边疆"数字赋能"的功能性需求

强化了卫勤保障的重要性，如果缺乏了信息化平台的数据处理及统一调度，后勤保障将会陷入停滞甚至是被摧毁的状态，因而必须从思想上树立起数字技术是后勤保障能力根本支撑的意识。对于一线基层以及后方的卫勤保障人员要进行必需的信息技术普及教育，掌握并熟练应用相关数据的收集、检索、分析、传输、处理以及存储，不断适应边疆安全形势的新变化以及新形势，全面提高边疆卫勤的保障能力与应变能力。

其四，持续加强卫勤保障数字化人才队伍的建设。美军曾经发布的《2020年联合构想》中明确指出："未来的战争将会是数字化战争，仅凭借物理上的优势是不可靠的，关键还是在于人的因素。"可见，在数字化能力领先的美国依然强调数字化人才队伍建设的重要性，而我国作为赶超者则更要重视信息化在边疆安全与战争管理中的实际应用。在人才队伍的培训中，应当突出数字素养的核心地位，并将这种素养渗透到数字能力与日常管理的全进程，不断提高应用数字化手段处理事务的基本意识。

三、增强应对边疆危机的处理能力

在边疆安全治理当中，除了实现内部稳定的目标，最紧迫的就是应对周边可能出现的地缘冲突风险，而这种威胁最直观、最前沿的表现便是沿边安全装备的技术水平，这包括相关的基础设施建设、安全硬件设备与软件的升级。

对此，我国在应对边疆防御新挑战时，需要从技术理性的角度重新审视以往国防和边疆安全治理中存在的落后旧习，以数字化时代的思想与管理思维去利用数字化设备制定正确的战略战术，勇于创新，大胆前进。其一，基于技术理性的现实主义考虑，抛却传统的大国心态，重新审视与世界主要大国以及周边国家的关系，辩证看待域内外国家对我国边疆所形成的安全冲击。在一国的周边关系中，小国往往选择以集体安全的方式与大国结盟，制造第三方陷阱以谋取国家利益，这是我国周边关系的一个重要特点。面对这样的局面，处理与周边小国的边疆安全关系时要在态度上做到重视，既不能姑息容忍，也不能以线性的方式简单处理，避免事端的进一步恶化。其二，一方面要重视边疆安全治理的意识形态作用，另一方面要谨慎看待意识形态在处理对外关系中的实际功效，同样也要正视传统文化对周边国家可能产生的积

"东数西算"背景下西部边疆的"数字赋能"研究

极或消极作用。对于意识形态的作用,要充分认识其行为指导性的作用,往往一代人的"偏见教育"就足以颠覆传统意义上的既有认知。因而传统文化以何种方式的影响不能仅仅靠历史的积累,更要看重周边邻国政府的具体态度。其三,强化"技术理性"思维下的积极防御,回避以往边疆防卫过程中的"无事"原则,[①]正确区分已经发生、潜在可能发生的政治纠纷、领土纠纷、经济纠纷以及文化纠纷,以恰当的方式妥善处理各类危机。尤其是在重大原则以及战略影响的问题上要坚决回击、高调回应,摆脱以往息事宁人的"无事"心理。其四,加强对边疆地区的数字化基础设施的投入,除了安全设备,还要重视边防部队官兵的生活条件与基本待遇。边疆地区地处偏远,自然环境恶劣、经济发展水平落后,后勤保障投入较大。近年来,我国边防的基础设施得到了显著提升,但是在数字化监控设备的硬件与软件方面还有很大的提升空间,尤其是开发小型、低耗能、传输速度较快、耐用的通信设备是亟须解决的紧迫任务。此外,边防官兵大多来源于内地,长期在恶劣环境下戍边对他们的生理与心理形成巨大挑战,因而需要尽快改善他们的驻训条件和心理疏导,这是保障边疆安全治理顺利推进的重要支撑,也是推进边疆安全治理体系数字化进程的重要动力。

随着技术手段的更新迭代,边疆所面临的传统安全、非传统安全危机都更具隐蔽性、破坏性与突发性,这一方面是由于技术赋能后的负面效果,另一方面是技术所引领的社会意识形态异变更具随机性。这对我国边疆安全治理构成了严峻的挑战,同时也成为边疆安全领域"数字赋能"的主要动力之一。

一方面,"数字赋能"在技术手段上强化了危机侦测的预警能力,从而为边疆危机的早期预防、中期应对和后期处理预留了宝贵的时间。"数字赋能"通过先进技术手段与设备终端的使用,从而能够在多渠道、多传感、多维度实现对边疆安全实况的监视,并以安全数据区块链的形式实现边疆各安全参涉部门之间的数据共享与互操。这里应当强调的是"区块链"技术在边疆数字资源共享中所发挥的重要作用,区块链其分布式数据库保证了数据资源安全的同时实现共享,同时还以智能合约的形式增强了跨地区、跨部门之间的协调性与灵活性,从而最大限度地将边疆的潜在威胁反馈到边疆安全治理的职责主体。

---

① 周平、李大龙:《中国的边疆治理:挑战与创新》,北京:中央编译出版社,2014年版,第82页。

第二章 "东数西算"背景下边疆"数字赋能"的功能性需求

区块链的四大技术特点

就其本质而言,区块链可以划分为狭义和广义两种理解方式[1]:微观视域下的区块链是指将数据区块以时间顺序相连的方式组合,并运用密码学方式保证不可篡改和不可伪造的分布式数据库。宏观视域下的区块链则是一种新型的分布式算法。这种计算范式以密码学来实现数据传输、解析与检索的通道安全,以共识算法来实现分布式架构下各节点数据的即时更新,以智能合约的自动化脚本建构起点对点、点对多以及多对多的共享平台。透过互联网的发展历程,区块链的诞生表征了由信息互联网发展为信任互联网,再进展到价值互联网[2]的必然进程。作为一种新生事物,不同学者对区块链的理解虽不尽相同,但在涉及区块链的特性认知上却是基本一致。

第一,分布式数据库。汪青松认为,区块链是基于互联网的、用于存储权利的数据库,具有相同本体价值的数据由每个网络参与者持有。[3] 唐·塔普斯科特认为,区块链是比现有解决方案更靠谱的数据库,是可以让利益相关者保持共享并且不可以删除记录的数据库。[4]

第二,去中心化。区块链数据的分布式对等存储,杜绝了传统中央数据库的存在,网络参与者以平等地位参与到整个数据流通的进程,并形成了任意节点之间的多中心互动。区块链的分布式共管结构,保障了实体对象间权益平等性和使用便捷性,展示了一种"去集中化"和"群用群管"的交互范式。

第三,智能合约。共识算法作为区块链的核心计算范式,其

---

[1] 工业和信息化部信息化和软件服务业司:《中国区块链技术和应用发展白皮书》,2016年10月20日, http://www.fullrich.com/Uploads/article/file/2016/1020/580866e374069.pdf。(访问日期:2020年12月30日)

[2] Tapscott D, Tapscott A., "How Blockchain will change organizations," *MIT Sloan Management Review*, Vol.2, No.1, 2017, p.10.

[3] 汪青松:《区块链作为治理机制的优劣分析与法律挑战》,载《社会科学研究》,2019年第4期,第65页。

[4] [加]唐塔普斯科特、亚力克斯·塔普斯科特著,孙铭、周沁园译:《区块链革命:比特币底层技术如何改变货币、商业和世界》,北京:中信出版股份有限公司,2016年版,第29页。

"东数西算"背景下西部边疆的"数字赋能"研究

算法效果的达成需要通过智能合约来执行与完成。智能合约作为一种协议或规则,一旦满足符合相应条件的事件发生,就会触发智能合约中预设好的一系列操作,以对第三方参与的规避,保证了区块链中协议的真实性、强制执行性、可验证性和隐私性。

第四,安全可信。区块链概念的产生即来源于对信任问题的探索。区块链通过信息的公开、透明、真实、不可修改以及相互监督,以"大众化真实性比对"机制创造了一个彼此可信的环境,这就摆脱了以往由于信息的不流通、不对称而需要第三方进行担保的互信困境。

区块链的这四大特点是数字时代的生产力阐述,但更是数字化时代如何解决信任的生产关系建构,了解区块链的技术特点,就必须以掌握它所代表的底层逻辑思考。

另一方面,"数字赋能"在组织结构上要求实现横向协调的扁平化设计,实现了对边疆安全一线人员的赋能增权,从而为边疆安全的敏感度提供了制度上的保障。面对隐蔽性更强的边疆安全威胁,边疆安全治理的及时性与有效性的关键在于实现跨域联动、互联互通、纵向调度、横向协同的组织结构与制度体系,这在本质上就要求组织结构的设计上要更趋向于去中心化,以扁平的组织机构减少管理层级的垂直耗损,从而在制度规范上保证了负责边疆安全的基层人员以更为高效的形式应对各种突发事件,既凸显了危机应对的弹性,又可以实现安全责任体的快速部署。

四、推动边疆安全治理的技术理念升级

相较于"技术的进步","理念的转变"往往更为艰难,前者只需一两个研究人员(团队)进行天才式的"点"创造,而后者却需要整个社会参与到反复、痛苦而漫长的转型磨合之中,正如史蒂文·斯洛曼在《知识的错觉》一书中所认为的,"对于某种信条或是观念的摒弃,即意味着脱离原先认定的一整套价值体系,而这在实际上就是挑战自我认同"[1],因此观念与思维

---

① [美]史蒂文·斯洛曼、[美]菲利普·费恩巴赫著,祝常悦译:《知识的错觉》,北京:中信出版股份有限公司,2018年版,第160页。

第二章　"东数西算"背景下边疆"数字赋能"的功能性需求

的转变往往是复杂与痛苦的。对于国家安全的治理理念，同样经历了各种复杂的争论与博弈，有疆防与海防之间安全重心的反复，有闭关自保与开放进取之间安全战略的争辩，有绝对安全与相对安全之间安全观念的博弈，也有单独安全保障与集体安全框架之间安全模式的抉择，这些理念之间的碰撞与转变既是国家安全的演变史，同样也映射了人类文明的发展进程。

从历史的脉络来看，民族国家基于自身的战略目标与周边国家形成了不同的边疆安全治理路线，这两条路线都在各自轨道上延伸与拓展。第一条路线是基于价值理性思考与集体安全框架下"单（双）向不设防"的边疆安全治理，而这条路线正在尝试向"'无'边界"进行过渡和转变，但过程是漫长和曲折的。欧盟是这条路线的主要践行方，如 1985 年法国、德国、荷兰、卢森堡与比利时五国签订的《关于逐步取消共同边界检查》（也即《申根协定》），其目标就是希望在这个盟友的集体安全框架下破除边界的地理束缚，从而实现人员的自由流动和永久居住。欧盟的这条路线取得了巨大的成功，目前有 26 个国家加入了申根组织，但时至今日面临着越来越大的阻力，尤其是近年来难民危机与民粹主义的爆发，使得申根的主要成员国正日渐趋向保守，欧洲议会也正在讨论并修订《申根边界法》，允许申根国家根据本国国家安全和公共秩序的需要，可以在边界进行临时的护照和身份证检查和管制，[1] 这无疑是对由"单（双）向不设防"向"'无'边界"进行过渡转型的一次打击。第二条路线是基于技术理性思考和单独安全保障框架下的"单（双）向设防"边疆安全治理，目前正在经历由"机械化防御"向"智能化防御"的转变，人与设备之间的主导关系发生了变化，与之相适应的组织结构也面临着变革。如印度自 2018 年起在印—巴、印—孟边境构建的"智能边境围栏项目"[2]（Smart Fencing Project）便是其中的典型，高度"智能化

---

[1] Schengen Visa Information, "MEPs Ready to Start Negotiations with EU Ministers on Revision of Temporary Checks Within Schengen," September 25, 2019. https://www.schengenvisainfo.com/news/meps-ready-to-start-negotiations-with-eu-ministers-on-revision-of-temporary-checks-within-schengen/.（访问日期：2019 年 11 月 13 日）

[2] Ministry of Home Affairs, "Union Home Minister launches Smart Fencing on Indo-Bangladesh border, an effective deterrence against illegal infiltration," Press Information Bureau, Government of India, March 5, 2019. https://pib.gov.in/Pressreleaseshare.aspx?PRID=1567516.（访问日期：2019 年 11 月 13 日）

的综合边境管理系统"（简称CIBMS[①]）极大地提高了印度边境的管控和情报收集能力，得到了印度军方和国安体系的认可。但第二条路线的升级转型同样也面临着巨大的阻碍，如社会舆论对人工智能的忌惮、基层士兵的技术素养等都迟滞了印度边境数字化、智能化的改造。

我国目前的边疆安全治理理念主要是沿着第二条路线进行纵向发展，这便面临着与印度同样的困境，即边境安全设施实现数字化的同时，人员的技术素养和思维理念同样亟须转型升级。基础设施的数字化更新对于当代中国而言，并不是问题的关键所在，如何充分发挥数字化基础设施的最大功效，如何随着新技术迭代而进行管理结构的改变，如何在面临问题时选择"数字化"的思维路线，这些才是我国相关机构与组织在应对数字化挑战所需进行的管理实践突破。其中，军事与安全作为新技术应用的最前沿，面临的转型压力也更为迫切，也因如此而常常成为新技术与新理论的试验场，正如恩格斯所说"一旦技术上的进步可以用于军事目的并且已经用于军事目的，它们便立刻几乎强制地，而且往往是违反指挥官的意志而引起作战方式上的改变甚至变革"[②]，只有正视变革并与时俱进地推动理论与管理实践的革新，才能真正实现从思维到装备的数字现代化。边疆框架下的边境及口岸作为军队与社会的复合载体，是我国维护国家主权与安全的前沿阵地，加强数字赋能下的边疆安全治理研究，有助于推动安全治理过程中"技术理念"的转型升级，从而基于积极防御的角度来维护边疆地区以及周边关系的和平稳定。

五、"一带一路"建设衍生风险的防控需要

（一）边疆安全是"一带一路"建设顺利推进的重要保障

"一带一路"倡议覆盖到亚非欧65个沿线国家，而这些地区同时也是传统地缘政治、经济、宗教、制度以及文化矛盾盘根错节的复杂地带，教派冲突、种族仇杀、恐怖主义甚至是战争的风险都对某些地区构成威胁。"一

---

① CIBMS，英文全称：Comprehensive Integrated Border Management System，是一套以名为BOLD-QIT（边境电子控制的QRT拦截技术）的综合边境管理系统。
② 本书编写组：《江泽民〈论科学技术〉学习问答》，北京：中共中央党校出版社，2001年版。

第二章　"东数西算"背景下边疆"数字赋能"的功能性需求

带一路"建设在此风险较高的地区推进，不仅项目的本身存在着巨大的挑战，也对"一带一路"建设互联互通的前沿——边疆地区提出了更高的安全治理要求：

其一，"一带一路"沿线有相当部分国家还处于所谓"转型"阶段，社会局势的动荡所折射出的是政治民主化的探索中新旧体制的磨合转轨，政治局势的不稳定性不仅可能致使"一带一路"建设面临长期搁置所导致的系统性风险，甚至可能将动荡因子（如恐怖分子、难民等）传导至我国周边，[①]使得边疆地区面临着更为复杂的安全治理形势。

其二，"一带一路"沿线的地缘政治破碎地带长期处于冲突与战争的威胁之下，历史问题、民族矛盾、宗教冲突以及武装对抗等错综复杂，严重制约并威胁我国的海外投资与人员安全，扰乱了"一带一路"建设的进程。边疆地区作为沿边开放和"一带一路"倡议对外合作的前沿，物质利益、意识形态以及人员安全都经受着地缘风险的巨大考验，而由此可能引发的突发事件则是安全治理所亟须解决的难题。[②]

其三，边疆领土主权及权益争端对"一带一路"建设有着重要的影响，如何妥善处理是对边疆安全治理水平的重要考验。"一带一路"建设的推进有赖于稳定的、互信的周边环境，但我国目前与个别国家还存在着领土争端，制约着合作的开展与扩大。

其四，世界霸权国家在我国周边地区的战略搅局，既是对"一带一路"建设合作与国家安全的重大挑战，也是边疆地区所面临的局部风险。从历史上来看，美国将东南亚、俄罗斯将中亚、印度把南亚都视作为是彼此的传统势力范围，因而对涉及上述区域的"一带一路"建设自然引发了这些国家的猜忌，不仅在战略上保持警觉，还在行动上进行监视与破坏。尤其是在东南亚、中亚以及南亚都是我国周边地带，因而内政上的边缘地带——边疆逐渐成为斗争与博弈的前沿。部分反华势力通过对我边疆地区的渗透与破坏，使之成为长期困扰、牵制与消耗中国的"战略溃疡"[③]，这是我国边疆安全治

[①] 陶坚、谢贵平：《全球冲突与人的安全——国际安全研究论坛》，北京：社会科学出版社，2016年版，第221页。

[②] 刘海泉：《中国现代化进程中的周边安全战略研究》，北京：时事出版社，2014年版，第86页。

[③] 吴辉阳：《"一带一路"沿线地区非传统安全威胁透析》，载《江苏警官学院学报》，2018年第3期，第76页。

理所面临的最紧迫也是最具风险的外部挑战。

（二）"一带一路"衍生风险亟须边疆安全技术体系升级

"衍生风险"主要是指风险控制结果无意中所带来的新风险，是溢出效应在风险管控中的体现，是事物某个方面的发展引发了局部甚至全局的风险联动，因为具有一定的突然性和难以预见性，导致衍生风险往往带来更具破坏力的冲击。

"一带一路"建设所引发的衍生风险，最主要的便是意识形态安全面临多元化的挑战。随着"一带一路"建设的不断深入与持续推进，各类社会思潮与域外文化冲击着边疆地区，而这些思潮和文化作为舶来品却是良莠不齐，尤其是其中的极端主义、分离主义与恐怖主义已然成为破坏边疆安全与社会安定的毒瘤。这种意识形态的威胁，在我国西南与西北边疆表现得尤其突出。西南与西北边疆均位于多国毗邻、少数民族跨境而居的山区地带一旦外来的非主流文化在此扎根，就可能在别有用心的煽动下引发一系列的社会问题与群体性事件。此外，由于区域发展失衡，导致西南、西北边疆的部分地区发展水平相对落后，反华势力往往会利用物质发展水平的低下来制造意识形态的混乱，加剧了西南、西北边疆的意识形态安全风险。"一带一路"倡议不仅创造了较多的外部投资机遇，也以"沿边开放"作为主要方式推动了西南、西北边疆的快速发展，极大改善了各族民众的生活条件，促进了当地的社会生产与经济发展水平。但必须要正视的客观事实是，边疆地区与内陆地区相比依然有着相当大的差距，尤其是基础设施建设与濒临贫困线的人口等一系列问题尚未得到妥善的解决，这些差距与问题的存在势必会导致民众对中国特色社会主义制度产生疑虑，由此给予外部势力以冲击我国边疆意识形态安全的契机。随着网络的普及，互联网信息的传播穿越了边疆地区相对封闭的少数民族地区，一些西方反华势力利用人权、宗教以及民族问题为借口大肆攻击中国特色社会主义制度，严重破坏了边疆地区的社会安全与民族团结。因此，应对"一带一路"建设的衍生风险，就必须创新边疆地区治理模式，着力布局虚拟边疆的意识形态攻防战。

"一带一路"建设对于边疆地区的另一个衍生风险则是跨国犯罪的挑战。"一带一路"建设极大地密切了我国与周边国家以及沿线国家的人文交流与经贸往来，而这些同样也催生了诸如毒品、走私、军火以及人口拐卖等

第二章 "东数西算"背景下边疆"数字赋能"的功能性需求

衍生风险。一方面，大量的跨境人口流动使得边疆地区的维稳面临着更为错综复杂的局面。跨境人口流动作为人口在不同国家之间的正常的跨境转移，是互联互通的主要表现形式，促进国与国之间民心交流的同时，也为跨国犯罪、跨境疫病传播、国内资源流失以及多元价值输入等社会问题提供了生存的契机与生长的掩护。[1] 毗邻我国西部边疆的国家与地区属于全球难民流出的主要地区之一，随着"一带一路"建设的持续性推进，南亚、中亚以及东南亚的诸多国家及地区的犯罪集团和恐怖组织利用中国的沿边开放通过跨境人口流动进入我国境内，从事各类违法犯罪甚至恐怖主义活动。此外，由于周边国家与边疆民族地区在民族、文化、经济形态与宗教信仰上存在着高度的关联性、相似性甚至同源性，使问题的处理更具敏感性与复杂性，"会在西部边疆地区形成新的聚积，造成西部边疆地区更多复杂频繁的民族、宗教和稳定问题"[2]。另一方面，"双源性"[3]的跨国犯罪活动对于我国西部边疆的社会安全与稳定构成了严重的威胁。"金三角""金新月"等世界主要的毒品产出地与我国的云南、新疆、广西等西部省区毗邻，集聚于这些地区的跨国犯罪集团以毒品走私为主要载体，与军火贸易、人口拐卖甚至是恐怖主义紧密联结、复合交织，不仅形成了覆盖范围广的犯罪网络，且为极端民族主义、分裂主义以及恐怖主义活动提供资金支持，[4] 围绕我国周边地区形成威胁边疆安全的恶性循环。跨境犯罪集团与"三股势力"的勾结，利用"一带一路"合作中的政策优惠，不断渗透、侵蚀与破坏西藏、新疆及云南等地，对边境的维稳工作与安全治理形成了巨大的挑战。

本章主要是基于技术理性的功能性需求，从边疆安全治理"数字赋能"的场域、主客体的认知到"数字赋能"的维度与特征，进而提炼出边疆安全

---

[1] 刘有军、谢贵平：《"一带一路"视域下西部边疆非传统安全：威胁及应对》，载《太平洋学报》，2020年第7期，第73页。

[2] 周平：《"一带一路"面临的地缘政治风险及其管控》，载《探索与争鸣》，2016年第1期，第85页。

[3] 余潇枫、罗中枢教授认为非传统安全问题可以依据与传统安全威胁的交织性、威胁的原发地等两个方面具体划分为四类，分别是内源性非传统安全威胁、外源性非传统安全威胁、多源/元性非传统安全威胁以及双源性非传统安全威胁。详见余潇枫、罗中枢主编：《中国非传统安全研究报告（2016—2017）》，社会科学文献出版社，2017年版，第3—23页。

[4] 宋志辉、马春燕：《南亚非传统安全形势及其对南方丝绸之路经济带的影响》，载《南亚研究季刊》，2017年第2期，第97页。

"东数西算"背景下西部边疆的"数字赋能"研究

对于"数字赋能"的需求所在。"数字赋能"的场域中,边疆安全的利益相关者及各类安全资源分别作为主客体相互作用于边疆安全治理的现状之中,由此既加深了主体对于安全资源的认知,也产生了掌握并充分利用安全资源的需求。推进边疆安全资源的共建共享、有效改善边防部队的驻防条件、增强应对边疆危机的处理能力以及推动边疆安全治理的技术理念升级四个方面的功能性需求,从根本上折射出了技术理性存在的目标性,从现实角度则反映了"数字赋能"的必要性,由此引出对边疆安全治理中"数字赋能"的具体方式及困境的反思。

第三章
"东数西算"背景下边疆"数字赋能"的困境分析

边疆的数字化进程正处于发展中,数字技术赋能安全虽在边疆取得了积极的成果,但也产生了一些消极影响,这既对传统的边疆安全治理体系造成了冲击,也为未来的革新提出了前进的方向。

第一节　边疆安全治理中"数字赋能"所面临的困境

在边疆安全治理的"数字赋能"实践中,"数字鸿沟"制约了"数字赋能"的进程,而"数字算法"的中立规范偏离则导致了负面影响的产生,而数字工具则也有被境外势力所利用的风险。

一、数字鸿沟制约边疆"数字赋能"的进程

"数字鸿沟"(Digital Divide)最早是由美国国家远程通信和信息管理局[①]于1999年发布的《网络世界中的落伍:定义数字鸿沟》报告中所提出的概念,具体是指拥有并掌握数字化工具的人与尚未掌握者之间存在的巨大鸿沟,是数字化技术领域"差距现象"的集中体现。[②]数字鸿沟的现象非常普遍,主要存在于三个维度之间。首先是地缘维度。不同的地域、国家的发达程度以及数字化技术的普及程度都存在着巨大差距,进而产生了地缘上的数字鸿沟。如占据数字技术霸权的美国与广大的发展中国家之间。再如,一国内部的经济发达地区与边远贫困地区之间所存在的明显的数字化水平落差。其次

[①] 美国国家远程通信和信息管理局:英文全称为 National Telecommunication and Information Administration,简称 NTIA。

[②] National Telecommunication and Information Administration, *Falling Through the Net: Defining the Digital Divide : a Report on the Telecommunications and Information Technology Gap in America*, U.S. Department of Commerce, 1999, p.1.

"东数西算"背景下西部边疆的"数字赋能"研究

是社会维度。国家内部存在着不同的阶层，经济收入的差距造成了数字化设备持有量的差距，直接造成了不同阶层间的数字鸿沟。最后是技术维度。数字技术的开发者与应用者之间的差距也是巨大的，数字技术的开发者作为专业的技术人员，所了解的数字领域知识的深度与广度都不是普通数字应用者所能比拟的，甚至拥有利用数字技术攻击数字设备使用者的能力。这三个维度是导致数字鸿沟的普遍原因，其余还包括年龄差异、性别差异以及种族差异等，都会在不同程度上形成社群之间的数字鸿沟。

对于我国而言，数字鸿沟导致的社会差别已经成为继"工农差别""城乡差别"以及"脑体差别"之后的"第四大差别"，已是一个突出的社会问题。以2020年新冠肺炎的防控为例，数字化程度既是防控疫情的核心标准之一，也是防控链条上最重要的环节。数字化工具在此次新冠肺炎疫情防控上发挥了积极的作用，如早期的疫情预警、疫情中的实时监控、世界疫情信息的流通与比较，可以说数字技术与生物医学技术的结合是此次防疫的关键所在。

与此同时，数字化程度薄弱的农村却是此次疫情防控的薄弱环节。由于数字鸿沟以及医疗条件的薄弱，疫情扩散至农村便是失控的开始，数字化覆盖不足将使医疗系统缺乏对于疫情扩散的监控，对于疫情的防控便丧失了主动权，这也是疫情初期选择武汉封城的主要原因之一。与之形成鲜明对比的是，印度在疫情早期并未失控，基础设施完善的城市核心区很好地实现了对新冠肺炎的防治。但自8月起出现了在数字化设施极其薄弱的贫民窟及广大农村地区的扩散，最终导致了疫情的完全失控。

边疆地区与发达地区的"数字鸿沟"是客观存在的，而"数字鸿沟"的持续拉大又进一步削弱了社会经济发展以及弥补数字鸿沟的能力。在地缘上，边疆地区位处偏僻；在社会发展上，边疆地区经济发展水平相对滞后，尤其是部分少数民族地区甚至还处于前工业社会状态，无论是数字化设备的持有量，还是数字化基础设施的建设情况，都与内地经济发达地区存在着巨大的差距。从技术开发与技术应用的角度来看，边民仅为数字化设备的使用者，没有开发相关的技术能力，这在事实上不仅造成了巨大的数字鸿沟，甚至从经济结构上否定了边疆地区追赶沿海及中部地区的数字化努力。互联网普及率作为数字化程度的标识之一，我国自2010年起开始进行互联网普及率的统计以来，东西部的互联网普及率便存在着巨大的鸿沟（参见图3-1），虽然西部省区的数字化程度也在快速增长，但与东部省份的增长率差距始终保

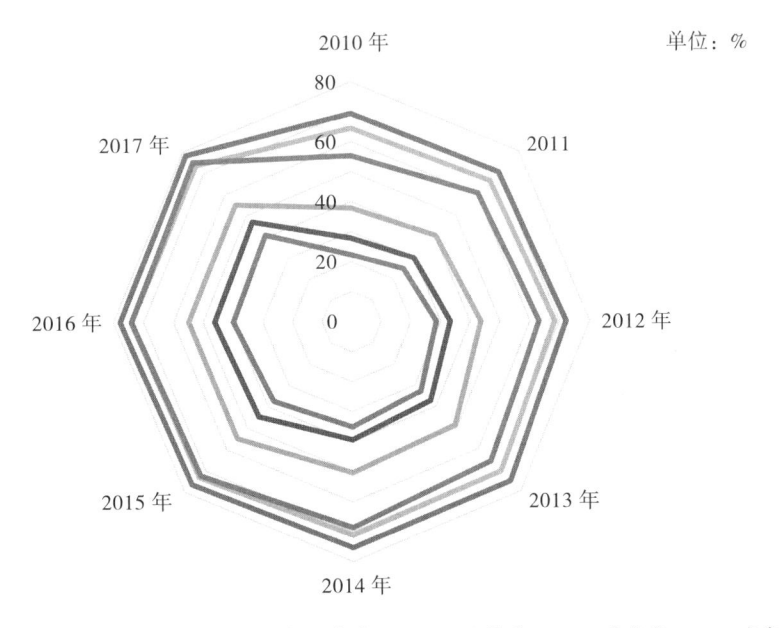

第三章 "东数西算"背景下边疆"数字赋能"的困境分析

图 3-1 沿海省份与边疆地区互联网普及率的"数字鸿沟"

资料来源：笔者根据国家统计局数据整理所得。

持在一倍左右，甚至绝对增长值还有逐渐拉大的趋势。

二、"数字赋能"面临技术中立规范的质疑

技术作为客观存在，本身是没有价值倾向的，而这在数字技术领域尤其体现在其算法的设计中。但受资本利润的驱动、企业竞争的需要，部分数字技术在设计中背离了技术中立的原则，因而社会对于"数字赋能"也产生了对技术中立的质疑。

（一）算法"偏好"提升了边疆负面舆情的敏感度

由于民族与宗教文化问题的敏感性，边疆地区的网络安全治理通常是舆情监测的聚焦所在，互联网作为多元价值的承载空间及表达平台，是社会民意的放大器，因而边疆地区的网络舆情危机往往表现得更为复杂，突出表现为对负面信息的情感脆弱性与敏感度。这种网络空间的民意脆弱性与敏感度

"东数西算"背景下西部边疆的"数字赋能"研究

主要来源于两个方面。

其一,智能算法的"偏好设置"强化了少数民族身份标签的认同,弱化了民族共同体的集体意识,加剧了心理上内外群体的区分。长期以来,我国在边疆多民族混居地区强调"多元一体"的文化认同,尊重少数民族文化多样性的同时巩固中华民族共同体的集体根基。但随着互联网的出现,尤其是大数据和智能算法的普及使用后,虚拟空间能够迅速捕捉个体的情感倾向以及身份认同,以此形成"偏好设置"对信息进行定向推送,无意识中不断巩固内群体的认同、外群体的排斥。在边疆少数民族地区,最显著的身份标签即是自身独特的民族身份与文化识别,原先"多元一体"的传统宣传政策在智能算法中被不断肢解,致使"多元一体"趋向于"多元对立",稀释了对中华民族统一体的集体身份认同。

基于用户偏好的信息推送技术

信息偏好推送,也称"Web广播",通过一定的技术设置与标准协议(大部分的搜索引擎的算法虽各有不同,但大多是基于cookie内容的协同过滤算法),在互联网推送特定偏好信息,以减少信息过载的压力。对于互联网用户而言,信息的智能过滤能够减少自身的网络搜索时间,并寻找到更符合自身兴趣以及价值观的信息与互联网群组。以百度搜索引擎的推送算法为例(参见表3-1),其"白杨算法"与"轻舟计划"实际上就是加深个人偏好的智能算法,如此个人的"地域属性"及"价值属性"将会不断强化,"共同体意识"却在信息过滤中不断弱化,最终可能导致因身份标签的差别而引发的对立冲突。

表3-1 百度搜索引擎的信息推送算法

算法名称	算法内容	算法实操
百度绿萝算法	搜索结果取缔如下链接:超链中介、购买链接的网站以及出售链接网站。打击批量群发外链、买卖外链的行为。	—
百度绿萝算法2.0	取缔发布软文的新闻站,惩罚的对象包括:软文发布站、软文受益站以及软文交易平台。	—

第三章 "东数西算"背景下边疆"数字赋能"的困境分析

续表

算法名称	算法内容	算法实操
百度石榴算法	取缔网站弹窗广告。	—
百度原创星火计划	打击抄袭、复制，鼓励原创的优质内容。	—
百度冰桶算法	取缔强制下载App的软件捆绑行为。	—
百度白杨算法	优化用户的"地域属性"，即根据终端的地理位置标识，优先推送归属本地区的信息。	通过在META标签中添加相对应的地理位置信息来具体实现： Meta声明格式、Name属性的值是location、Content的值 province = XX（一般填省份简称） city = XX（一般填城市简称） coord=XXX,YYY（采用bd09ll坐标系，XXX是经度，YYY是纬度） 以边疆城市"新疆大学"为例： Content的值为 province= 新疆 city= 乌鲁木齐 coord=87.627887,43.770591
百度轻舟计划	优化用户的"价值属性"，提升用户体验。加强PC站点与移动端的适配，更好更快匹配所需信息及相应品牌推送。	1.代码适配：通过服务器掌握用户对于浏览器的使用偏好（甚至细化到页面停留时间，手指或鼠标触摸域），来生成根据用户特点的不同版本的HTML。2.跳转适配：通过网站进行代码单向配置输送，进而监测出用户所用设备（国产还是进口）、浏览器、搜索内容等分析出用户可能的价值偏好。然后根据大数据分析出的"用户体验"，使用HTTP重定向和VaryHTTP标头重定向到相应的页面。3.自适应：通过向同一网址提供相同HTML代码，进而检测出用户所用设备屏幕大小，进而进行匹配用户屏幕视觉内容。

其二，数字霸权国家利用自身技术体系优势对我边疆民众的网络民意进行渗透、误导与煽动。20世纪90年代，美国前国务卿奥尔布赖特就有过一个判断，称"有了互联网，对付中国就有办法"[1]。21世纪初，美国数字霸

---

[1] Jane Perlez, "Albright Debates Rights and Trade with the Chinese," *The New York Times*, March 2, 1999. https://www.nytimes.com/1999/03/02/world/albright-debates-rights-and-trade-with-the-chinese.html.（访问日期：2020年1月26日）

权的不断巩固,部分别有用心的政客及媒体对于利用互联网在中国制造混乱便更加充满信心,《纽约时报》甚至2005年刊文毫不掩饰其企图借助自身的数字霸权破坏中国社会安定、民族团结。事实上,美国利用自身在互联网的优势对别国进行政权颠覆多有成功的案例,几乎所有美国主导的颜色革命都是线上煽动、线下发动,奥尔布赖特所代表的美国精英想把在原苏东国家的经验复制到中国,尤其是极其敏感的边疆地区。近20年来,西方国家针对我国在互联网领域发起的煽动,其渗透能力之强、手段工具之多以及攻击规模之大都使我国的边疆安全治理与民族维稳工作承受了巨大的压力。当然,这种被动局面的出现也有我们自身治理的缺陷,尤其是边疆地区少数民族的数字基础设施相对落后,"数字鸿沟"的存在给予了数字霸权国家利用网络进行渗透破坏的可乘之机。

(二)数字技术加剧边疆社会运动的活跃

互联网为代表的数字技术发展为社会与政治变革奠定了坚实的基础,日益成为民众政治意识的主要来源、参政议政的重要平台以及社会运动的发起窗口。数字技术重塑了文明社会,从各方面对人类的生活及发展产生深刻影响,其中又以数字技术在政治社会生活中发挥的影响最为突出,而数字技术设计中的偏好对涉边舆情安全的冲击也是最为严重。互联网的特殊性在于它作为一种数字技术的产物,却承担了两类社会功能:它既是一种新媒体,成为传播民意的平台及交流手段,又是一种新的社团组织方式,以线上的"虚拟社会"作为公民自治的试验场域,在表达意见及监督政府的同时,逐渐发展为独立于现实政权的"影子政府"[1]。

辩证地看,民众参政议政以及社会运动的合理化开展有助于社会的良性互动与国家的治理,是社会进步的体现与象征。按照西德尼·塔罗的观点,社会运动是既得利益的社会精英与对立民众之间"围绕社会团结和公共目标"为初衷而发起的集体式挑战,[2] 其从根本上是社会契约的一部分,同时也是

---

[1] Borge Bakken, "State Control and Social Control in China," in Brodsgaard and Young, eds., *State Capacity State Capacity in East Asia*, Oxford: Oxford University Press, 2001, p.200.

[2] Sidney Tarrow, *Power in Movement: Social Movements: Social Movements, Collective Action and Politics*, New York: Cambridge University Press, 1994, pp.3–4.

第三章 "东数西算"背景下边疆"数字赋能"的困境分析

执政当局合法性的重要来源。但是,为实现特定群体利益而破坏整体社会和谐稳定的煽动性集会,则是威胁国家安全的活跃因素。如美国及北约盟友借助数字技术与信息网络,在中东、北非以及前苏联势力范围内国家所煽动的颜色革命,就是利用民众对于统治现状的不满而进行颠覆(而非改良)政权的政治操作,以此扶植亲西方政权,建立亲西方的势力范围。但在这个过程中,社会运动的目的被利用却没有被实现,颜色革命后的国家(如乌克兰、吉尔吉斯斯坦以及格鲁吉亚等国)非但没有摆脱原先的政治腐败与经济困境,同时在社会失序中陷入了混乱甚至分裂。

相较而言,边疆地区的舆情更为复杂,民众的意见表达不仅涵盖了生活质量以及社会公平等诸多领域,还涉及复杂的民族感情与地区性问题。因此,要通过互联网了解社会的情况,加强对边疆地区的舆情监测及研判,进而提高边疆民族地区的网络理政能力。

三、"数字赋能"存在被境外势力利用的风险

数字技术的利用存在两面性,既可能成为维护边疆治安的利器,也可能成为威胁边疆稳定的工具,因而就这个角度而言,"数字赋能"要警惕被境外势力所利用。

(一)"数字设备"成为境外犯罪集团利用的工具

我国东南边疆面临的主要安全问题是日益猖獗的跨境犯罪问题,边防漏管、失控的现象使得该问题逐渐成为严重危害我国东南边疆安全与一线社会安定的重要因素。目前的跨境犯罪中,受《中华人民共和国刑法》属地管辖的犯罪活动主要有毒品犯罪、拐卖妇女儿童犯罪、恐怖犯罪、偷越国(边)境犯罪、人身伤害犯罪、侵财犯罪、走私犯罪以及涉枪犯罪。

除了边防地漏管失控,犯罪分子利用数字化工具进行伪装和反侦察也是跨境犯罪日益严重的主要原因。犯罪人员在非法交易中获利之后,不惜巨资投入以更新相关装备,尤其是用于通信联络的数字化设备高端化、智能化,如卫星电话、电子干扰器等都已经在犯罪集团中实现了高普及率。具体来说,数字化工具在跨境犯罪中的广泛使用,对我国东南边疆安全产生了五个方面的消极影响。

"东数西算"背景下西部边疆的"数字赋能"研究

其一,境外犯罪集团的先进数字化设备加大了我国边防公安及部队侦察缉办的难度,并威胁到一线警员及人民群众的生命财产安全。传统的跨境犯罪活动往往受限于通信与运输,人财物流动缓慢,流窜作案比例低,传统的警务工作模式如"大撒网""大清查"以及"大兵团作战"等往往可以取得很好的犯罪打击效果。但是,在数字化设备的支持下,新型犯罪呈现出了由"单位人"向"社会人"再到"虚拟人"的转变,人口流动化、犯罪智能化等都极大限制了传统的办案能力与治安效力。[1]犯罪分子还通过互联网进行反侦查知识学习、线上违禁品的制作与交易等方式掩盖自身的行踪,增加了一线警务人员行动的安全风险。

其二,数字化模糊了境外犯罪集团的地域界限。网络的出现使得国与国之间的界限日趋模糊,很多犯罪行动的主谋策划往往在国外通过数字化设备进行远程遥控,我国境内的犯罪活动打击则很难在实质上重创并摧毁犯罪集团核心,而跨国警务合作则存在着行政、法律以及程序上的诸多繁苛,致使国外犯罪集团核心跨境遥控的国内作案往往屡禁不止。

其三,境外犯罪集团通过互联网等数字化工具大幅提高自身的组织化程度。以往的跨境犯罪大多以"独狼"的形式出现,其在我国边防军警的持续打击下逐渐式微。互联网的出现则使犯罪的组织形式产生了巨大的质变,跨境犯罪呈现出了组织化、集团化、智能化甚至是全球化趋势。

其四,数字化能力能够有效隐匿犯罪踪迹,增强了跨境犯罪行为的隐蔽性和破坏性。跨(国)境犯罪区别于国内犯罪的主要区别之一,就在于跨(国)境犯罪往往以集团的形式出现,组织严密、技术先进且资金雄厚,这为他们进行有针对性的"暗网操作"提供了物质基础与技术支持,其犯罪踪迹及相关证据链都能被有效销毁。如边境地区的赌博、卖淫以及毒品交易等都有着洗钱的需要,在犯罪集团的财务人员以及数字技术人员的操作下,很大程度上是可以实现大额资金的安全转移以及非法收入的漂白。

其五,互联网世界密切了个体与个体之间的联结度,能够迅速扩大犯罪集团的规模度和影响力,其效率甚至是指数级增长。互联网代表的数字化时代,最大的特征就是增强了个体与个体之间的联结度与依赖度,使"线性的复杂"上升为"非线性的错综复杂",这使得任何单位或者个体都有可能在

---

[1] 刘爱娇:《大数据在打击跨境犯罪和维稳中的应用研究》,载《云南警官学院学报》,2017年第6期,第79页。

第三章 "东数西算"背景下边疆"数字赋能"的困境分析

短时间内获得聚焦性的关注度,并实现影响规模及效力的最大化。例如,边境赌场的线上宣传,毒品的销售以及运输等,都可以通过网络的辐射力迅速实现吸"赌"、吸"毒"。

在现实的跨境犯罪中,高度的复合性使得犯罪集团同时具备以上某些特征,加大了办案的难度,削弱了打击跨境犯罪的力度。如2019年11月20日,马来西亚警方突袭了一家以移民中介为旗号的国际诈骗集团,共计680人被捕。该电信诈骗集团租赁了当地工业园区一栋6层的大楼作为办公场所,每天千余人进出该场所专门从事"微信与电话诈骗"。现场起获了787台台式电脑、174台笔记本电脑以及8230部手机,所有的数字化设备均配备精良且分工有序。[①] 但是,这千余人的诈骗团伙中却没有一人是核心成员,主要幕后者依然在中国,实现了幕后策划、执行团队以及作案范围的"三地分离",任何一个环节的受损都不会伤及到犯罪集团的整体。数字化工具的出现是该犯罪集团实现"三地分离"的前提,不仅能够实现自我保护的地域隔离,还能保证地理上的隔离不影响跨境作案各环节脱钩,且以更具组织性、效率性以及规模性地进行国际诈骗的跨境犯罪。

犯罪集团数字化管理案例:跨境网络赌博

边疆地区的"跨境网络赌博"作为一个典型,充分体现了犯罪集团内部组织管理的专业性与高效性,也凸显了边疆地区安全治理的难度与必要性。首先,"跨境网络赌博"既是一个"边疆"范畴之内的议题,同时其影响的维度又远远超出了"边疆"的框架。就实体边疆而言,线上的网络赌博往往与边境上的线下赌场相结合,网络成为边境吸赌的重要平台。就"虚拟边疆"而言,境外犯罪集团利用互联网在我国境内实施网络赌博行为,其本质是侵犯了我国的网络边疆(利用技术性入侵或互联网平台进行颠覆和破坏行为,[②] 这里是指"破坏"行为),威胁到国内互联网生

[①] "Malaysians arrest 680 suspected members of Chinese online fraud gang," Reuters, November 21, 2019. https://www.reuters.com/article/us-malaysia-fraud/malaysians-arrest-680-suspected-members-of-chinese-online-fraud-gang-idUSKBN1XV0T6.(访问日期:2020年1月27日)

[②] 许开轶:《政治安全视域下的网络边疆治理》,载《光明日报》,2015年4月15日,第13版。

"东数西算"背景下西部边疆的"数字赋能"研究

态的健康与安全。另外,"跨境网络赌博"影响的范围又超出了边疆的地理界限。由于网络边界的无限拓展,"跨境网络赌博"平台同样能够影响并吸引到内陆民众,虚拟空间的框架远超地缘上的物理边疆。其次,"跨境网络赌博"对于包括边疆安全在内的整体国家安全都是一个严重威胁。一方面,赌博行为违逆公德、毒害人心,不仅诱发各类犯罪,而且致使部分党政官员因为赌博而催生腐败行为,其利用数字化工具(如互联网等)迅速蔓延的态势已然危害到我国的社会安定、经济金融体系的安全以及邻国民众对于中国的国家形象认知。另一方面,"跨境网络赌博"活动利用在校的初高中生以及大学生热衷于在线观看篮球、足球等体育比赛,诱使他们参与比赛输赢的投注,进而一步步沉沦于网络赌博,严重影响了青少年的健康成长、毒化了良好的社会氛围,进而威胁到了国家发展的"根本"与总体安全的"核心"[1]。因此,充分重视跨境赌博集团利用数字化工具进行犯罪行为的破坏性,并进行有针对性(尤其是技术手段的使用)的围剿式打击,有效遏制其在我国境内的犯罪活动。最后,"跨境网络赌博"利用数字化工具实现集团管理的提升、作案形式的隐蔽以及消极影响的扩大。数字化所引领的时代如历史般重演,作为"双刃剑"不仅推动了生产力的革命,也会成为别有用心者所利用的工具;既推动了社会的进步,也为威胁社会稳定留下了伏笔。以往的线下赌博,无论是前期的宣传,还是中期的组织,抑或是后期资金的处理,都依赖密集劳动力来实现周期运转,大量的人力支持导致成本高、风险大且效率低下,因而其影响与规模往往局限于区域性。[2] 通过数字化工具的使用,"跨境网络赌博"摆脱了地域的限制,并能够以更为专业化、智能化的方式,逐步形成集合"人员链、技术链、推广链、资金链"等上下游环节勾连配合的完整链条。

其中,以数字化工具为代表的"技术链"在事实上支撑起整

---

[1] 段艳艳、章春明:《跨境赌博违法犯罪治理研究》,载《云南行政学院学报》,2019年第6期,第62页。

[2] 谁冉、张小兵:《跨境网络赌博犯罪分析与预防对策——以近年来H省打击网络赌博犯罪为例》,载《山东警察学院学报》,2017年第5期,第106页。

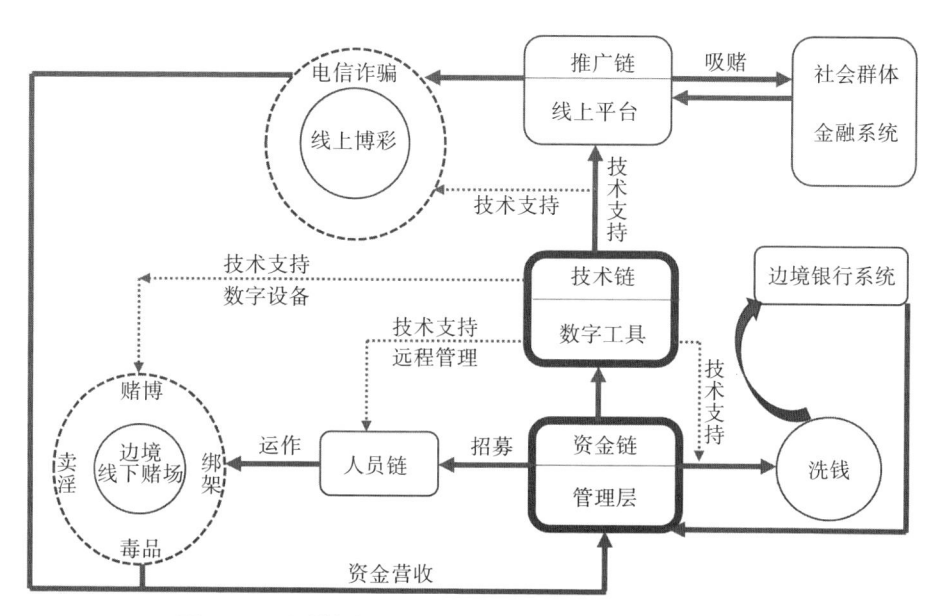

第三章 "东数西算"背景下边疆"数字赋能"的困境分析

图 3-2 以"技术链"为管理核心的"跨境网络赌博"

个跨境网络赌博的运作,同时也是犯罪集团进行管理和指挥整个体系高效运转的核心所在,成为跨境网络赌博进行全程控制的主要载体。以数字化工具为代表的"技术链"以技术开发为线上推广以及赌博平台创造条件,在线下则为边境赌场提供通信联络以及反侦察的设备监控,并依托线上交易的渠道进行黑金的"漂白"。更应强调的是,"技术链"所改造的不仅仅是经营方式,而是从深层次改变了犯罪集团的运营思维,同样是组织领域的一次"赋能"革命。以往的边境赌场运营模式是一种"筑巢引'赌'"的模式,即通过赌场内部基础设施以及配套"服务"的建设来吸引地区范围内的赌客,是一种"守株待兔"式的被动范式。相反,如今数字化时代的跨境网络赌博则是"引'赌'筑巢",根据需求进行"私人定制"的主动出击,在地域和心理上最大限度吸收各类赌客。这种范式主要根据终端(赌客)的反馈(喜好等)情况,来调整博彩的种类、场地以及对应的服务,这实际上就是"赋能"管理在实际应用中的一种体现。充分利用网络超越地理限制的联结性,以"多对多"的形式最大限度吸引各类赌客,借助数字分析及工具对赌客进行分类处理与及时调整,在最大限度上满足非法欲望的需求。

（二）"数字空间"成为境外势力煽动的平台

传统线下的组织工作，往往需要召开多次筹备会议、人员的宣传动员以及诸多机构及资源的协调配合，才能实现一次成功的集会活动，这在时间成本与物质准备上都是较大的消耗。互联网的出现则突破了时间与空间的限制，尤其是"网络社群"在线上实现了组织部、后勤部以及宣传部等多部门的集成，大大缩减了线下集会运动的前期准备时间。

所谓"网络社群"，是指通过公司、机构或团体所开发的各类网络应用软件，将出于共同愿景而参与到网络应用的群体进行联结、交流与互动，并根据开发者的初衷、参与者的期望而形成或是紧密或是松散的线上社群。网络社群开始于互联网公司营销的需要，以此形成的"社群运营"凭借"人性化、群体效应以及裂变增值"三大优势，已然成为最受推崇的线上销售渠道。

网络社群的形成需要具备四个要素：其一，明确的线上社群成员的关系；其二，具有可持续性的网络互动交流；其三，共同的群体意识框架及言行规范；其四，目标以及行动能力的一致性。基于四要素之上的网络社群，又可以根据人数的多少来区划线上规模，具体可分为：

　　私密型：2人

　　特殊型：3—10人

　　小型规模：11—100人

　　普遍型规模：101—200人

　　大型规模：201—500人

　　超大型规模：501人以上

"网络社群"在实现线上的联结之后，在条件允许的情况下，便会由"无现实接触的纯网络社群"转型为"线上紧密交流、线下密切接触的双线群体"。值得警惕的是，一旦"双线群体"具有了特殊的政治目的性，群体成员很可能成为被煽动的对象，进而形成具有一定规模的危害社会的运动。

如2009年的乌鲁木齐"七五事件"就是由网络发起，社群建立及扩散的"社会"运动，并在网络有组织的恶意煽动下迅速演变为暴动事件。

乌鲁木齐的"七五事件"与同时间世界其他地区的"颜色革命"都有着相同的特征，即数字技术（包括互联网但不仅仅局限于互联网）在政治事件

第三章 "东数西算"背景下边疆"数字赋能"的困境分析

中发生了"决定性"的影响,这才是"颜色革命"中"革命"的真正代表,标志着数字技术对传统政治运作的颠覆性革新。这是21世纪数字技术迅速扩张的逻辑结果,同时也引发了学界对于"科技与政治关系"的再思考。

第二节 "数字赋能"困境的技术表现:科学合理性的挑战

科学合理性要求科学技术的应用符合客观发展规律,这既包含技术与自然的客观规律,也涵盖社会领域的发展规律。从社会发展规律来看,马克思主义的矛盾论认为人类社会不断演进的根本动因在于生产关系生产力的矛盾运动,而生产力与生产关系之间的"新"与"旧"便产生了新生功能性需求与传统结构环境之间的矛盾。从技术发展的客观规律来看,围绕"数字赋能"的技术分歧是必然的,哪种技术路径更符合事物的发展规律,更能够推进边疆安全治理实践,则同样是科学合理性所要质疑的。

一、传统结构环境与新生功能需求的冲突

制度更迭的根本性原因在于外部环境产生的功能性需求与内部组织结构的既有需求供给存在着矛盾与差距,这种矛盾越深刻、差距越突出,制度内部变革的压力便越大,变革的力度便越强。因此,宏观环境的变化往往潜移默化地改变着微观个体(或团体)之间的利益分布,由此产生了权力结构调整与制度变革的主动性需求。[1] 对于数字化时代的边疆安全治理制度而言,这是由实体空间转向虚拟空间的一次跳跃,无论是对于物质还是意识都需要一次彻底的变迁与革新。但历史的规律中同样有一点不可否认,即每次制度创新与模式变革的背后都折射出社会政治经济发展环境的变化,数字化时代的制度变迁同样是时代背景下的历史产物。

20世纪中后期,我国的改革开放事业取得了重要进展,利益多元化深

---

[1] 李秀峰:《制度变迁动因的研究框架——探索一种基于新制度主义理论的整合模型》,载《北京行政学院学报》,2014年第4期,第11页。

"东数西算"背景下西部边疆的"数字赋能"研究

刻地改造着包括边疆在内的中国社会。无论是宏观的政治经济领域,还是基层的社区管理,动态管理都成为适应时代需求的必然选择。当然,制度的变革会引起各种矛盾,但却未必会引起社会秩序的紊乱,既有秩序的逐渐解体往往不可避免地催生扰乱社会稳定的犯罪行为(甚至是恐怖主义)。边疆社会秩序平衡的打破虽然滞后于对外开放较早的沿海地区,但渐次恶化的社会秩序却随着地区的转移而基本重合。尤其是边疆地区毗邻境外,跨境流窜性犯罪伴随着内外政治、经贸以及文化的交流而不断攀升,而这既是对传统管理体制的挑战,也是体制转型变革的主要动源。这种来自社会内部以及外部国际局势的压力,激化了新旧体系的冲突与博弈,也在对冲与妥协中形成了以功能性需求为导向的革新动力。新的边疆安全治理体系对于外部的主权安全和内部的治理风险都有了更好的应对与处理,而边疆地区的安全部门也在实践中认识到动态化管理既是一种能力标准,也是服务型管理的时代需求,推动着安边、治边水平的不断提高。为了实现对边疆内外安全形势的动态化管控,最基本的路径便是在数字化平台的基础之上实现多部门、跨区域的信息融合共享,以信息资源的容量来消弭各种潜在风险,从而实现打击跨境犯罪、打击恐怖主义效能的提高,共建和谐安全的稳定周边。

与此同时,边疆社会各类矛盾的性质及外在形态都出现了巨大变化,许多矛盾已然超出了原先理论上的概念边界,而是呈现出多元复合型、超越规模型的新特征。进入数字化时代以后,社会矛盾诉求的群体性特征经过虚拟空间的放大而更加凸显,境外敌对势力的煽动所造成的民族心理失衡、宗教秩序动摇使得各类社会安全的潜在风险不断涌现。[1] 基于这样的内外形势下,边疆安全部门针对溢出的新安全需求进行导向性的任务设置与组织结构调整,这就使得既有的安全内涵、功能以及工具的边界不断向外延拓。这就意味着,边疆安全部门不仅需要持续关注犯罪打击以及边境线的安全等传统安全事务,还要逐渐将重心适当地向内部转移,尤其关注"外源转内生"的边疆社会风险滋生。因此,当边疆社会对于功能性安全需求的转变投射到边疆安全治理制度的变迁之中,就可以更加理性地看待近年来成立国安委的初衷。

---

[1] 李皋:《变迁与启示:改革开放四十年化解社会矛盾经验研究》,北京:中国出版集团,2018年版,第109页。

第三章 "东数西算"背景下边疆"数字赋能"的困境分析

二、边疆"数字赋能"的技术性分歧

边疆安全治理体系中的"数字赋能",不仅是纯粹的技术应用与基础设施建设,而是要从底层逻辑上实现时代的进步;不仅是数字技术作为生产力领域的突破,也是数字管理思维对既往生产关系的革新。但是,围绕以何种思路进行数字技术的赋能则产生了"互联网思维"与"区块链思维"的分歧。

"互联网思维"最早是由百度公司董事长兼首席执行官李彦宏所提出,后由小米公司创始人及董事长雷军所阐述而成为时下热点。对于"互联网思维"的定义,中国国家互联网信息办公室引用《光明日报》的《何谓"互联网思维"》一文,指出互联网思维是一种重点突出互联网价值、细致认知互联网形式的思维;是一种敢于并善于利用互联网工具的思维;是一种在信息化时代适应互联网的思维;是一种依赖大数据进行分析与决策的思维。[1] 从这个定义中可以看出,互联网思维仅是从认知到熟悉,再到运用的阶段,实质上停留于信息化时代的第一阶段,停滞于表面上"术"与"器"的运用,尚未深入对于后信息化时代(数字化时代)逻辑思维与底层哲学的思考。

辩证地来看,"互联网思维"推动了时代的发展,但也不可避免地将会成为时代再进步的阻碍。任何符合时代需要的新理念提出,都作为一种新的生产关系推动生产力的发展,去除旧有结构中对生产力的阻碍,是进步性的突出表现。但是,当业已饱和的生产力需要进一步拓展空间时,曾经的新思维成为过时的旧思维,曾经的推动力成为新时代的阻碍力,也必然会在新的浪潮中被转型或是被扬弃。"互联网思维"同样如此,于20世纪90年代及21世纪初实现了人类生产、生活方式的革命,将人类文明推向了新的高度。但是,"互联网思维"的弊端也逐渐体现,过度沉溺于对物质和器具的便利性及自娱性,忽视了时代的哲学性思考与社会集体的责任意识,导致了如今诸多社会问题的出现。时代已经由信息化进到数字化,"互联网思维"也亟须以新的思维模式来代替,而"区块链思维"则在实现互补性的同时也凸显出其社会公平性。

---

[1] 杨静泊:《何谓"互联网思维"》,《光明日报》,2014年8月31日,第6版。

"东数西算"背景下西部边疆的"数字赋能"研究

"区块链思维"与"区块链技术"不同，二者虽都统一于"区块链"的总体框架，但前者是后者（不限于后者）的哲学思考与底层逻辑，后者则是前者的技术性产物，前者的视角及框架更为宏观。就"区块链技术"来讲，其本质是一个"去中心化"的数据库，最突出的就是使用分布式记账、点对点传输以及非对称加密等数字化技术组合（算法），[①]实现数据收集、处理以及存储的全程中数据的可追溯性与无法篡改的技术性安全，从而建构数字化的信任社会，突破人类社会一直以来存在的缺乏互信的难题。信任的建立，则标志着价值成倍速地规模性流通，以智能合约为载体来塑造真正的价值互联网。"区块链技术"目前应用最为广泛的是在数字金融领域，如几年来话题热度较高的比特币，就是利用区块链作为底层技术所开发的数字金融产品，比特币利用区块链记录每次比特币网络交易的具体信息，并将这些信息以密码学的编码手段类属形成繁多的数据模块，以数据模块的公开性来为交易信任进行背书，验证有效性的同时生成下一个区块。这里应当强调的是比特币仅是区块链技术的应用之一，是被包含于后者的。区块链技术发展到目前，已经形成了私有链、联盟链与公有链三种，三者各有其侧重于应用的场景，并形成类型不同、生态迥异的经济与社会模式（三种链的特点及对比如表3-2所示）。

表 3-2 三种类型区块链的比较

	公有链 1.0	公有链 2.0	公有链 3.0	联盟链	私有链
典型应用场景	线上交易的记录	基于公链的各类线上 Dapp	基于公链的各类线上 Dapp	组织、行业以及联盟等进行交易的多中心化以及数据资源的交换的共识机制	不对外提供服务的对内区块链应用及研究
典型代表	比特币	以太坊	EOS 及其他新公链	R3 的银行联盟	Overstock
参与者	对所有人公开	对所有人公开	对所有人公开	设立准入机制，安全性较高，仅限于联盟内部使用	机构/组织内部或个人

---

① 《人民网总裁叶蓁蓁：用"区块链思维"探索未来发展新方向》，人民网，2018年6月23日，http://capital.people.cn/n1/2018/0623/c405954-30078406.html。（访问日期：2020年12月12日）

第三章 "东数西算"背景下边疆"数字赋能"的困境分析

续表

	公有链1.0	公有链2.0	公有链3.0	联盟链	私有链
突出优势	挖矿记账，信用自建，支持二次编程	具有平台化的特点，在公链上编写Dapp应用更加容易	支持多种语言编写Dapp，自主选择挖矿与否，寻求更高的交易速度	安全性/成本/效率	可追溯，公开透明

	公有链1.0	公有链2.0	公有链3.0	联盟链	私有链
信任机制	POW	POS/POW	POS/DPOS等	集体背书	自行背书
激励机制	需要	需要	需要	可选	无
中心化程度	多中心化+去中心化为主	去中心化	多中心化	多中心化	以中心化为主
记账人	所有参与者	所有参与者	多中心记账或所有参与者	参与者协调决定	自定
承载能力	少于十笔/秒	几十笔/秒	百万笔/秒	1000—1000笔/秒	1000—10万笔/秒

就"区块链思维"来讲，可以区分为微观与宏观两个视角，微观来看，"区块链思维"主要由分布式的运行机制、资源分配的公平与公开以及数字技术的复杂组合等构成，以实现成员行为的规范性与目标的一致性为终点。其中有三个关键因素，即资源分配进程的公平性、数字技术架构的稳定性以及参涉成员的行为规范性。就宏观来看，"区块链思维"代表的是一种"去中心化"的人本主义，认可每个人在社会生产与文化创造中的价值，强调公平、公正与公开在资源分配进程中的重要性。以此拓展开来看，"区块链思维"不是某一种技术，并非属于工具类别的"器"或是"术"，而是数字化时代的哲学思维与底层逻辑，建构了人类在数字化时代的思维框架与导图。

数字化时代的边疆安全议题，同样需要参考新时代的哲学逻辑。"人本"思想的秉持，不仅需要表达对人权的尊重，更应该在一个去中心化的架构中给予个体自我发展及价值实现的空间。边疆地区安全的实现，由以往的政府驱动，要逐渐转型并升级为技术驱动与社会驱动，动员最为广泛的力量参加到边疆安全的维护当中，从而以更高的效率、更低的成本来实现安全的目标。

第三节 "数字赋能"困境的深层诱引：社会合意性的质疑

边疆"数字赋能"中的社会合意性的质疑涉及国家整体安全治理理念的演化逻辑，尤其是在思考构造具体的安全职责部门思想观念的同时，要注意上升到边疆安全治理制度的构造性观念的整体高度，由内而外、由下而上地建构边疆地区的安全治理体系的构造性理念，以此实现边疆社会秩序与政治安全的控制与维护。思想先于行动、设计先于建构，只有先确立制度变迁的构造性观念与空间想象，才能明确具体的"数字赋能"方向与内容。

一、制度变迁诱致新旧安全观念的对立

从根本上来讲，制度变迁所涉及的是认知、文化、意识以及心理的解构与重构，是不同的思维逻辑进行物质重塑的过程，[①] 也即"制度变迁的方向与方式取决于新旧思维模式的对冲与妥协"。基于以上角度，我国边疆的安全治理模式同样面临着新旧思维模式的更迭，既往的"以责任主体的安全指导"正逐渐转向"以民众安全需求的功能性革新"的新理念，并以此指引着边疆安全治理制度的变迁。

数字化时代重塑着边疆社会，我国社会由"身份社会"转向了"契约社会"，个体与组织之间的强纽带关联被不断淡化。这种社会的变迁隐含着国家治理模式的变革，社会将会成长为安全治理体系中的重要一极，但这并不意味着政府管控能力的削弱，社会秩序与政治秩序二元统一的整体局面依然得以维持，政府部门依然是国家安全治理体系中最重要的主体。在维持边疆社会秩序稳定的基础之上，政府相关部门逐渐反思维稳式治理与运动式治理的有效性与合理性。此外，新公共管理主义的思路进入了政府治理体系变革的视野，民众对于安全的功能性需求决定了治理体系变革理论与实践的发展方向。与前者形成鲜明对比，人民与安全服务中心的思想则更重视作为治理客体的民众的关键地位，通过服务型安全来实现公共安全利益与个体安全利

[①] 汪丁丁：《新政治经济学讲义：在中国思索正义、效率与公共选择》，上海：上海人民出版社，2013年版，第452页。

第三章 "东数西算"背景下边疆"数字赋能"的困境分析

益之间的提升与统合。因此，边疆安全治理的制度变迁，除了对于边境安全的持续性关注，要更加重视暴恐防控、犯罪打击等服务型安全事务。

制度变迁的关键在于能否恰当地处理好新旧组织机构之间的冲突与平衡，这突出表现在围绕制度变迁的必要性争论与具体的设计安排，其背后所折射的则大多呈现出多元主体之间围绕利益的博弈。[①]正如历史制度主义从理性选择制度主义那里吸收借鉴了后者对于制度变迁中，行为者的行为策略性特征的重视与考察，在"制度—人"的向度之外形成了反向的"人—制度"的研究路径。[②]

国家利益与安全治理机制的双重影响，使得边疆地区的"安全"逐渐成为各部门追求边疆辖区利益的竞争型安全。[③]因此，负责边疆安全治理的主要政府部门作为制度变迁的主体存在着明确的"有限理性经济人"的角色：即期望引导制度设计朝着利益向自身倾斜的方向变迁，但却无法预估自身所预期的制度能否给自身带来符合预期的结果，能否或者是在多大程度上改善自身的治理处境。事实上，边疆安全治理制度变迁的"帕累托改善"与行为个体有限理性之间并不存在绝对的、直接的线性函数关系。与此相反，当多个行为个体组成行动者集团之后，同样有可能出现集体非理性，也即奥尔森所指出的"集体行动困境"。因此，边疆安全治理的行为主体（各安全部门）在综合考虑自身利益得失之后，会有限理性地选择自认为最为符合自身利益的行动路径，而这在很大程度上解构并分化了边疆安全事务的整体治理。在现实中所观察到的边疆安全治理工作的成效，其实是行为主体之间反复博弈的结果，而这种"成效"也是经过多次博弈损耗后所残留的绩效。但是，边疆安全治理的主体之间的合作绝不是理想化的自然而然，而是一种价值的平衡与利益的博弈。首先，分配效应下各安全主体的利益得失。任何体系或制度的形成，必然会不可避免地产生获利者与受损者，导致二者的矛盾在相当长的时间内无法解决。再者是行为体过剩。边疆不同的安全部门（如公安、边防以及其他相关部门）对于开展何种合作、如何进行合作、合作的广度与

[①] 朱德米：《新制度主义政治学的兴起》，载《复旦大学学报（哲学社会科学版）》，2001年第2期，第108页。
[②] [美]道格拉斯·诺斯：《制度变迁理论纲要》，载《改革》，1995年第3期，第54页。
[③] 周伟：《地方政府间跨域治理碎片化：问题、根源与解决路径》，载《行政论坛》，2018年第1期，第78页。

"东数西算"背景下西部边疆的"数字赋能"研究

深度如何把握,都有可能受到利益分配效应的干扰而各自有不同的见解,在这样的情境下试图在利益不平衡的多方主体之间寻找合作公约数,无疑是具有相当难度的。行为体过剩与制度变迁的分配效应非但无法弥合多元主体之间的罅隙,甚至可能导致更为激烈的利益冲突,影响到边疆社会安全、稳定及发展的基本大局。[①]

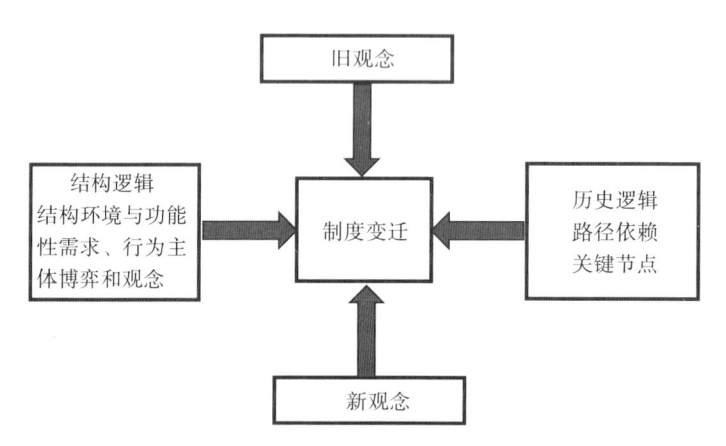

图 3-3 边疆安全治理制度变迁的逻辑框架

如果将跨部门间的合作寄望于主体之间的利益协调与统一,这种概率在演化博弈模型中是极低的,即使达成合作的共识或是机制,也很容易由于利益的分配而产生离心倾向。[②] 但是,如果当有强力的第三方介入跨部门的整合之中时,第三方的奖惩机制不仅可以推动合作的帕累托最优,也可以形成对离心行为的威慑与惩戒。[③] 近年来,边疆安全部门的整合与协调则证明了这一论断:在 2010 年以前,边疆地区安全部门之间的合作几乎是各自为政,处于一种相对失序的自由结合状态,多元主体之间的利益博弈使得合作流于形式,缺乏规制和有效约束。在 2010 年以后,当中央政府形成共识并着手推进时,以军方为代表的中央权力强势介入并整合边疆地区的安全合作,强力调控安全合作秩序,类似于之前安全部门多主体之间的博弈才渐次趋于理性。

[①] 唐世平著,沈文松译:《制度变迁的广义理论》,北京:北京大学出版社,2016年版,第47页。

[②] 张嘉池:《区域警务合作制度的演进脉络与变迁逻辑》,载《北京警察学院学报》,2020年第5期,第60页。

[③] 胡晨望、郭守峰:《区域警务合作的演化博弈分析》,载《安徽行政学院学报》,2018年第1期,第110页。

二、安全治理主体对于"中心性"离散的不满

相对于"统治"或"管理","治理"意味着政府要实现由垄断行动者向网络平行参与者的角色与功能转变。然而,由于政府部门的信息和资源等优势,使其始终处于政府、市场和社会三元治理主体的中心位置,形成了"中心—边缘"结构,这种权力结构非但有可能出现政策失灵的情况,而且会在不同程度上限制社会组织以及个体参与社会治理的积极性。区块链则通过去中心化的方式消弭中心与边缘之间的权力等级,从根本上实现社会治理进程中的"多元协同"。

一方面表现为数字技术向多元治理主体赋能,促使其角色和功能定位发生变化。政府相对优势地位的确立在很大程度上依赖对数据和信息的占有,然而在数据和信息日益成为核心资产的情况下,理性的个体或者部门不会自动将信息进行分享,政府部门之间的"数据孤岛""信息干涸"等弊端逐渐显现,极大地限制了治理能力的增强与治理结构的升级改良。相较而言,区块链则通过分布式的数据库实现权利结构的分布式均衡,保证了层级内部与层级之间数据信息的流通与共享,这既能够从整体上提高政府收集信息、处理信息的能力,也实现了社会服务及宏微观调控能力的提升,而且还能通过对政府数据的分享,弱化其中心地位,变得更加开放、透明、平等和协作。[①] 市场作为社会资源的优化配置机制,在信息不对称的情况下,需要通过银行、政府等"第三方担保"[②]的方式解决交易双方信任问题,然而这一方式不仅增加交易成本,而且由于信息被第三方无偿获取和占有,会带来潜在安全隐患。同时,由于"政府黑箱决策"等现象的存在,市场中的企业主体普遍缺乏参与社会治理的积极性和主动性。区块链的信息公开、透明、真实、不可修改以及相互监督等特征,不仅可以通过信息对称解决相互信任问题,而且可以提升市场主体与政府的对等关系,增强参与社会治理的有效性。社会公众、非政府组织、志愿者组织等是重要的社会治理参与者,然而在政策议程设置、公共事务处理以及公共服务获取过程中常常被视为位于社会边缘的被

---

① Yermack D. "Corporate governance and Blockchains," *Review of Finance*, Volume 1, No.2, 2017, p.10.

② 张毅、肖聪利、宁晓静:《区块链技术对政府治理创新的影响》,载《电子政务》,2016年第12期,第17页。

动者、旁观者或是承受者。通过区块链技术的赋能增权，以往社会边缘被动者的社会治理主体身份得到认可，而且能够以虽微观但却平等自由的社会角色参加到社会治理过程中，这不仅提升了其行动能力和主动性，而且可以加强其对政府决策和执法的有效制约和监督。

另一方面表现为共建共治共享社会治理格局的真正形成，从根本上体现以人民为中心的发展理念，从而实现对全体人民意志的普遍遵从和对全体人民参与权利的肯定。在区块链赋能语境下，社会治理信息实现了分布式共享，由于每个社会治理主体都拥有同等价值的数据资源，因而政府在没有信息优势的支撑之下只能作为社会治理的重要主体而不是唯一主体，从而构建了一种"去中心化"和"群用群管"[1]的治理模式。此时，全体网络参与者成为相互合作者，在公共事务治理中扮演同等重要的角色，达成共识的协议将以智能合约的形式予以执行，社会资源的配置由全体参与者共同决定，治理责任和结果由全体参与者共同承担。

三、权力均衡配置的扁平化结构过于理想化

权力通常被视为一种行为影响的媒介，是人与人之间的一种特殊影响力。一般而言，权力结构可以分为集权式结构和分权式结构，历史经验证明，人类社会的发展无非在集权和分权之间游移，在权力最大化和制约权力之间做出选择。综观当前的社会治理格局，权力结构正在逐渐趋于平行化，以往的强制性底色正在慢慢褪去，社会各主体之间的多元身份与利益差别将得到认可与尊重，而无视他人利益的"利维坦"也将会在权力结构的变迁中逐渐消弭。权力不再是控制他人的力量，而演变成一种能够影响他人的行动能力，被赋予了公共属性。正如卢克斯所言，"权力是一种在社会相互作用的过程中使其他单位、个人或集体的行为发生改变的特殊机制，其特殊性体现在是为了促进集体目标而运用权威性的决定"。[2] 然而，以治理主体之间的权力配置为表征的权力结构尚未达致平衡，政府依然处于权力结构的相对优势地

---

[1] 马春光、安婧、毕伟等：《区块链中的智能合约》，载《信息网络安全》，2018年第11期，第12页。

[2] [英]史蒂文·卢克斯著，彭斌译：《权力：一种激进的观点》，南京：江苏人民出版社，2012年版，第20页。

第三章 "东数西算"背景下边疆"数字赋能"的困境分析

位,其他治理主体的权力尚难以对公共政策制定和公共事务治理产生直接影响。

在数字赋能语境下,有望通过权力的均衡配置实现权力结构的重组。一方面,区块链实现了社会治理权力结构的"均势"状态。区块链通过分布式数据、去中心化、安全可信以及智能合约确保了所有社会治理主体权力的实现,即每个网络参与者都具备影响他人的行动能力,此时社会治理权力结构呈现绝对均衡态势,所有治理主体都处于动态化监督和被监督场域之中。另一方面,权力结构的重组以全体公民权利平等为理念遵循。奴隶社会时期的雅典城邦,尽管也曾实现将本城邦的治理权赋予全体公民,然而其并没有形成"先进的民主理念"[1],因为其对公民的识别是有前置条件的,许多个体无法获得民主治理权力,所以这种具有超然特性的民主形式时常遭到批判和质疑。与之相反,权力结构扁平化的区块链治理体系,认可、尊重并保障每个社会主体的权力与权利,其实质就是社会治理主体结构调整和话语结构优化的必然选择,此时的权力不再由制度或者法律所赋予,而是来源于相互认可和同意的合法性支持。相对于当下的社会治理情境,区块链赋能语境下的权力结构更加契合后现代社会治理的要义,权力结构的绝对分散化、个性化、均等化和去中心化的状态,虽然更像是一幅"逆势图景",然而却不可否认其对平等、参与、多元和自主等治理价值的坚守与遵从。

四、边疆话语权结构在数字化转型中的失衡

话语权是公民基本的社会权利,也是其参与社会治理的重要方式之一,通过语言的交流及沟通,表达了对治理现状的赞许与不满。哈贝马斯所建构的"话语民主理论"中,将公民自由、平等且民主地参与社会公共事务的讨论与治理的言论过程(包括争论、商讨、褒扬与诋毁等)视作权力的特殊形态,而他的这一观点也在福柯的代表作《话语之秩序》中得到了认可[2]。当前的话语结构,在一定程度上仍然是对"独白性话语"的延续,公共事务治理中政府部门的"话语霸权"和社会公众的"集体失语"时常出现,尤其是

---

[1] 柏拉图著,郭斌和译:《理想国》,北京:商务印书馆,2010年版,第136页。
[2] 胡润忠:《哈贝马斯的话语民主理论:解读与评论》,载《中国第三部门研究》,2014年第1期,第9页。

"东数西算"背景下西部边疆的"数字赋能"研究

面临一些棘手公共问题治理时,具有利害关系的普通社会公众的声音往往是微弱的,政府及利益团体所制造出的"沉默假象"往往会导致公共价值失灵,致使公民的话语权无法得到保证,而社会的话语结构也面临失衡。[①]

在区块链赋能语境下,话语结构具备了由"独白性话语"转向"共识性话语"的可行性。一方面,区块链作为"技术平民主义"的代表,以赋能增权的方式保证了各类主体在信息资源与身份资格等方面的平等自由。当前社会之所有"集体沉默"和"话语强权"等权力鸿沟的出现,归根结底是不同治理主体对信息和专业知识的占有量存在差异。区块链在消除这种差异性的同时,使全体网络参与者都可以就某一公共事务发表自己的看法,此时的区块链更像是在发挥类似于"公共能量场"的社会性功能。正如福克斯和米勒所阐述的,"各类主体及多元声音在社会公共事务中的介入与讨论,实质上是利益的碰撞、妥协与融合,并最终形成合理的解决方案以获取社会的最大公约数"。[②]另一方面,区块链所执行的智能合约必然以全部治理主体的话语共识为基础。在"去中心化"的环境中,所有网络参与者同意和授权的协议才具有"合法性",正如有学者所言,数字化时代"代码即为法律"[③]的准则将会在区块链智能合约的生成与共享中得到充分的体现,一旦治理主体达成智能合约,计算机程序就不能反悔、不可篡改和强制性地自动执行。换言之,区块链不再认可社会治理的"独白式话语",这种话语结构无法满足智能合约所要求的触发条件,只有全体一致的"共识性话语"可以激活区块链中的智能合约。

本章内容总结而言,"数字赋能"面临着现实的困境与挑战。在这些挑战中,有一些是老问题的新变异,有一些则是数字化时代溢出的新问题。在科学合理性领域,数字技术赋能的分歧、生产力与生产关系之间的矛盾成为边疆"数字赋能"的内在担忧;在社会合意性领域,边疆社会话语权结构、新旧观念的碰撞以及中心性离散后的失序构成了"数字赋能"的深层隐患。这些都在不断考验着我国既存的边疆安全治理体系,同时也为未来的功能性革新指出了解决的方向。

---

① 王佃利、王铮:《城市治理中邻避问题的公共价值失灵:问题缘起、分析框架和实践逻辑》,载《学术研究》,2018年第5期,第49页。
② 韩艺:《公共能量场的理论阙失及其补构》,载《中南大学学报(社会科学版)》,2014年第6期,第210页。
③ 赵金旭、孟天广:《技术赋能:区块链如何重塑治理结构与模式》,载《当代世界与社会主义》,2019年第3期,第189页。

第四章
"东数西算"背景下边疆"数字赋能"模式建构

在秩序重构与社会转型的时代背景下，边疆安全治理的主要承担者与建设者面临着如何将安全治理模式不断适应国内外安全形势变化的问题。对边疆安全治理体系的历史变迁进行脉络梳理，既能够理解过去的因果，也能够熟谙当前的演化由来，又能够预判未来的变化趋势，并能够于百年未有大变局中洞悉制约和影响我国边疆安全治理制度变迁的深层原因，从而为"数字赋能"模式的设计和治理实践的推进奠定基础。

第一节　基于科学合理性的边疆"数字赋能"的作用机制

"作用机制"是指围绕目标实现的主旨而在系统内部发生诸要素互动、联系及影响的运行机制。从本书的研究角度来看，技术理性与价值理性的统一、技术赋能与结构赋能的统一，是边疆安全治理中"数字赋能"的作用机制，也是模式建构的支点，只有实现了两个统一才能够保证模式建构中的方向正确。

一、技术理性与价值理性的分野与整合

德国社会学家马克斯·韦伯在其代表作《新教伦理与资本主义精神》中提出了"合理性"（Rationality）的概念，并将其区分为"技术（合）理性"（Instrumental Rationality）与"价值（合）理性"（Value Rationality）。技术理性是指以目标为导向、以功利为驱动，漠视道德、情感等精神价值，纯粹追求功效的最大化的思考与行为方式。与之相反的是，价值理性体现的是人与人、人与物之间的一种关系，强调价值与意义世界的追求，推崇固有价值的纯粹信仰。二者之间虽然存在着对立，但是辩证统一于人类认识世界、改造世界的进程之中。

"东数西算"背景下西部边疆的"数字赋能"研究

首先,技术理性是价值理性的物质基础与现实支撑。技术理性主导了人们对于客观规律的认知与驾驭,是人类改造自然所需的基础科学、应用科学以及技术科学等知识的哲思基础,也是社会文明得以发展与积淀的底层夯土。在实践中,人类文明在技术理性的支撑下实现本体力量的抽象化、对象化,并为自我意识的升华以及人生价值的深层体会提供契机。正是由于技术理性深化并扩大了实践的过程与范围、开拓了客观生存环境的广域,人类才会对自身的目的、前景及发展需求产生逐渐攀高的预期,并实现价值理性在人生终极意义领域的凸显。

其次,价值理性是技术理性的信仰动力与精神支撑。人们对客观世界的认识与改造是一个长期的过程(甚至是无止境的),而改造的主体——人类也会在这个过程中出现生理与心理的诸多变化,这就需要坚定的信仰与精神支撑才能继续认知与改造世界的过程。此外,随着技术理性主导下的技术自主性不断提高,势必会对个体的自主与社会的自由产生冲击,甚至会反制或吞噬人类利用技术理性认识自然规律的初衷。这同样需要坚定的意志与高度的精神自觉,确保科学技术所代表的技术理性在实践过程中的正向性,始终秉持服务于人类福祉的根本要旨。

最后,技术理性以及价值理性统一于人类社会的实践进程。F.谢勒认为,"价值理性在时间度上总是优先于技术理性的,只有注意到了认知与改造对象的价值,才会产生利用技术理性去研究价值理性所认为的有必要的需求"[①]。也即价值理性负责人类主体"做什么"的导向,而技术理性则是围绕"如何做"的路径开拓,二者互为支撑、互为根据,有机统一于"人—自然—社会"协调发展的进程中。

"价值理性"与"技术理性"作为两类不同的认知导向,围绕国家安全的议题各自衍生出迥异的安全观与建设思路。"价值理性"秉持以社会文明发展为导向、以"人本"为依据,强调国家安全建立在认同的基础之上,因而对内积极于善政、对外倾向于友邻,将国家安全的实现建立在和谐认同的基础之上。技术理性的国家安全观则截然不同,采取了"唯器论"的基本立场,主张技术领先是国家安全的充分且必要条件。因此以技术理性为指导思想的国家安全建设更加强调涉及安全的前沿技术开发、基础设施建设以及安全装

---

① F. M. Scherer 著,姚贤涛、王倩译:《技术创新:经济增长的原动力》,新华出版社,2001年版,第43页。

第四章 "东数西算"背景下边疆"数字赋能"模式建构

备的保障。技术理性更强调人类追求技术手段的规范性、合理性以及有效性的抽象思维,以技术精神及实践理性来开拓人类生存的物质需要。技术理性执着于国家安全需求的功能化与安全效用的最大化,要求将政治效益、经济效益、社会效益以及安全效益等都纳入到技术的设计、决策以及具体实操之中,实际上是将主观理性与客观理性统一于技术方式的表达,升华为"目的—手段"整体合理性的推崇。事实上,技术理性所要实现的整体合理性未必仅仅是一种理想化的预期,科学技术的突破性进展正在逐步兑现技术理性的创造性、理想性以及兼容的妥协性。如人工智能的出现,便是技术理性的阶段性体现,通过技术的手段将机器的计算能力以及程序化的人类感性、感官融合于机械躯壳内的人工智能,并随着技术的进一步发展,这种"类人"至"超人"的技术理性跨越将只是一个时间问题。在围绕国家安全建设的思路上,技术理性体现得比较充分,试图通过技术解决国家安全所面临的一切问题,虽于目前有所偏颇激进,但技术的上限未必就不存在理论或实践的空间。

二、技术赋能与结构赋能的实践统一

"技术赋能"主要是指利用技术来改良现状,强调生产技术在社会关系中所发挥的重要作用。具体来讲,主要有两层含义:一是代表了"科学管理"的倾向,以科学的思维、专业的知识来处理边疆安全治理过程中所遇到的具体问题。一直以来,学界所关注的是科学技术对于生产力的巨大促进作用,但忽视了技术进步同样也对政治产生了深远的影响,更缺乏在理论上的详尽阐述。[1]这种影响力虽并不凸显,但在改造生产关系领域发挥了至关重要的作用。所谓"科学管理"指的是"技术官僚制度",而这种治理制度最早可以追溯到马克斯·韦伯在《新教伦理与资本主义精神》中所阐述的西方制度特色——技术官僚精英,并认为这是西方资本主义能够对世界其他地区保持优势的重要原因。[2]技术官僚能够运用自身所掌握的技术知识来解决所面临的社会、经济以及安全问题,这种科学的思维逻

---

[1] Drori Gili S., Meyer John W., Ramirez Francisco O., Schofer Evan, *Science in the Modern World Polity*, Palo Alto: Stanford Univ Press, 2002, p.27.

[2] [德]马克斯·韦伯:《新教伦理与资本主义精神》,北京:北京大学出版社,2012年版,第7页。

"东数西算"背景下西部边疆的"数字赋能"研究

辑更注重任务本身而非权力的变迁。[①] 二是指以数字化为代表的技术在实际业务中的辅助性作用,尤其是在提高工作效率、领导控制力及透明度等领域的作用。目前,数字化技术在边疆安全事务中的"赋能"作用主要体现在信息化办公、网络防御以及安全监控等方面,这些技术手段使得治理者能够以更高的效率来处理并应对可能出现的安全风险。无论是前者的科学管理,抑或是后者技术手段所发挥的功能性作用,二者都在安边、治边的实践中融合并发展,凭借科学的管理更好地实现人与技术的和谐,而技术通过自身的赋能又使科学管理的"科学、理性"的目标得以实现。

"结构赋能"是边疆安全治理实现赋能式变革的组织基础。"结构赋能"主要针对的是边疆单个组织内部的管理变革,强调权力结构扁平化、项目运作去中心化的赋能式结构,并结合边疆地区的实际情况,提高应对边疆地区不安定因素的敏捷性。扁平化的权力结构简化了官僚体制、弱化了官僚文化,避免了既往由于繁杂的程序而导致的政策效力削弱,缩短并模糊治理主体与客体的距离,[②] 从而进一步维护边疆地区的安全稳定。除了权力结构的改良,发展"赋能式的文化"则决定了"结构赋能"的可持续性问题,良好的赋能文化将使得个体及团体的活跃度及自主性都得到质的提升。"赋能式文化"是指一种"学习型组织所倡导的参与式文化"[③],由领导层激励组织内成员在共同理解的基础之上,破除官僚体制中的等级秩序,分享有益的实践经验,允许个体及团队的容错率,将"赋能"作为一种持久的个人目标,在组织内部实现个人及他人的共同成长。边疆地区的"结构赋能",更强调安全决策与行动的下沉,以"敏捷团队"作为应对边疆安全风险的有力保障,在风险预防、危机处理的过程中压缩程序节约时间,最大限度地降低不安定因素对社会稳定的冲击。

除了赋能主体的明确、结构框架的设计,保障"赋能"能够顺利推进则是一个亟须解决的现实问题,而机构整合、资源供给、发展伙伴关系以及系

[①] G. M. Jenkins, *The Coming of Post-Industrial Society: A Venture in Social Forecasting*, New York: Basic Books, 1973, p.200.

[②] Wright. P., Turner. C., Clay. D, et al., *Guide to the Participation of Children and Young People in Developing Social Care*, London: SCIE, 2006, p.481.

[③] Kirby. P., Lanyon. C., Cronin. K., et al., *Building a Culture of Participation: Involving Children and Young People Policy, Service Planning, Delivery and Evaluation, The Handbook*, London: Department for Education and Skills, 2003, p.291.

第四章 "东数西算"背景下边疆"数字赋能"模式建构

统性策略四个方面则能较好地支撑赋能体系下的边疆安全治理。从机构整合来看，赋能的重要前提即边疆多机构的协调以及经验的分享，因而有必要将所有参与或是涉及赋能的各类机构整合在组织目标的运作之中，避免内部工作人员因相互不了解而缺乏赋能的基础，否则便会成为叠加在组织机构之外的依附性存在——"外挂组件"（Bolt-Ons）。[①] 从资源供给来看，任何生产或管理都需要满足能量守恒，都要求必需的资源投入，赋能作为一种管理模式，只有在相关资源的支撑下，才能满足基本的运作。从发展伙伴关系来看，"赋能"作为一种生产关系的调整，就需要在体系内部寻求拥护者以推进赋能，这是"赋能小环境寻求体系大背景"的需求结果。从系统性策略来看，边疆治理的改革需要有强有力的决策机构与执行机构，这需要在既有体系下提出具有"赋能导向"的系统策略，全方位地支持并协调边疆安全治理体系进行赋能改革的目标达成。

第二节 基于社会合意性的边疆"数字赋能"的安全治理体系

在边疆安全治理的视角下，边疆的社会合意性主要体现在两个方面：其一"数字赋能"下的权力体系符合安全治理主体的利益预期，从而避免内部的制度障碍及冲突；其二，"数字赋能"下的边疆社会满足于新模式中的个人关系、社会关系以及政群关系，从而共同致力于边疆安全共同体的建设。

一、社会合意性对于边疆"数字赋能"的目标预期

（一）政治性的目标预期：平安、文明、法治

边疆地区的安全治理是高度理性化、综合化的国家行动，须将明确的价

---

① Wright. P., Turner. C., Clay. D, et al., *Guide to the Participation of Children and Young People in Developing Social Care*, London: SCIE, 2006, p.21.

"东数西算"背景下西部边疆的"数字赋能"研究

值理念追求融入安全体系的顶层设计之中,并以此作为安全治理的具体目标与行动指南。

首先,"平安边疆"是数字赋能下边疆地区安全治理的首要追求。"平安边疆"是指内部不受破坏、外部不受威胁的和平、安全、安宁的社会状态,也是历来为民众最朴实和基本的期待与追求,是政府必须向民众提供的基础公共产品。我国边疆各族群众当前最为迫切与强烈的安全需求,即生命健康的安全、社会保障的安全以及个人财富的安全等。当前影响到"平安边疆"建设的因素主要有:公权力的腐败所导致的安全治理效能的衰退,国外反华势力的渗透、破坏以及颠覆,边疆与内地之间的发展差距引起的利益落差。尤其是公权力的腐败对于边疆地区安全的危害是根本性的,"腐败会使得政府的行政体系与能力受到长期的削弱"[1],侵蚀政党执政合法性的基础,破坏边疆民众对于国家身份和政府政策的认同,由此激起群体性事件与境外敌对势力的有机可乘。因此,以"平安边疆"为价值目标,不仅关系到边疆社会的稳定安宁,还影响到边疆的政治稳定与国家整体安全。

其次,"文明边疆"所代表的文化安全是边疆安全治理的核心价值追求。"文明边疆"的前提是文化安全,关键是文化自信,目标是文化复兴,只有实现了文化的安全、自信与复兴才能实现"文明边疆"的价值追求。其中,文化安全是指"一个国家的文化不被其他文化侵蚀、取代或同化,保持自身的独特性、独立性、完整性并不断传承和发展的状态"[2]。边疆的文化安全包括文化政治安全、公共文化安全以及文化信息安全等,其中的文化政治安全是边疆安全利益的核心所在,是边疆多民族地区政治认同与民族认同的思想基础。基于文化安全之上的文化自信与复兴是文明独特性的必然体现,也是"文明边疆"作为核心价值的主旨要义。

最后,"法治边疆"是数字赋能下边疆地区安全治理的主体向度的价值追求。法治是人类文明不断进化的产物,是现代文明的主要标志之一,是人类公共生活中以保障公民权利为目标,以制约公权力的方式,所形成的一系

---

[1] [美]塞缪尔·亨廷顿著,李盛平等译:《变革社会中的政治秩序》,北京:华夏出版社,1988年版,第69页。

[2] 陈大民:《捍卫国家文化安全》,载《求是》,2012年第16期,第49页。

第四章 "东数西算"背景下边疆"数字赋能"模式建构

列制度规范与行为准则。[①] "法治边疆",作为边疆安全治理主体向度的价值追求,主要包含了以下几个方面的内容:其一,边疆地区安全治理中必须树立国家法律的最高权威,并在具体的政策制定与实践中形成法治思维的习惯;其二,谨防边疆地区安全治理升级转型过程中公共权力的超限扩大,要在政府中形成"法无授权不可为"的自我约束;其三,边疆安全治理的实践中必须切实维护各民族群众的合法权利,不可妄以安全为由来侵犯民众的自由行动。

(二)技术性的目标预期:技术赋能下的管理增权

边疆地区安全治理体系的"赋能模式"就是政府机构自上而下地分配与释放权力,以"去中心化"为方式,以"扁平化"为目标,从而在最大限度上发挥个体的主观能动性,避免了因为官僚体制、科层管理的僵硬而限制了个体参与边疆地区安全治理效能。[②] 此外,边疆地区安全部门在管理实务中要落实"赋能"就必须坚持三个原则:其一,建立边疆赋能文化。文化是管理的灵魂,只有建立起"赋能"的管理文化,才能保证落实的彻底性、传承的稳定性与发展的持续性;其二,寻找边疆赋能之人。"赋能"并非没有前提,绝不是将权力下放至组织内部的每个人的平均主义,而是更类似于"区块链"式的节点赋能,而这个节点就是"合适的个体",只有"精准赋能",才能发挥出优秀人才的奇点效应;其三,构建边疆赋能平台。以往负责边疆地区安全治理的职能部门往往将大部分时间与精力用于盯人式管理,对于个人的发挥、部门的交流往往是忌惮的,从未构想过以一个开放的平台来鼓励安全部门之间的交流借鉴,为创新提供那关键的20%。边疆地区安全治理的"赋能机制"应当要做到"三大认同、两个赋予",分别是使命认同、愿景认同、安全文化认同,赋予工作技能和赋予管理技能,前三者追求的是价值观建设,后两者则是在方法论上给予安全主体能力上的解放,以此来释放个人与组织的潜能。

以"赋能"为导向的边疆地区安全治理体系变迁,其目的就是使安全部门中的人实现充分的自我管理,而"赋能"就是达成这个目的(释放个人能

---

① 方盛举、苏紫程:《论我国陆地边疆治理的价值追求》,载《思想战线》,2016年第3期,第106页。

② 周朝林:《赋能型组织》,北京:中国纺织出版社,2019年版,第15页。

动性)而进行的组织设计。主要表现为"通过资源调配,给出组织规范,搭建扁平化的系统实现核心职能的下沉,适应内外战略环境的变化以保持管理的弹性与敏感度,从而在管理层面获取边疆安全能动性的竞争优势"[1]。"赋能"管理框架的核心在于"组织的拆分与重构"。首先就现行的边疆安全治理架构进行剖析及诊断,掌握组织/机构在部门划分、权力集中度、规范化、工作专门化、控制维度以及命令链等诸多方面的现状,发现问题,总结经验,结合优劣势提炼出规划重点、核心职权以及关键职能,从而为边疆地区治理体系的再塑提供理论依据及现实支撑,以满足边疆地区安全治理体系变迁以及中长期战略发展的需要。

二、建构以"赋能共生"为基础的边疆社会关系

生物学上的"共生"概念主要是指不同生物之间所形成的因互利而共生的关系,[2]最早是1879年由德国生物学家德贝里(A. D. Bery)所提出,随后经过美国学者麦克杜戈尔(W. B. Mcdougal)、柯勒瑞(T. T. Coaullery)、刘易斯(O. P. Leweils)以及马古利斯(L. A. Margulis)等人进行持续的深入研究,该理论在发展中不断延伸拓展。以受益方的区分来看,"共生"可以分为"寄生"与"偏利共生"[3],"专性共生"与"兼性共生",[4]以及"内共生"与"外共生"[5]。20世纪中期以来,"共生"理论逐渐被人文社科研究所引入,诸如政治学领域、经济学领域、管理学领域以及社会学领域等都有所交叉借鉴,"共生"理论也由此获得了新的社会价值。20世纪末期,我国部分学者也开始在社科研究中引入"共生"概念,如1998年袁纯清博士利用"共生"理论建构了小型经济研究的框架,而复旦大学哲学

---

[1] Pauline Graham, *Mary Parker Follett Prophet of Management*, New York: Beard Books, 2003, p.98.

[2] Angela. E. Douglas, *Symbiotic Interactions*, Oxford: Oxford University Press, 1994, p.2.

[3] "寄生"与"偏利共生",前者指一方受益而致使另一方受损,后者则指一方收益而不对另一方产生影响。

[4] "专性共生"与"兼性共生",前者是指依赖共生关系来维持生命,后者则是指共生关系能够提高生存概率,但并非必须要求具备。

[5] "内共生"与"外共生",前者是共生的一方生存于另一方的身体组织内(生物学意义上的体内,是指生物的身体组织里或者是细胞之间),后者则是一方生存于另一方的身体之外。

第四章 "东数西算"背景下边疆"数字赋能"模式建构

系科学技术哲学教授胡守钧则在《社会共生论》这一著作中,详细论述了以生而平等为共生核心的社会治理理念。[①]

与之相对应的是,在纷繁复杂的社会关系中,不同阶层、不同行业的群体之间同样存在着各类共生关系,并且围绕共生的利益进行博弈纠缠。如个体与组织之间就是非常典型的共生关系,个体的生存离不开集体化的社会组织,而组织的存续则同样需要人来运营与管理,二者在共生之中实现共存、共建、共享。对于政治、经济以及文化更为特殊的边疆地区,如何在民族文化多样性、宗教信仰复杂性、人口分布差异性、语言文字本土性的边疆地区实现"善治",最关键的就是要从"共生"的视角来解构与施政。

边疆地区安全治理中有三对"共生关系":其一,负责边疆地区安全的国家行政机构、武装力量与边疆各民族群众之间的关系是互利型的共生。国家力量为民众的生活与发展提供安全保障,民众则利用自身的各方面资源支撑着国家安全力量的新陈代谢。其二,边疆地区社会不安定因素(如恐怖主义、极端主义以及分裂主义)与部分受偏激或是极端思想蛊惑的民众,同样也是一种寄生关系,破坏势力的存在对于任何民众而言都是一种威胁,他们寄生在社会的部分群体中,但威胁到整个社会和谐发展及民众的生命安全。其三,边疆地区与周边国家及民众的关系,大部分处于协同性的共生关系,但也有部分国家之间处于竞争性的共生关系。全球化时代,相邻国家边疆地区民众在互利共赢的指导原则下开展贸易合作与人文交流,从而实现国家与地区的协同发展,但同时也有部分国家将邻国的发展视作是对自身安全的威胁,在保持交往的同时以冷战思维来警惕甚至是威胁他国边疆地区的开发。这里应当突出的是,第三种属于"外生关系",而这种关系具有较强的"建构主义"色彩,即"协同性共生"与"竞争性共生"的抉择在很大程度上关乎彼此的意识形态建构。如中印两国之间存在的边境冲突以及由此所形成的两国竞争性共生关系,很大程度上是由于印度的领土扩张意识。与之相对应的是中俄关系,作为两个大国此前同样存在着领土争端,但由于两国政府对于互利共赢前景的预期,使得此前竞争性共生转变为协同性共生。

边疆地区权力结构中共生关系的存在,不仅是一种生存现状、发展现实的简单反映与刻画,更是一种基于物质需求之上的精神需求,将边疆地区不

---

① 胡守钧:《社会共生论》,上海:复旦大学出版社,2012年版,第31页。

同阶层、主体之间的关系定义为扁平化的共生,而不再是金字塔式的阶层,正是由于这一关系的合理性,才能为赋能理论的实践奠定思想基础。

三、建构以"赋能共建"为支撑的边疆安全治理理念

边疆地区安全治理体系的数字化转型是"国家治理体系与治理能力现代化"的重要组成部分,[①]是非物质层面的体制、制度以及机制的现代化革新。边疆地区安全治理能力的现代化不仅涉及政府治理、边疆治理、社会治理以及安全治理等多个领域,并且要能够实现治理技术的创新与治理能力的跃升。从元治理的角度来看,边疆地区安全治理的现代化迫切要求建构全新的安全治理模式来厘清数字时代的周边关系与内外秩序,适应百年未有之大变局背景下的周边安全新形势。目前,我国边疆地区安全治理能力的数字化转型主要涉及到职能优化、机构调整、体系变革以及理念创新四大维度。就职能优化而言,主要是指从中央到地方各级政府应当充分认识到安全范围的广泛性、安全主体的多元性,最大限度地构建安全治理的统一战线,最大限度地激发社会各主体参与边疆地区安全治理的活力与积极性,从而实现边疆地区社会的持续发展与安全能力的不断提升。就体系变革而言,强调在全面深化改革的整体指导下综合考虑边疆地区各安全部门与行政单位之间的职权划分,各负其责、各就其位,建立起灵活高效的边疆地区安全治理体系。就机构调整而言,主要依据治理现代化、数字化的要求,对负责边疆地区安全治理的各部门进行权力结构的调整与重组,在变革中不断强调基于数字共享基础之上的整体治理。一方面按照合理科学的原则对重叠的机构单位进行合并、精简以及裁撤;另一方面则面向多元主体进行赋能放权,将安全治理的权力重心下沉,建立起边疆地区安全治理的政群统一战线。就理念创新而言,边疆地区安全治理的总体思维要迅速转向数字化进路,坚持以数字化时代的管理思维看待边疆地区的安全风险和突发事件,坚持"用数据论证、用数据管理、用数据决策、用数据

---

① 邢广程:《新时代中国边疆治理的新思路》,载《边界与海洋研究》,2018年第2期,第6页。

第四章 "东数西算"背景下边疆"数字赋能"模式建构

创新"的安全治理理念。[①]

基于全球的视角而言,互联网所代表的数字技术自诞生起便开始深刻地影响社会生活的方方面面,重塑着社会结构的变迁。[②]数字通信技术的广泛普及,在虚拟世界积累了人类社会互动及意识表达的数字化痕迹,这些痕迹为利用人工智能对大数据进行解析和预判提供了现实的可行性。[③]因此,以数字技术驱动边疆地区安全治理的类型与维度则是实现技术赋能的关键所在,目前主要存在三个维度来实现边疆地区安全治理能力的提升。

首先,赋能边疆地区安全部门的自身治理。负责边疆安全的各部门在安全治理实践中承担着至关重要的职责,而数字技术则对各安全部门自我治理与内部运作则发挥着关键作用。数字技术及工具可以优化各安全部门的治理目标、便利各安全部门的治理评估、改善各安全部门的决策流程、明晰各安全部门决策的效果、提高各安全部门决策的质量。包括大数据、人工智能、区块链以及云技术在内的数字技术影响并重构着边疆地区各安全部门的基本能力、主导机制以及功能边界。其中,数据流动是边疆地区安全治理体系数字化进程中重要一环,依据数据流动可以将边疆地区的数字化安全体系区分为信息空间、数据网络、应用系统以及数字机器四个部分,为新出现的边疆地区安全新议题以及突发性事件提供决策的分类框架与理论基点。

其次,重构边疆地区虚拟社会的治理能力。边疆地区各安全部门数字化转型是一类集社会协同、技术嵌入以及数据驱动为核心的安全机制变迁,是新兴技术变革所带来的治理能力跃升的机遇。其一,边疆地区的数字化安全体系丰富了安全治理的工具。利用数字技术赋能边疆安全治理,可以从更长时段、更广地域、更精细地对边疆地区安全风险及应对进程进行解析,从而能够更加及时、深入且准确地掌握边疆地区社会的安全需要,并对周边安全趋势以及潜在的安全风险进行预测研判,从"质"上实现边疆地区各安全部门决策、监管以及应对实施能力的提高。其二,边疆地区各安全部门的数字化转型拓宽了安全治理的领域。数字化时代的最大特征即"一切皆可量化",

---

① 司林波、刘畅:《智慧政府治理:大数据时代政府治理变革之道》,载《电子政务》,2018年第5期,第87页。

② 李强、刘强、陈宇琳:《互联网对社会的影响及其建设思路》,载《北京社会科学》,2013年第1期,第7页。

③ 安德鲁·查德威克:《互联网政治学:国家、公众与新传播技术》,北京:华夏出版社,2010年版,第3页。

"东数西算"背景下西部边疆的"数字赋能"研究

数字所建构的虚拟空间逐渐成为现实世界所直射或折射的"镜像",现实社会正在加速与数字世界的虚拟社会进行共融、共建与共享。边疆地区的安全治理同样不再局限于实体边疆,而是外拓到数字化的虚拟边疆,这就要求安全治理的主体要充分认识并掌握物理空间与数字空间的安全治理规律,实现线上与线下的协同共治、充分联动。其三,数字技术对于边疆地区安全的赋能还充分体现在数字技术所驱动的新认知,表明了边疆地区安全主体的治理能力必须超越传统安全治理的认知局限,扬弃传统治理能力中的理想驱动、危机驱动以及经验驱动等体制,强调"直面数字、用数字技术与数字思维去实现边疆地区安全治理的主动性"。

最后,数字技术成为边疆地区政府回应社会安全需求的重要机制。以互联网为代表的数字技术正在重塑边疆地区政群互动的模式、机制与生态,只有回归到社会才能真正挖掘出安全的价值与潜在的风险。一方面,公共安全议题在网络空间的广泛扩散及深入讨论,正于无形中推动着涉及安全信息的生产、处理以及对公众的安全意识培训,在围绕安全议题上实现政群关系进行良性互动。这些安全治理实践也使边疆地区社会的群体真切认识到数字技术赋能公共安全的潜在能量。另一方面,互联网为政府回应民众的安全诉求提供了平台,为辟清煽动性谣言及避免信息的不对称提供了现实的可操作性,使之成为涉及边疆地区安全的信息渠道与集体行动的重要载体。

四、建构以"赋能共治"为特征的边疆安全治理结构

在"共生"理念的思想基础之上,如何科学地安排边疆地区安全治理中的治理结构,以"赋能"的方式实现地方政府、社会组织与边疆民众之间的合理调配,创新安全治理的供给机制,也是"赋能"理论未来的重要发展方向。由此,对于边疆地区"赋能"治理的结构可从以下五个方面进行展开。

其一,基于资源共享的边疆合作性治理结构。"赋能"代表的是一种扁平化、端口化的管理思路,更代表的是一种"共生、共享"的发展理念,只有在组织之间充分合作并实现资源共享的基础之上,才能实现"安全"这个稀缺资源的有效供给。如何针对安全的稀缺性进行有效的管理,可以借鉴经济学家尼古拉斯·格里高利·曼昆(N. Gregory Mankiw)的观点,他在其代表作《经济学原理》中提出"经济学的最为核心的研究趋向于稀缺资源的管

第四章 "东数西算"背景下边疆"数字赋能"模式建构

理"[①]的指导思想。与之相对应的是,边疆地区的"安全"作为一种稀缺性的资源供给,同样需要建立一种政府、社会组织以及普通民众之间的合作性共生关系,在这个框架下实现资源的配置、能力的互补,从而为社会发展提供安全保障。首先,强调边疆地区社会资源的整合,尤其是让安全性资源的合理配置。以往边疆地区的内政安全治理倾向于"条块分割"与"多元管理"的模式,在一定程度上发挥了积极作用,但同时也使得社会的活力不足,安全治理成为地区发展与国家财政的重大负担。[②]其次,建立边疆地区资源共享的合作性治理结构,就是要将安全资源的收集方式充分下沉,让普通民众、社会组织成为边疆地区安全需求的提出方、安全资源的收集方,而边疆行政力量则在资源共享的基础上排除安全隐患,从而实现边疆地区安全产品的供给。

其二,基于协同共赢的边疆地区长效性治理结构。边疆地区是一国甚至是多国之间利益融合与碰撞的区域,边疆地区政府与当地社会应当思考如何在各种国际国内背景下维持与周边国家的可持续性的合作关系,尤其是如何从制度和治理结构上来实现这一框架的稳定性。首先,建立规范化、多渠道的长效合作机制是确保边疆地区与周边地区有效沟通、安全合作的根本出路。所谓"规范化"强调的是"精准供给",即在边疆地区政府的引导下,鼓励社会力量参与到具有针对性的对外交流当中,从而在"磐石上确立起国家的合作权益"。其次,目前边疆地区(尤其是西部边疆)与周边的交流通道基本上处于国家公权力的控制之下,而"赋能"下的长效性治理机制则要求不同层级的参与、不同渠道的开创,采用"并联"而非"串联"的方式维系与周边地区的关系。

其三,基于项目共建的边疆反馈性治理结构。"赋能"模式下实现边疆地区社会公共安全有效供给的重要途径之一,就是安全产品供给的全员参与。但是,这种"全员参与"的安全是一种理想化的状态,事实上边疆地区存在着自然环境严苛、经济发展滞后、民族成分复杂、宗教信仰多元等诸多客观困境,这就对"全员参与式的安全供给"设置了艰巨的前提条件,甚至在中

[①] [美]尼古拉斯·格里高利·曼昆著,梁小民译:《经济学原理》(上册),北京:机械工业出版社,2003年版,第12页。

[②] 杜宝贵:《公共政策资源的配置与整合论纲》,载《广东行政学院学报》,2012年第5期,第18页。

"东数西算"背景下西部边疆的"数字赋能"研究

短期内很难在边疆地区实现安全的全员参与。① 对此，应当在治理结构的设计上既能够满足"赋能"的扁平化设计，又能够在扁平化的同时具有针对性、代表性以及协调性，积极构建以边疆安全为需求导向的"政府+社会"项目共建的"需求—反馈—供给"模式。② 鼓励社会组织投入到边疆地区的公共安全供给，首要即以群众的安全需求以及安全获得感为基本点，在安全资源供给正常的情况下，通过大数据平台的可行性与必要性分析，对安全建设项目方案进行及时的评估、优化与调整，从而以委托的形式实现项目共建。委托的具体形式可以有更加多元化的选择，突破以往对于安全领域的封闭思维，以"菜单式""订单式""需求式"等形式将安全的"需求端"和"供给端"进行紧密联结，提高政府机构、社会组织以及普通民众的安全获得感。

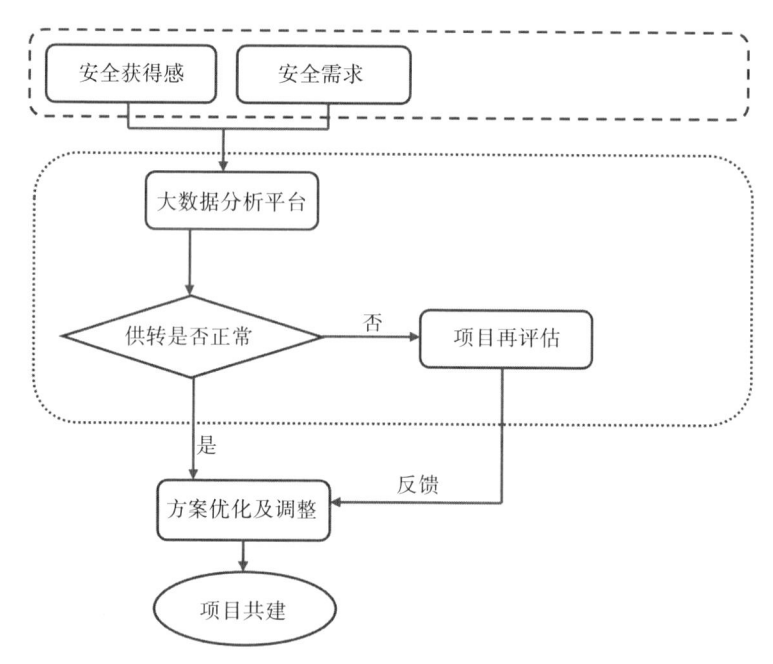

图 4-1　公共安全项目共建的"需求—反馈—供给"模式

资料来源：研究总结绘制。

---

① 罗敏、陈连艳、周超：《边疆民族地区农村治理能力现代化研究——基于共生理论的分析》，载《广西民族研究》，2016 年第 6 期，第 63 页。
② [美]道格拉斯·C.诺斯著，刘守英应译：《制度、制度变迁与经济绩效》，上海：三联书店，1994 年版，第 197 页。

第四章 "东数西算"背景下边疆"数字赋能"模式建构

其四,基于责任共担的边疆地区协同性治理结构。无论是边疆地区还是内地都在现代社会的语境里面临着各种定义下的风险,任何一种合作型共生关系所追求的价值都是最大化地实现利益共享和责任担当。[①]依据此类治理思想的指导,边疆地区政府公共安全职责的履行,就必须给予公民分担公共安全的职责窗口,并在公共安全政策上进行创新与落实。在民众共同参与边疆地区安全服务供给的实践当中,政府职能部门在性质上与社会组织存在着差异性,所掌握的社会资源与安全信息的流通渠道皆有所不同,因而不同部门及组织在应对风险和责任承担上也有差别,这就导致了不同主体在承受风险与责任上的不公平,甚至会导致部门之间协调与合作关系的解体。因此,正视并解决社会组织在公共安全供给关系的参与中所面临的"风险",便亟须建构一整套能够实现政府机构、社会组织以及人民群众三者之间职责明确、风险共担及协调合作的权利运行机制。首先,基于国家战略与安全导向的视角确立三个权力主体(集体)的社会职责,以严格的制度与规范来防止形式主义既存的路径依赖;其次,着重突出边疆地区社会组织参与过程中的认知水平与执行能力,将社会所承担的安全责任落到实处;最后,引入第三方的仲裁及评估机构,对各主体履职的完成度进行监督与反馈。通过以上三个层面完成责任共担的协同性权力结构的初步建构,从而在最大限度上将更多的主体纳入边疆安全保障的框架之中。

其五,基于效益共创的边疆激励性治理结构。边疆地区(尤其是西部边疆地区)受资源要素的限制、内外因素的影响,因而在安全感及安全度上都与内地存在着相当的差距,这种"安全"的缺乏致使资本的发展及经济自我造血能力较低,无法满足边疆地区民众对于生活质量的追求。与此同时,近年来国内一些以安保公司为代表的社会安全组织正在迅速崛起,他们作为安全治理的供给侧同样需要巨大市场来实现资本的赢利与拓展。政府机构应当作为安全"供给侧"与"需求侧"的桥梁,以购买安全服务的方式给予社会性安全组织、机构以市场空间,以激励性的权利结构来吸纳社会的安全力量,既可活跃边疆地区的资本流动,又可以形成安全与发展之间的良性循环,从而在整体上逐步扭转边疆地区经济较低下的现状。

总体来看,这五种局部性的治理结构安排,都是以共生态势实现边疆

[①] 罗敏:《合作与共生——社会组织参与边疆民族地区公共文化服务供给创新机制研究》,载《湖北行政学院学报》,2018年第5期,第63页。

"东数西算"背景下西部边疆的"数字赋能"研究

各主体之间围绕"安全"与"发展"所展开的赋能关系。基于资源共享的边疆合作性治理结构、基于协同共赢的边疆长效性治理结构、基于项目共建的边疆反馈性治理结构、基于责任共担的边疆协同性治理结构以及基于效益共创的边疆激励性治理结构,五者共同架构起政府、社会以及民众在边疆地区安全治理领域的共生关系,同时也作为赋能对象增益。

五、建构以"区块链思维"为赋能驱动的安全治理路径

区块链作为信息技术又一次飞跃发展的典型代表,众多社会生产领域已因区块链的出现而颠覆了以往的认知、思维以及生存方式。由这种对区块链认知的普及与深化,其所代表的不仅是技术应用的突破,更是生产关系领域的管理革新,而这一点正在全球学者的理论建构与实践探索中不断得到印证,"区块链治理"正在一步步由思考变为现实。[①] 在社会治理过程中,区块链的分布式数据库、去中心化、安全可信以及智能合约等特点,在实践中同样展现出了突出的应用价值。区块链作为一种数字技术,可以通过赋能的形式将影响力从生产力领域拓展至生产关系的领域,对边疆地区社会的治理主体、权力结构以及话语体系进行解构与重构,并由此实现对整个边疆地区社会治理体系的革新,进而达到绩效提高的治理目标。

"区块链思维"的两大核心是"以分布式记账为代表的去中心化"与"信任背书的共识",其时代的进步性体现在重新定义并理解合作,并首次将合作建立在以技术驱动(而非是传统的任务驱动)为核心的管理领域,开创了技术性管理的新纪元。与之相对应的是,"赋能"理论的核心是"以扁平化为特征的去中心化"以及"技术理性主导管理的思路","赋能"对于社会的底层技术要求较高,以至于该概念自产生后的近百年被搁置,而数字化技术的不断发展才使"赋能"理论逐渐得到管理学科与工商界的认可与推崇。两者从概念的核心到框架都存在着诸多类比性,"赋能"是历史沉淀后自然演进的时代产物,而"区块链思维"则是当今适应性发展需要的产物,二者

---

① Beck R, Muller-Bloch C, "Governance in the Blockchain economy: A framework and research agenda", *Journal of the Association for Information Systems*, Vol.10, No.3, 2018, p.1028.

第四章 "东数西算"背景下边疆"数字赋能"模式建构

在数字化时代的融合既是社会发展的规律性结果,也是当前我国建构边疆地区数字化安全体系的必然选择。

其一,边疆地区安全治理的权力重心要逐步下沉,形成以区块为安全单位、以数字技术链为共享通道的全民共建、共享的边疆地区安全治理统一战线。"赋能"与"区块链思维"都强调"去中心化",但在应用场景上有所区别,前者适用于以"效率"为优先的人事组织管理体系,后者则是以"信任"为核心的具体技术设计。"赋能"要求在边疆地区安全治理机构的人事组织上逐渐变更以往的金字塔式的多层级管理体制,转而倾向于减少层级的管理损耗,强化边疆地区领导层与基层之间的沟通渠道,从而使得位于垂直管理中心的高层能够随时掌握组织动态与进展的同时,进一步激发边疆地区基层人员的主观能动性,提高整个组织的效率与进取性。"区块链思维"的去中心化则是指在互联网的编程思路上改变以往的少数中心模式,转而向公开透明的多中心、多区块转型,在算法设计上以"去中心"的公开透明方式来保证"信任"的构建。

其二,边疆地区安全治理的数字化升级不仅局限于硬件领域,更要强调软件的协同与配合,"赋能"实现数字设备在安全治理组织内部的配备,而"区块链思维"则实现的是人机之间的配适。"赋能"与"区块链思维"都强调数字化技术的使用,但前者倾向于技术端口的数字化设备,后者则是数字化技术的计算编程。"赋能"在初期阶段中,主要强调数字化设备对于管理效率的提高与成本的节约,如边界安全中的智能化设备安装,既提高了对于安全威胁的灵敏度,也降低了边界巡逻中大量人力与物资的投入。后者对于数字化技术则是源头性的,算法及编程设计上的区别,直接体现出互联网及端口的迥异,可以说后者直接决定了前者对于数字化设备的使用程度。

其三,边疆地区安全治理同样面临着信任建构的问题,这不仅需要依赖于"赋能理论"的制度设计,更要日趋强调机器与技术"无主观"的绝对信任建立。"赋能"与"区块链思维"都强调"互信",但前者的信任始于人力资源的素质提升,后者的信任则是基于技术设计的可靠性与技巧性。"赋能"的信任是管理领域的信任,是边疆地区领导层对基层的创造力、自主性与责任感的信任,是人口素质达到一定阶段,进一步释放生产力的必然要求。后者的信任是技术领域,但更是道德领域的,以技术驱动来规范边疆地区社会道德层面的绝对互信,这是"技术理性"在当前边

"东数西算"背景下西部边疆的"数字赋能"研究

疆地区安全治理领域的主要体现。

"赋能"与"区块链思维"辩证统一于数字化时代的边疆地区安全治理的总体架构中,在不同领域、不同层级进行着互补与合作,为边疆地区安全与社会发展提供了"软硬兼施"的路径参考。

第三节 基于技术规范性的边疆"数字赋能"的安全技术体系

建构起以"数字赋能"为核心的边疆地区安全治理体系是本书的研究目的,围绕技术规范性对"数字赋能"的要求,分别建构起国土安全、生物安全、涉边舆情安全、反恐情报安全等技术治理体系。

一、技术规范性对于边疆"数字赋能"的基本要求

技术理性驱动下的国家安全竞争日益表现为科学技术的竞争,而科学技术首先凸显的便是技术的规范性。技术规范性是"技术理性"的关键内核,涉及到技术手段的可行性与有效性,这也就要求技术理性下的技术手段及工具必须符合客观规律,并且在具体的实践中有着可操作性的保证。在边疆地区"数字赋能"实践中的技术规范性突出表现为数字工具的技术效用,其本质在于通过数字化技术效用的体现来建立新的安全规范,从而为国家安全与边疆地区发展创造更大的公共价值与安全利益,代表着公共行政典范的数字化转移。此外,"数字赋能"的技术规范性还表现在生产力与生产关系之间的均衡。生产力决定生产关系,技术的进步决定了制度的调整方向,只有二者之间的契合才能最大限度地发挥生产力的效率。但是,技术变革的程度、进度以及影响度在各个层面都会直接或间接地影响制度变迁的进程,因而必须首先对技术的"影响机制"进行辨析,才能够较为全面地了解"数字赋能"在边疆地区安全治理变迁中所发挥的作用,保证"数字赋能"进程的科学合理性。

具体而言,技术规范性对于边疆地区安全治理"数字赋能"的要求体现在以下几个维度:

第四章 "东数西算"背景下边疆"数字赋能"模式建构

1. 技术的执行策略以及组织战略；
2. 技术的效能及执行效率；
3. 技术文化以及技术价值观；
4. 技术形态与管理结构；
5. 作业程序与管理流程；
6. 技术工作设计环节；
7. 技术岗位设置与部门划分；
8. 技术伦理、技术能力、技术业务在安全结构中的地位；
9. 组织内部的人力资源状况诊断，如人员素质、层级关系、人事政策、制度规范、绩效管理等。[①]

此外，技术规范性还对"数字赋能"的组织结构安排有着具体的要求。边疆地区安全部门进行"赋能式管理"的转型中需要对原有的组织结构进行拆分与重构，但这种变迁既要符合组织发展的客观规律，也要遵循"赋能"框架下的行事准则。

其一，调查原则。"实事求是"是边疆组织转型与重塑时必须秉持的原则，公正客观地调查组织内外的实际情况，避免组织拆分与重组的过程进入歧途，从而使组织的赋能转型不流于形式，切实推进边疆地区安全治理体系的数字化变迁。

其二，系统原则。组织的运作依赖完整的系统，组织的拆分与重组应当从边疆地区安全的全局（环境、结构、层次、元素、功能及联系等）去考虑组织转型的进度及深度，确保组织赋能的科学与可靠。

其三，动态追踪原则。"运动"是事物的固有属性，转型进程中的拆分与重组同样具有动态性，这就要求符合"动态"与"跟踪"两个标准。就"跟踪"而言，组织转型过程中须实现实时跟踪、多层跟踪、多段跟踪以及多目标跟踪。就"动态"而言，组织自事前诊断、事中跟踪，直至事后指导都要维持动态调整。

其四，健康标准原则。无论是个人，还是组织，抑或是各行各业都有着健康与否的标准，只有清晰健康标准，才能反映出边疆地区各组织所存在的

[①] 白睿、沈晶：《组织赋能：OD 实践者全流程设计顾问》，北京：中国法制出版社，2019 年版，第 41 页。

问题及其程度,才能够实现边疆地区安全治理体系变迁的针对性与有效性。

"组织赋能"是过程、路径,同时也是组织目标,通过对组织的拆分与重塑实现组织与结构的转型,以"赋能"的架构来实现组织赋能的目标。在这个过程中要秉持以调查原则、系统原则、动态追踪原则以及健康标准原则,维系边疆地区安全治理体系变迁的稳定性以及"赋能"目标的完整性。

二、引入军事地理信息系统,加速"智能边防"的构建

实体边疆安全主要是指国土安全,围绕国土安全则可以借助于军事地理信息系统在边防中的具体应用,引入融合共享数据链来强化口岸的生化风险防范。数字化基础设施服务于国土安全,可以实现边疆地区安全防控的有效提升,是边疆地区安全治理现代化革新的发展趋势。明确数字技术在实践中的定位与地位是推动边疆地区安全治理与数字技术深度统合的前提条件,而依据不同部门、层级的实际要求不断改善数字化安全系统的建设则是推动边疆地区安全治理与数字技术手段有效融合的重要基础。

(一)利用军事地理信息系统构建智能边防

军事地理信息系统(MGIS[①])是指在数字化设备(包括计算机的硬件与软件系统)的支持下,对涉及军事的资源、环境以及地形等空间的数据信息进行采集、存储、检索、分析、显示以及输出的技术体系,是地理信息系统技术在军事领域的重要应用,并在军事行动的决策指挥以及军事、民用的地理信息保障方面发挥着重要的作用。[②]

军事地理信息系统首次大规模的应用是在海湾战争期间,在美国军事行动中发挥了巨大的作用,是美军进行精确打击的重要前提。正是由于军事地理信息系统在实战中的重要作用,因而世界各国军方都对此加强研究并持续投入。目前,世界范围内的主要国家(尤其是军事水平较高的国家,如美、俄、

[①] 军事地理信息系统,英文全称:Military Geographic Information System,简称 MGIS。

[②] 籍利平:《战斧巡航导弹任务规划系统对我军测绘保障的启示》,载《湖北航天科技》,2002 年第 4 期,第 7 页。

第四章 "东数西算"背景下边疆"数字赋能"模式建构

英、澳等）都建立起完备的军事地理信息系统，并在不同规模、不同用途的领域发挥着重要作用。军事地理信息系统的使用并不是孤立的，其与全球定位系统和遥感技术密切相关联，并结合指挥自动化系统 C³I［C³ 分别指控制（Control）、通信（Communication）、指挥（Command），I 则是指情报（Information）］从而形成立体的安全监控和前沿打击的体系，它的多功能和高效性决定了其在边疆地区安全中的特殊地位。军事地理信息系统的主要应用领域包括如下八个方面。

（1）基础地理信息：包含地形（势）图、数字高程模型 DEM[①]、数字地面模型 DTM[②]。

（2）边界控制：包含移民控制、毒品禁运、谍报人员渗透以及边界巡逻的交叉分析。

（3）地形检索分析：包含武器巡航及打击轨迹、面积测量、距离测量、通视点检析、涉水检析、越野机动、应急路线检析、行军路线以及战场模拟等。[③]

（4）战术层面的战争管理：包含交通规划、后勤保障规划、战术模拟、登录规划、小战区规划、战场管理以及战场监测等。[④]

（5）战略层次的任务规划：包含轨道建模、目标分析、入侵应急规划、战区规划、巡航导弹支持、打击效果评估、军事基础设施管理以及军事基地规划等。[⑤]

（6）情报：包含情报收集、武器跟踪与监视、反恐怖主义以

[①] 数字高程模型，英文全称：Digital Elevation Model，简称 DEM，主要是指以地形高程数据来对地表的表面形态进行数字化模拟。

[②] 数字地面模型，英文全称：Digital Terrain Model，简称 DTM，是指以地表属性与地面点坐标（x,y,z）所构成的数据阵列，以数据库的形式表现地面特征的空间分布。其中，以地面点高程所代表的数字地面模型，即数字高程模型 DEM，因此 DEM 是 DTM 的重要分支。

[③] 谢青：《GIS 中的表示方法扩展研究》，西南石油大学，2003 年，第 105 页。

[④] 况蔚林：《基于 GIS 的武警城市电子地图系统的设计与实现》，国防科技大学，2008 年，第 68 页。

[⑤] 高素青、王真、陈涵：《"地理信息系统"实验教学改革研究》，载《计算机工程与科学》，2014 年第 2 期，第 155 页。

"东数西算"背景下西部边疆的"数字赋能"研究

及反毒品等跨境犯罪等。[①]

（7）航空及航海管理：包含空中管制、导航管理、助航设施、禁区、障碍物、制定规划航线以及航海图等。

（8）基础作业支持：包含军事设施分类规划、基础设施建设与维护、环境应用以及拦截应用等。

目前，我国边疆地区安全治理亟须解决的问题，正是依托前沿的数字技术对沿边地区的地表特征及口岸设施（如边界口岸、边境山区以及边境线等）进行有效管控及实时监视，提高边疆地区边防指挥体系在业务支撑、横向协调与垂直领导等诸多方面的数字化保障能力，提高边管职能部门与边防安全部队之间的协调配合能力，从而实现各类边防情报信息资源的共享和综合利用，实现各级各区域边疆安全监控系统的互联、互享、互操作，最大限度地提高安全风险的甄别与快速反应能力。

基于军事地理信息系统开发的数字化边疆地区安防体系的架构，依据纵向划分，可由监控端口、前端设备与监控中心所组成；依据横向则可划分为控制层、业务层与存储系统三个部分。首先，一个监控中心负责一个"域"的监管，主要履行指令控制、网络管理、业务管理、设备管理、认证鉴权以及媒介交换等方面的职责。其次，在监控中心的调配指挥下，前端设备负责在前沿地区收集信息、采取视频标本。监控端口则根据前端设备所收集的音频流、视频流转化为数据信息进行分析和处理，对潜在的风险进行预警反馈，并根据监控单位的要求操纵前端设备（如警报器、摄像器甚至是自动化武器等）进行警告与自卫防御。

得益于近年来我国迅速发展的数字化产业，边防部队的数字化水平迅速提高，边疆地区的数字化监控设施也在不断完善，而军事综合信息网也已经从指挥后方拓展至边防一线的连队，较为先进的数字化设备终端已经基本配备到边防一线的连排级，沿边驻防的边防团也与军区、军分区之间实现了自动化工作站的经验积累，无论是数字工具的利用还是网络管理的水平都在实践中得到了长足的进步，由此培养并储备了一批技术型的边防人才。尤其是2005年和2016年的军改，加大了对数字合成作战的前沿探索，进一步推进

---

① 陈兆峰、李勇：《军事地理信息系统在数字化战场中的应用》，载《测绘信息与工程》，2008年第4期，第31页。

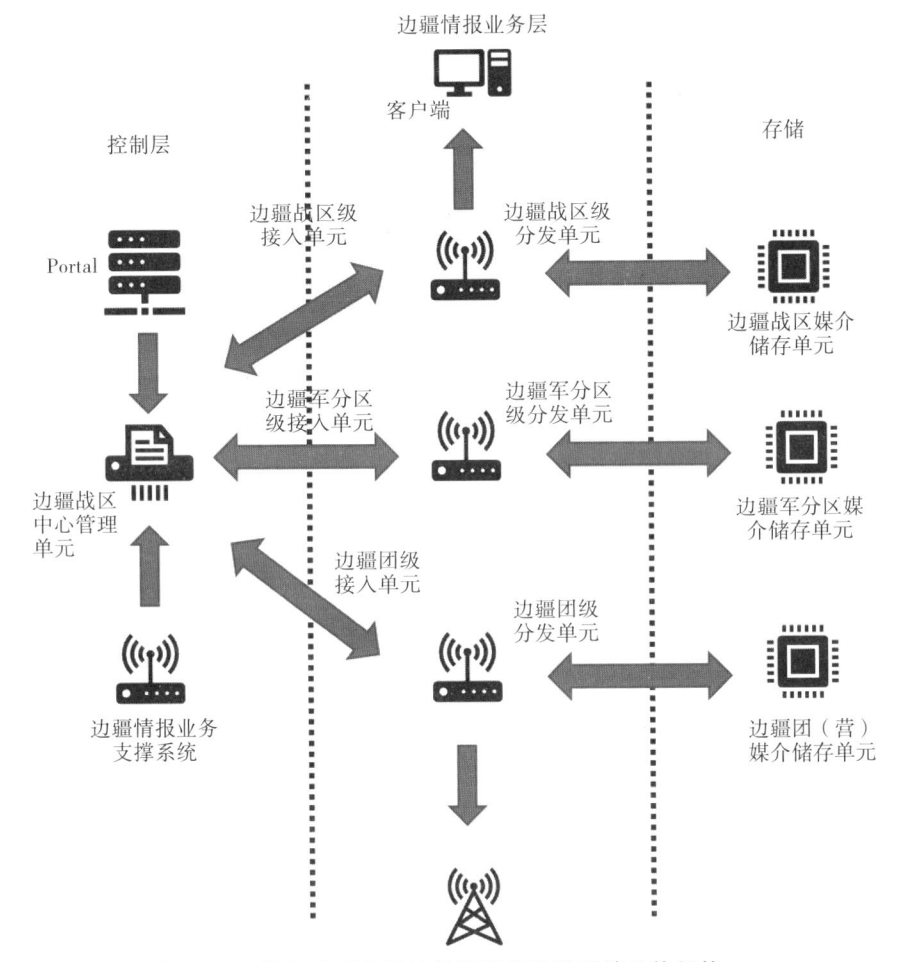

第四章 "东数西算"背景下边疆"数字赋能"模式建构

图 4-2 基于 GMIS 系统的智能化边防系统总体架构

了边防信息化、数字化的高水平建设，为全军和边疆地区安全治理的全面数字化转型奠定了坚实的基础。

（二）智能边防在边疆安全治理实践中的功效

由此，在已有的数字化水平的基础之上，以军事地理信息系统作为高水平数字化安全体系的建设目标便有了现实的可行性，也是实现数字安全一体化、数字边防智能化的必由之路。只有高度一体化、智能化的数字边防建成，才能够显著提高承担边防安全治理主体收集信息、解析信息、处理信息的能力，从结构上提高边防安全治理的整体效率。对此，基于军事地理信息系统的针对性数字化革新在边疆安全治理实践中的功效表现在以下几个方面。

"东数西算"背景下西部边疆的"数字赋能"研究

其一，基于MGIS平台实现跨地域管理，拓展边防空间。以军事地理信息系统为平台的智能化边防将以数据资源和数字联通服务作为边疆安全治理的核心能力，以网络化和数字化为手段实现沿边安全信息的收集、传送与管理。与此同时，采用ArcGIS的三维模拟技术，根据收集的实时信息建构数字化的虚拟边防时空，从而为跨地域的安全监控与风险管理奠定坚实的基础。

其二，创新沿边安防的管控模式。对于军事地理信息系统的应用，决不能仅仅将其归纳为一种纯粹的安全技术，更不能将整个智能化边防视作为虚拟空间的安全基础设施，而是要将先进的数字技术与边疆的安全管理相结合，利用军事地理信息系统实现边防监控、执勤、巡逻及风险处理的统一调配之中，通过"管理"与"技术"的结合来提高安全治理效率，减少边疆安全部队的负载，修正以往边疆安全治理中的信息采集不规范、信息不完整、数据存储受限以及处理不及时等诸多问题。

其三，着力解决以往信息化建设中的孤岛问题。信息孤岛问题是指既往的边疆地区安全治理类别分属不同部门且相对隔离，部门内部往往各自建有相对甚至是绝对独立的安全数据库，但部门与部门之间却缺乏有效的沟通与整合，这往往导致在某些情况下，需要相关信息的部门无法获取已被其他部门所收集的信息，造成信息孤岛的现象。军事地理信息系统作为智能化、数字化的安全治理平台，不仅可以为各类相对分散且独立的网络系统和应用软件程序提供共同端口，实现信息的整合与共享，并消除数据不同步或是冗余的问题，保证了数据的标准化收集、处理以及存储。一旦实现了基于军事地理信息系统的整合，便可以规范数据收集的输入端口，实现各部门之间的信息共享，避免因信息孤岛所导致的人力资源浪费。

其四，规范安全治理流程。军事地理信息系统为各级、各地域的安全治理单位提供了统一的操作平台，提高安全业务效率的同时，可以加快管理结构的调整与业务流程的规范管理，减少因人力操作而导致的治理流程失序与意外风险的概率。

总体来看，利用军事地理信息系统可以将人员从重复性、冗杂性的数据输入、检索、管理工作解放出来，利用数字系统的智能化处理实现了安全信息的生成，提高了整体的工作效率，降低了安全工作的强度，并保证了安全信息的权威性与唯一性，而这也是当前我国推进军改的重要目标之一，以数字化和智能化来实现能力的合成与突破。

三、完善"多态传感"的技术体系，降低生物安全风险

随着全球化与"一带一路"倡议的不断深入，我国与世界的联系不断加深，这促进了我国经济发展与社会开放，但同时也带来了一些负面影响，而生化风险对我国生态环境的破坏则是其中的典型。尤其是新冠肺炎疫情的突发，使人们认识到生物安全对于国家发展和人民生命健康的巨大影响，建立起有针对性的生物安全防线便显得尤其重要。

（一）生物传感器在边疆检验检疫中的应用

建立边疆生物安全防线，就必须强化边境口岸核生化的多层次立体检测系统，充分认识到反核生化是一项艰巨且长期的安全挑战。[①] 我国于2016年1月1日起正式实施的《反恐怖主义法》赋予了边境检验检疫部门以反恐的职责，是防范境外敌对势力对我国施行核生化攻击的首道安全防线，因而加强边境口岸多层次、多传感的生物安全监测网建设便显得尤为迫切。

基于生物传感器的核生化恐怖因子检测的智能化平台，强调建构临场临岸检测、定向遥测（远程侦查）和开放通道（短程侦检）的多层次立体生化监测网，着力提高对外来生物和烈性病毒入侵的防御。[②] 在顶层设计层面，设立生物安全的科技专项，针对边疆口岸的实际情况有计划地对防控技术的开发、应用、标准化进行理论论证和基础性调查研究。[③] 与此同时，整合全国各部门、高等院校以及科研院所涉及有害生化物质入侵的国家数据库，并以此逐步建成并完善国家生物安全的防控平台。边疆地区相关单位可以根据该平台进行检测监控、风险分析、预测预警、信息报告、辅助决策、综合研判、综合协调以及最终的评估总结，集聚全国范围的生物安全防控资源，依据功能性的方向进行动态生成，并不断优化资源调配与综合防控的方案。[④]

[①] 张金鹏：《试论核生化灾害及救援力量动员问题》，载《法制与社会》，2014年第10期，第180页。

[②] 李新实、张顺合、刘晗：《新常态下国门生物安全面临的挑战和对策》，载《中国检验检疫科学研究院》，2017年第4期，第230页。

[③] 张然、许苏明：《习近平总体国家安全观战略思想探析》，载《教育导刊》，2017年第1期，第56页。

[④] 郑健：《国际核生化恐怖威胁与技术防范》，载《中国安防》，2010年第10期，第15页。

生物传感器以及综合防控平台的建设还需要具有生物安全专业知识的人才队伍，只有开展有序的人才培养、学科建设、科技规划以及安全战略制定，才能从根本上防范外来生化风险的侵入。此外，我国边疆地区的生化防控还必须充分考虑到与周边国家的协调合作，尤其是与"一带一路"沿线国家的联动，才能切实地将生物安全的防线有效前移，形成有秩序、有体系的可持续的国际生化防控合作。

按照生物安全面临的风险测评，应当有规划地对边境口岸划分防控等级。根据我国边境口岸的环境条件、地理位置以及贸易流量进行整体部署，将边境口岸按照外来生化风险的防控级别具体划分为一级口岸、二级口岸以及三级口岸，并为此制定相应的安全防控、设施建设与组织管理的标准。① 其中，三级口岸是指基础设施完善、生物防控技术领先、管理规范、程序以及应急措施完善的口岸，对于申报有高等级生化风险的货品则必须由三级口岸通关入境，而风险相对较小的货品则可依据实际情况和风险等级分别自一级口岸和二级口岸入境。②

（二）多传感器信息融合技术的组网设计

与数字化边防的软件系统相比较，前沿的硬件设施则是边疆生物安全治理的支点所在，没有大量的传感器和监控设备，安全系统的软件与应急处理决策便是无米之炊。

传感器网络是数字化边防的神经末梢，通过在作业区域内的大量部署，以具备计算能力和无线通信的小型传感器端口为设备载体，依据自组织的结构进行整合，并能够按照环境的变化自主完成分布式智能系统的安全任务。传感器的网络节点大多采用无线通信的多跳（Multi-Hop）方式进行信息联通，③ 这也是由传感器节点之间的短距离所决定的。多传感器网络可以借助于网关联结到因特网，同样也可以在独立的环境下自我封闭运行，从而方便负责边疆地区各安全部门的远程访问。为了适应边疆地区可能存在的特殊气

---

① 戴雨、吴海磊、上官文学：《口岸检验检疫核生化监测反恐模式的思考》，载《中国国境卫生检疫杂志》，2015年第1期，第50页。
② 欧阳志云：《我国生态系统面临的问题与对策》，载《中国国情国力》，2017年第3期，第8页。
③ 余潇枫：《"检验检疫"与口岸公共安全新挑战——基于非传统安全的分析》，载《中国社会公共安全研究报告》，2014年第1期，第46页。

第四章 "东数西算"背景下边疆"数字赋能"模式建构

候环境、地理环境,主要以建构集运动、压力、震动、声音、气味、温度、分子以及无线传感器于一体的多传感器立体网络系统为关键。

就多传感器的组网方案而言,视频监控点、生化检测区按照海关口岸、省军区、军分区、边境一线驻防部队和检验检疫的口岸分配数据存储节点,但不在营连级单位设立存储。多传感器按照红外、震动、声音、图像以及分子检测等不同种类,分别适用于不同环境以及不同生物安全监测目标的实际运动和异变情况。多传感器配置网络的部署方案则主要以物理组网为主,采用分布式的系统部署,服务器则大多采用个人服务器(PC Server)。所有组网的多传感器的服务器控制端口集中部署在军分区以及团级监控-指挥中心,而业务服务器则呈分布式态势分别部署在团级以上的自动化站机房,省军区的监控、指挥中心机房则部署网管、接入服务器以及平台管理服务器。

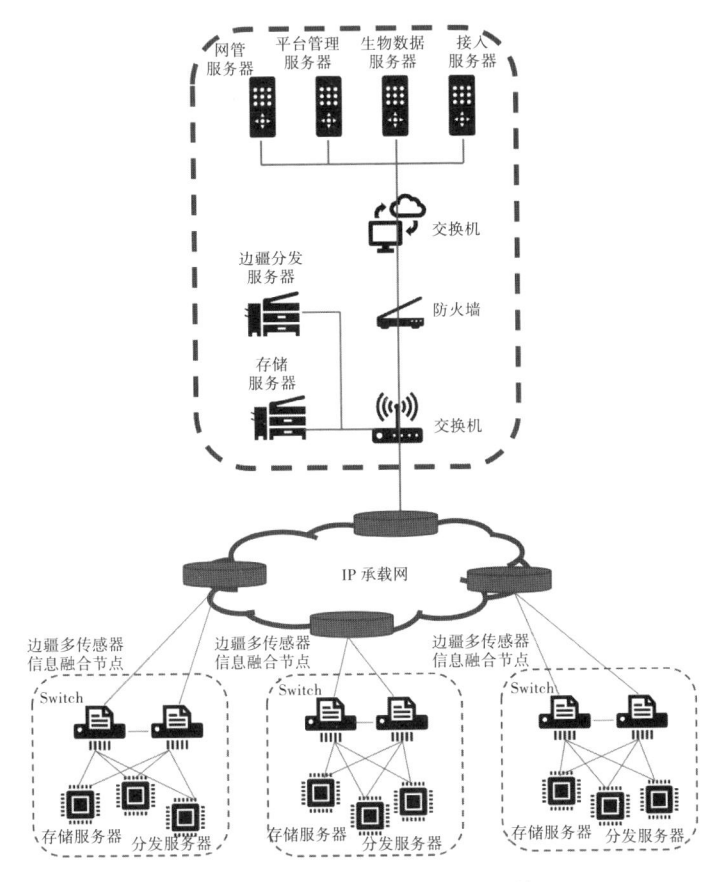

图4-3 多传感器服务器组网设计

资料来源:研究总结绘制。

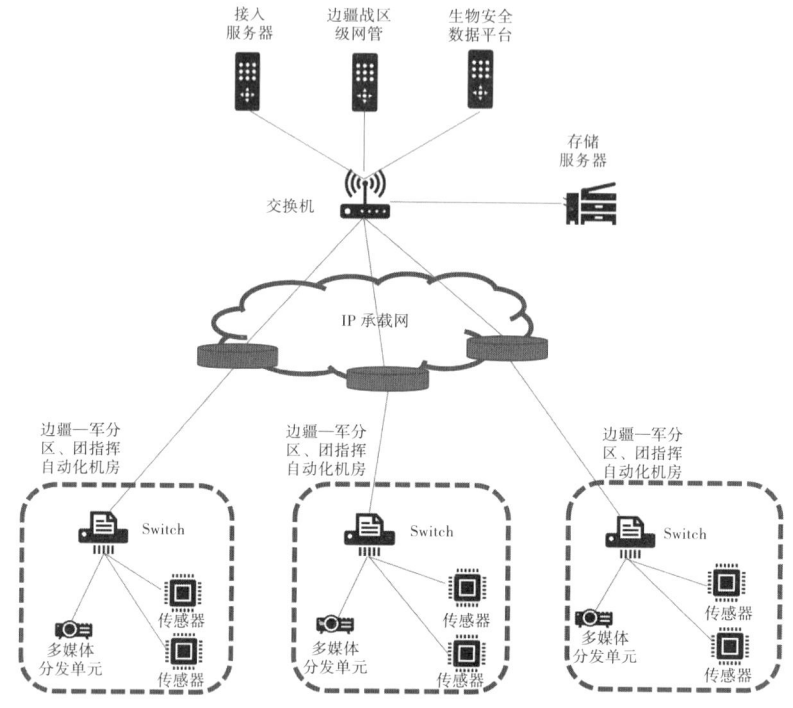

"东数西算"背景下西部边疆的"数字赋能"研究

图 4-4　多传感器存储节点分布

资料来源：研究总结绘制。

四、规范"智能算法"的中立设计，强化涉边舆情安全

虚拟边疆主要是涉边网络舆情以及情报空间，二者属于以字节所编织的虚拟空间，因而虚拟边疆安全治理体系建立在以"智能算法"为支撑的数字技术体系上。

（一）涉边网络舆情安全体系

涉边网络舆情面临的风险是数字化时代最重要的议题之一，也是区别于农业、工业以及信息化时代[①]安全风险的主要特征之一。安全作为边疆人民

---

① 信息化时代主要是数码设备终端的使用，而数字化时代（也即后信息化时代）则是大数据的应用以及数字化思维的普及，因而虚拟空间的风险更突出于数字化时代。详见本书第一章的"后信息化时代——数字化时代的到来"。

第四章　"东数西算"背景下边疆"数字赋能"模式建构

生活与社会生产的主要保障，在错综复杂的时代背景下面临越来越多的风险与挑战，而这些挑战既来源于不同文明、不同阶层之间存在的矛盾与误解，同时也根源于社会经济的发展与技术的进步。尤其是后者，使得边疆地区安全所面临的风险级别与防范难度不断攀升，从无形的互联网病毒、黑客攻击等，再到远程遥控的无人载具袭击，都对"虚拟边疆"安全提出了更高的要求，这也就需要从思维到技术层面进行改良革新。

涉边舆情的安全治理，很大程度上要基于对"区块链"的再认识。对于"区块链"的理解，社会的主要认知集中于数字金融领域，而忽视了其自身所蕴含的价值。"区块链"并不仅仅是一种技术，更是区别于以往的"技术管理"思路，主张以数字化的思维、技术以及工具来实现管理目标。2018年5月28日，习近平总书记于中国工程院第十四次院士大会、中国科学院第十九次院士大会上指出，将区块链与量子信息、人工智能、移动通信以及物联网等并列为新一代信息技术创新的代表，反映出了最高领导层对于区块链领域的发展前景寄予了深切期望。目前，区块链行业已经聚集了大量的社会资本、资源以及人才储备，成为创新热点的同时也迎来了发展的拐点，将会以更具规模的态势渗透到生产生活的各个领域，并在结合的过程中创造出更多的产业升级与制度改良的契机。

1. 区块链在现代舆情社交中的应用

随着互联网边界的不断外拓，个人信息、意识倾向与情感态度等都以字节的形式留下痕迹，这不仅意味着个人隐私的保护日益成为突出问题，更标志着舆论话语权的主导之争已经转移至互联网的阵地。据最新发布的《2020全球数字报告》中的数据，全球的数字社交媒体用户数已经超过38亿人次，[1] 数字媒体上的舆情动态已然成为民众生活中不可或缺的部分，而国家与相关机构也越发重视数字化浪潮下对网络媒体的管控，线上舆情成为国家安全的重要组成部分。如上文中所提及，搜索引擎基于用户偏好所设计的智能算法提升了边疆地区负面舆情的敏感度，致使部分事件在互联网的舆情发酵中不断异变，危害到了地区乃至于整个国家的安全及人民群众的社会生活稳定。

---

[1] "Digital 2020: 3.8 Billion people use social media," August 19, 2020. http://wearesocial.com/blog/2020/01/digital-2020-3-8-billion-people-use-social-meidia.（访问日期：2020年10月6日）

"东数西算"背景下西部边疆的"数字赋能"研究

因此在数字化时代,如何从技术与设计理念上把握线上舆情的导向,便成为维护边疆地区舆情安全的最重要环节之一。

目前,绝大部分的线上社交媒体(Online Social Networks,OSNs)所有的数据信息都存储在集中式服务器上,而这种服务器的存储缺陷非常明显,即服务器运营者可以掌握(甚至是利用)所有用户的隐私数据。区块链技术的出现则克服了这一弊端,其"信息追溯、不可篡改以及去中心化"的特点,完美地保护了个体用户在互联网空间的数据隐私。美国北卡罗来纳大学的管理学教授、《计算机经济学》专栏编辑尼尔·柯思垂(Nir. Kshetri)评估了区块链在保护个人隐私与数据安全的效力,并比较了云计算与区块链两者在信息安全领域的优劣,认为区块链技术有效地降低了恶意参与者窃取、伪造甚至是操纵数据的可能。[1] 道格(Dagher G. G.)出于维护医疗行业的患者人权问题,尝试设计一种区块链框架用于实现电子病历与病患隐私之间的平衡。[2] 毕思万(K. Biswas)则从智能城市的数字化程度出发,提出将智能设备与区块链技术进行进一步集成的设想。[3] 陈旸(Y. Chen)区分并充分利用了敏感信息与非敏感信息实现数据结构的完整性,将非敏感信息传输到主系统来建模区块链并管理区块大小,敏感信息则存储于分布式的区块链中用以保护用户的隐私。[4] 近年来,我国区块链技术的应用开发上同样取得了长足的进步,在网络舆情领域也有代表性的成果。赵丹等依托社会网络的分析思路,建构出区块链生态下的线上舆情传播的网络模型,进而对数字化时代的舆情传播规律进行了研究。[5] 吉林大学的王晰巍则阐述了区块链与网络意识

---

[1] Kshetri N, "Blockchain's roles in strengthening cybersecurity and protecting privacy," *Telecommunication Policy*, Vol.41, No.10, 2017, p.1033.

[2] Dagher G G, Mohler J, Milojkovic M, et al., "Ancile: privacy-preserving framework for access control and interoperability of electronic health records using blockchain technology," *Sustainable Cities and Society*, Vol.39, No.7, 2018, p.291.

[3] Biswas K, Muthukkumarasamy V, Securing smart cities using Blockchain technology//IEEE International Conference On High Performance Computing And Communications, 2016, p.1392.

[4] Chen Y, Xie H, Lv K, et al., Dsplest: a blockchain-based privacy-preserving distributed database toward user behaviors in social networks, *Information Science*, Vol.501, No.2, 2019, p.60.

[5] 赵丹、王晰巍、韩浩平:《区块链环境下的网络舆情信息传播特征及规律研究》,载《情报杂志》,2018年第9期,第127页。

第四章 "东数西算"背景下边疆"数字赋能"模式建构

形态之间的关系,表达了未来技术理性驱动下的情感概念。[1]

2. 区块链环境下边疆舆情中的意见领袖[2]识别

边疆地区与内陆地区相比,现代化程度相对较低,而工业甚至是农业时代的文明痕迹较为浓重,使得宗教与族群影响力,尤其是宗教领袖往往能够对民众拥有较高的号召力,而如果这种号召力与影响力是负面性的,将会对边疆地区的社会安全形成巨大的威胁。因此,利用数字化的技术手段对网络舆情中的意见领袖进行及时甄别与处理,则是排除边疆地区社会安全隐患的重要手段之一。

参照图4-5"线上社交网络意见领袖的识别及影响力评估流程",可以利用数字化手段和区块链技术,精确区分出边疆地区可能存在潜在威胁的意见领袖:(1)首先获取区块链环境下社交网络用户的发文数、关注数和声誉等数值属性,以及与发表文章中的投票关系、评论关系和转发关系。(2)然后通过删除缺失值、乱码数据、重复字段等对数据进行清洗和预处理。(3)随后基于转发、评论与投票关系构建的社会网络进行边疆社会网络中心性分析,对区块链环境下的边疆地区社交网络用户的相关属性和社会网络中心性进行分析,并进行数值的归一化处理。(4)应用层次分析法进行权重计算,得出用户的综合影响力并进行排序,识别出其中的边疆意见领袖。

根据区块链环境下社交网络数据集的特征,结合已有的研究成果,在评价标准中设定了2个一级指标和7个二级指标,建立了区块链环境下社交网络意见领袖评价指标体系(详见表4-1)。在社会网络舆情分析中,中心性(C)是一个重要的指标,通过社会网络中心性分析能够定量评估出相应节点在网络中的影响大小。对于传统社交平台而言,在网络中具有较高中心性的用户一般来说处于网络中的核心位置,他们能对网络环境产生明显的影响,[3]所以社会网络中心性分析是区块链环境下社交网络意见领袖评价指标体系的重

---

[1] 王晰巍、贾玺智、刘婷艳:《区块链环境下社交网络用户意见领袖识别与影响力研究》,载《情报理论与实践》,2021年第1期,第149页。

[2] 意见领袖,又称舆论领袖,于拉扎斯菲尔德的代表作《人民的选择》中被首先提出,指在人际传播的网络中所活跃的一些代表性和权威性任务,他们愿意与民众分享自己的观点与信息,而群众也愿意接受他的观点甚至他的影响。

[3] 陈远、刘欣宇:《基于社会网络分析的意见领袖识别研究》,载《情报科学》,2015年第4期,第13页。

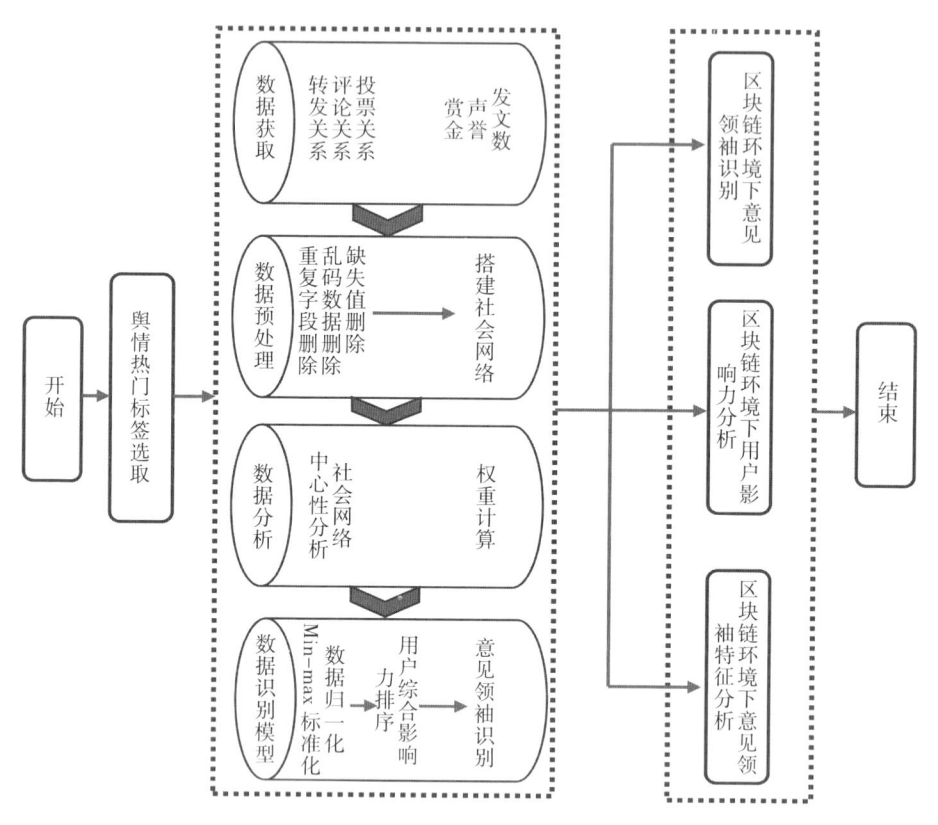

"东数西算"背景下西部边疆的"数字赋能"研究

图 4-5 线上社交网络意见领袖的识别及影响力评估流程[1]

要组成部分。在中心性分析过程中,主要从四个指标进行衡量,分别是点入度中心性、点出度中心性、中间中心性和接近中心性,点入度中心性(A_1)与点出度中心性(A_2)用于分析节点在网络中的交互能力。[2] 其中,点入度中心性指的是区块链社交平台用户对其他用户评论、转发与投票的数量。中间中心性(A_3)能反映出节点控制其他节点间的交互程度,如果某个节点中间中心性值较大,那么该节点在社会网络中的位置较为重要,并起到其他节点之间交互的中介作用。接近中心性(A_4)可以理解为某个节点不受其他节点控制的能力,一个节点的接近中心度值越大,则它处于社会网络中的位置越核心,且越不易受其他节点的控制。

---

[1] 王晰巍、贾玺智、刘婷艳:《区块链环境下社交网络用户意见领袖识别与影响力研究》,载《情报理论与实践》,2021年第1期,第152页。

[2] 李力、刘德洪、董克:《我国竞争情报领域知识扩散结构研究》,载《情报科学》,2015年第12期,第14页。

第四章 "东数西算"背景下边疆"数字赋能"模式建构

表 4–1　区块链环境下社交网络意见领袖评价指标

一级指标	二级指标
中心性（C）	点入度中心性（A_1）
	点出度中心性（A_2）
	中间中心性（A_3）
	接近中心性（A_4）
受认可度（Q）	用户声誉值（R）
	获得赏金值（M）
	发文数（E）

受认可度（Q）反映区块链环境下社交网络用户对其他用户产生的舆论影响程度和信任支持程度。在传统社交网络中，用户的受认可度由是否认可和点赞数来衡量，[①] 区块链环境下社交网络中用户节点的地位是平等的，无法通过身份认证方式对用户受认可度进行衡量。此外，区块链环境下社交网络并没有"点赞"这一方式。所以，区块链社交网络意见零下的受认可度可以通过与是否认证和"点赞"数相似的用户声誉、获得赏金以及用户发文量来衡量。其中，用户声誉值（R）是用户在区块链环境下社交网络平台上的信誉度，该值与用户产生与发现优质信息、参与不良信息的认证有关。用户声望值（R）越高，说明其发布的信息越值得信任。获得赏金值（M）是用户发表的帖子与评论所获得的赏金之和，区块链社交平台存在不良信息处理机制，平台上的用户可以对其他用户发布的帖子进行内容审查，用赞成票与反对票的操作表达对发布内容真实性和优质性的评价。如果一个帖子被认为是不良或不实信息，平台除对发布此消息的用户进行处罚外，还会将此信息隐藏，禁止后续的传播，不计入用户的发文数内，发文数不仅可以表现出用户的活跃程度，在一定程度上还能体现用户的可信度。

区块链环境下边疆社交网络综合意见领袖的识别模型，意见领袖值的计算方法如下：

$$C = A_1 x_1 + A_2 x_2 + A_3 x_3 + A_4 x_4 \tag{1}$$

$$Q = R x_5 + M x_6 + E x_7 \tag{2}$$

$$L = C + Q \tag{3}$$

[①] 彭丽徽、李贺、张艳丰：《基于灰色关联分析的网络舆情意见领袖识别及影响力排序研究——以新浪微博"8·12滨海爆炸事件"为例》，载《情报理论与实践》，2017年第9期，第90页。

"东数西算"背景下西部边疆的"数字赋能"研究

其公式（1）代表中心性计算公式，A_1、A_2、A_3、A_4分别对应点入度中心性、点出度中心性、中间中心性、接近中心性；式（2）代表受认可度计算公式，R、M、E分别对应用户声誉、获得赏金值和发文数。x_1, x_2, ……, x_7分别对应不同指标的权重。式（3）代表经过计算后最终的意见领袖值。通过式（3）计算，能够量化区块链环境下的社交网络平台的用户节点影响力，进而判断出用户能否成为边疆地区的意见领袖。本书在前人研究的基础上，[①] 应用层次分析法确定相应指标的权重，通过问卷调查构造评价指标体系各层次中的判断矩阵，使用9分位标度法对评价指标两两比较，判断其重要程度并进行打分，以此确定权重；通过一致性检验来验证结果的可靠性。通过计算取得各项指标权重（详见表4-2），一致性检验结果CR=0.0694<0.1，说明数据结果具有一定的可靠性。

表4-2 意见领袖影响力指标权重

一级指标	二级指标	权重
中心性	点入度中心性	0.2608
	点出度中心性	0.0370
	中间中心性	0.1938
	接近中心性	0.0631
受认可度	声誉值	0.2590
	获得赏金值	0.1528
	发文数	0.0334

边疆地区的意见领袖本身不存在褒贬性，作为一个中性存在，在数字化时代的边疆舆情社交体系中拥有巨大的影响力。如果放松甚至是缺乏对意见领袖的监管与引导，将会对边疆地区整个社会的安定形成巨大的潜在威胁。相反，如果进行积极的规范，意见领袖将会与边疆地区政府、社会以及其他群体共同维护国家与边疆地区的安全与和谐。上文中所采用的数据模型，可以及时地对意见领袖进行甄别，针对他们的线上言论进行区分，并对他们所影响的群体规模和意识倾向加以掌握。通过数字技术手段对边疆地区社会中的不安定因素加以清除，从"三股势力"的源头形成、中间环节上避免乌鲁木齐"七五事件"的再度发生。

---

① 王佳敏、吴鹏、陈芬等：《突发事件中意见领袖的识别和影响力实证研究》，载《情报学报》，2016年第2期，第169页。

第四章 "东数西算"背景下边疆"数字赋能"模式建构

区块链的技术手段，凸显了赋能在防范"智能算法提升了边疆负面舆情敏感度"以及网络社群的思想极端化的问题。这是赋能在技术领域的技术思路，是一种"技术管理"在革新着"组织管理"。人类社会的数字化时代，不仅仅是使用数字化设备，而是要适应数字化的思维，以赋能为代表的数字化思维去分析问题、解决问题，并积极应对边疆地区可能出现的任何风险。

五、结合区块链技术特征，优化边疆反恐情报共享链

边疆反恐情报的信息融合共享链是一种基于"区块链"技术的二级数字系统，主要指情报机构、执法机关、交通、应急、社区民众等情报共享主体间对情报信息或情报产品等进行传递、汇聚、抽取、分析、评估、应用、共享的程序链条。边疆情报融合共享的核心问题是情报共享主体间的协同与信任问题，情报融合共享的核心价值是情报共享主体间情报资产的高效整合与安全共享。因此，如图4-6所示，赋能思维所代表的共享链技术的特征、模块功能与反恐情报融合共享的业务需求能够进行很好的契合。

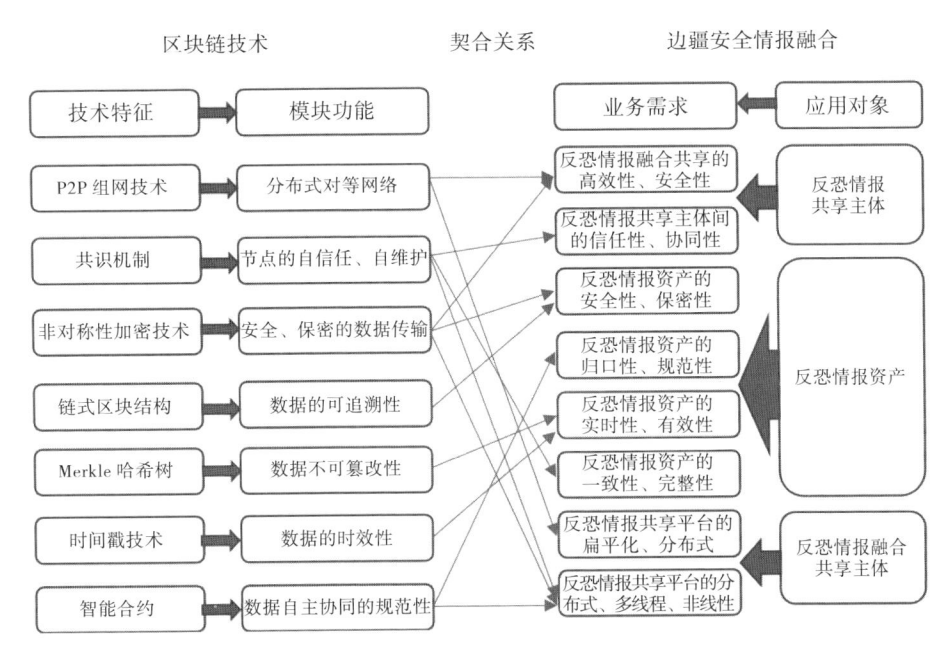

图4-6 边疆信息融合共享链的契合关系

资料来源：研究总结绘制。

"东数西算"背景下西部边疆的"数字赋能"研究

（一）组织架构

层次简洁、互联互通的网络架构是实现边疆反恐情报高效融合共享的关键环节和基础保障。本研究结合区块链的技术理念和逻辑架构，提出了基于区块链技术的反恐情报融合共享模型。该模型采用联盟链的运行模式，将跨区域、跨部门、跨层级、跨平台的情报共享主体通过P2P分布式认证机制进行组网，将情报共享主体分为管理节点和普通节点两大类，共同构建"反恐情报联盟区块链"，其组织架构如图4-7所示，在反恐情报联盟链中，由情报共享主体组成的管理节点和普通节点是联盟链模型架构的基本结构单元，超级管理节点、主管理节点和普通管理节点致使在功能逻辑上对管理节点的逻辑划分。由于各节点间是对等的网络关系，从而保证了反恐情报融合共享模型的扁平化。

基于区块链的反恐情报信息共享是指反恐情报联盟链内各节点之间通过智能合约、共识机制、分布式文件系统、巨链数据库以及非对称性加密技术来实现边疆反恐情报融合共享安全体系的智能化与扁平化，以此保障边疆反恐情报收集、处理与共享的高效与安全。

（二）具体流程

首先，在中央—边疆的反恐情报体系内部，由中央反恐情报机构作为中心节点利用非对称加密机制中所生成的私钥（Private Key）对摘要信息（如CAID-P、CAID-N以及FileID-N等[①]）进行电子签名，而情报融合分享链条则将发布的电子签名依据共享合约进行公示、验证与更新。情报区块链中的共享合约机制在接收到请求后，将会启用数字证书授权中心CA对中央反恐情报中心节点的信息进行验证与认证，程序性通过之后，则将共享的目标节点信息依据共享的情报信息编号输入相对应的情报共享列表（Share Table）之中。与此同时，反恐情报的审核链则将以上的电子签名、节点认证以及共享列表等日志信息进行上传、更新、存储并审核。

---

① CAID，计算机辅助工业设计，英文全称：Computer Aided Industrial Design，是指以现代数字技术为依托来进行计算机辅助工业设计的设计方式。CAID-P，意指共享的目标节点，这里代表边疆的反恐情报中心；CAID-N，意指节点身份标识；FileID-N，意指待共享的情报信息编号。

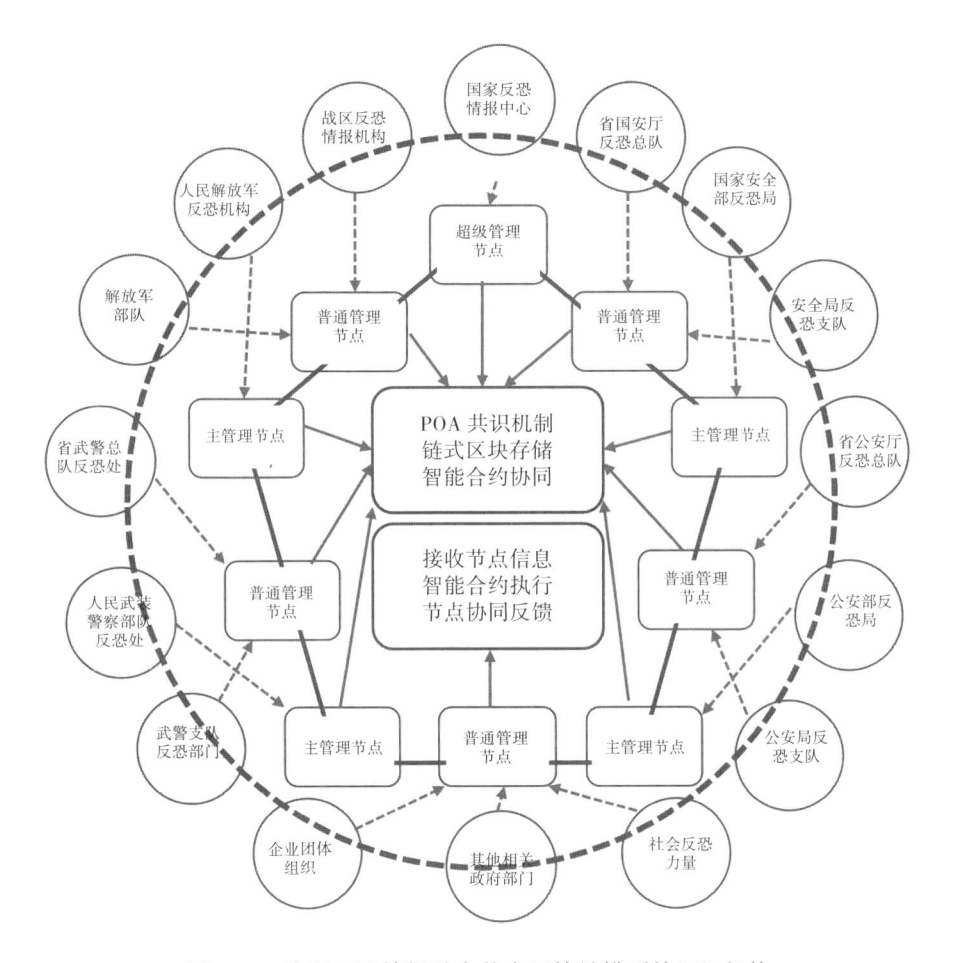

第四章 "东数西算"背景下边疆"数字赋能"模式建构

图 4-7 边疆反恐情报融合共享区块链模型的组织架构

资料来源：研究总结绘制。

其次，边疆省区的反恐情报机构作为区块中心节点利用非对称加密机制中所生成的私钥对摘要信息（如 CAID-P、CAID-N 以及 FileID-N 等）进行电子签名，情报融合分享链条则将发布的电子签名依据共享合约进行公示、验证与更新。情报区块链中的共享合约机制在接收到请求后，将会启用数字证书授权中心 CA 对中央反恐情报中心节点的信息进行验证与认证，程序性通过之后，所有信息回归到情报共享链条中的哈希指纹[①]及其相对应的哈希

---

① IPFSHash，意指分布式文件存储，主要用于点对点协议的文件存储，具有基于内容的寻址而不是基于位置的寻址。它由内容的哈希（hash）表示，哈希功能为每个文件创建唯一的指纹。

值（Hash）。与此同时，反恐情报的审核链则将以上的电子签名、节点认证以及共享列表等日志信息进行上传、更新、存储并审核。

再次，边疆省区的反恐情报机构作为区块中心节点凭借所获得的哈希指纹，从私有的分布式文件存储系统中得到经过加密的反恐情报信息。随后，边疆情报中心节点为了获得解密的私钥而向中央反恐情报中心节点发起身份验证的请求，获得私钥后解密并获取情报信息。与此同时，反恐情报的审核链则将解密情报的内容等日志信息进行上传、更新、存储并审核。

从此，中央反恐情报机构作为中心节点在收到边疆情报中心节点的申请之后，随即向情报区块链发起对共享情报信息编号及共享列表进行验证的请求。反恐情报区块链的共享合约机制对中心节点申请的认证通过之后，随即向边疆情报中心节点和中央情报中心节点同时反馈区块链的公钥，前者利用公钥加密，后者利用公钥进行解密。与此同时，反恐情报的审核链则将共享情报信息编号、共享列表以及节点验证等日志信息进行上传、更新、存储并审核。

最后，边疆省区的反恐情报中心节点获得情报区块链反馈的加密密钥之后，首先使用私钥解密以获得公钥，再利用公钥去解密由中央情报中心节点所传送的加密文件，以此获得涉及边疆安全情报的具体内容。与此同时，反恐情报的审核链则将边疆省区中心节点围绕加密文件的加密与解密等行为作为日志信息进行上传、更新、存储并审核。

表 4-3 反恐情报联盟区块链中管理节点组成及其功能

节点名称	节点成员	节点功能	业务功能
超级管理节点	国家反恐情报中心	节点认证规则、加密传输规则、区块链结构规则、共识机制规则、智能合约程序规则的制定与维护	涉恐情报信息的统一归口，构建国家反恐数据库，情报融合，综合研判，生成战略性情报研判产品，全链广播共享
主管理节点	公安、国安、解放军、武警等部门的部级情报机构	节点认证授权，智能合约管理与维护	收集其他节点共享的涉恐数据，接收战略性情报产品，情报融合与评估，构建研判模型，形成战术性和战略性情报研判产品，链内节点共享
普通管理节点	公安、国安、解放军、武警等部门在边疆省、市、地方等层级的情报机构	POA 共识机制，情报资产的传输与验证，链式区块存储，分布式备份存储	采集涉恐情报数据，交换共享情报产品，融合本地数据，充实基础性数据库，细化研判模型，形成战术性情报研判产品

第四章 "东数西算"背景下边疆"数字赋能"模式建构

续表

节点名称	节点成员	节点功能	业务功能
政府型普通节点	金融、交通、应急、邮政、海关、航空、电信等各层级的政府部门	接收管理节点共享数据，按照合约规则自动化收集、上传、共享节点数据，查询、核实区块数据，指令协同	对采集的涉恐线索及时上传、共享；共享本节点行业数据库；接收反恐情报产品，及时协同响应；信息检索核查，形成风险评估报告，链内节点共享
公众型普通节点	社会民众、企业、非营利性组织等	接收管理节点共享数据，按照合约规则自动化搜集、上传、共享节点数据，指令协同	对搜集的涉恐信息及时上传、共享；接收反恐情报产品，结合自身防范需求，及时协同响应

资料来源：研究总结绘制。

边疆反恐情报融合共享的安全体系基于赋能理论建构出扁平高效的去中心化、协同共享的智能化的安全结构，充分结合区块链技术中的去中心化、全称追溯、加密维护以及难以篡改等特点完善了体系中的技术性安全，并在边疆的安全治理实践中得到了充分的应用。一方面，边疆反恐情报融合共享安全体系基于区块链技术来弥合跨层级、跨部门以及跨地域之间的隔阂，实现边疆安全主体间（行政部门、安全部门以及情报机构等）P2P 的分布式协同组网。另一方面，利用区块链技术的主体内部的开放性、数据溯源的追踪性以及分布记忆的可恢复性，创建出以主管理节点为核心支撑的审核监督链条，保障反恐情报融合共享体系的安全性与可信度。在这两个方面的协同配合下，在边疆安全治理的实践中实现了对以下五个问题的解决。

1. 边疆情报链条中情报安全传输的问题：区块链传输机制中的非对称性加密。

2. 边疆情报链条中情报完整、有效的问题：区块链验证机制中的"哈希树（Merkle）验证"。

3. 边疆情报链条中情报归口规范性的问题：区块链的智能合约机制，在情报链条的各个数据节点之间实现标准化、规划化。

4. 边疆情报链条中情报即时、一致的问题：区块链的共识机制，实现各个情报节点信心共享的一致性与即时性。

5. 边疆情报链条中情报协同、共享的问题：区块链的 P2P 对等网络组网机制，突破既往不同安全主体间的情报隔阂与壁垒，实现边疆情报共享体系的扁平化。

"东数西算"背景下西部边疆的"数字赋能"研究

边疆安全治理的数字化安全体系建构是一个立体的、多层次系统工程。按照传统安全与非传统安全的归类,分别建构起以军事地理信息系统为支撑的国土安全体系、以区块链为赋能内核的边疆舆论安全体系、以多传感器信息融合共享为中心的边疆生物安全体系以及边疆反恐情报统合共享的情报安全体系。基于这四个层面,实现边疆安全治理体系的数字化转型与升级。

(三)运行机制

借助于区块链中 P2P 组网、非对称性加密、链式区块存储、共识机制、智能合约等技术方法,结合数字签名、巨链数据库、分布式文件系统等数字技术,维系了中央—边疆反恐情报融合共享安全体系的稳定运营。运行机制主要包含以下四个方面。

其一,建立以分布式组网为技术特征的联盟链——"边疆反恐情报融合共享区块链"。边疆反恐情报安全体系的突破,关键在于结构的扁平化,以实现对社会反恐力量、各级安全部门以及反恐情报机构的整合。经过区块链技术整合的边疆反恐情报链条,以负责安全的各个部门为主管理节点,而任何新加入的相关单位都必须获得既有主管理节点一半以上的允许才可以加入并成为新的管理节点。主管理节点利用数字证书授权中心的数字签名技术,以身份认证和安全(通信)密钥分配为支点来实现对各个节点的控制与管理,这也是在边疆反恐情报融合安全链条能够实现信息共享与协调行动的基本前提与重要基础。[1] 主管理节点依据情报链条中各个节点的实际情况(如保密级别、地域属性、部门职责、情报效能等),制定与各个节点相适切的智能合约。智能合约的主体内容是功能权限协议,规范了各个节点在情报的收集、输入、检索、共享、解析以及决策等流程上的具体权限和规范,充分保证了情报链节点的安全性、保密性以及可信度。边疆各个安全节点可以在功能权限的框架下自由组织行动,在最大限度上缩短与主管理节点之间的管理层级,实现了边疆情报融合共享安全链的扁平化与高效性。

其二,依托于区块链技术中智能合约的灵活性、规范性以及可编程的特点,边疆反恐融合共享安全链中的各个节点可以充分实现信息共享以及情报协同。各个节点按照自身的实际需要随时与其他一个或多个情报链条节点进

---

[1] 付永贵、朱建明:《基于区块链的电子档案信任保障机制》,载《情报科学》,2020年第3期,第86页。

第四章 "东数西算"背景下边疆"数字赋能"模式建构

行功能权限协议的制定，权限协议的脚本中可以通过双方或多方的协商来制定数据共享以及任务协同的具体规范。在新制定的智能合约得到一半以上主管节点的同意后，节点之间的合作随即生效。协议脚本的可编程赋予了智能合约以充分的灵活性，并借助智能合约的智能化、自动化的优势，固化了点对点、多对多、点对多之间情报共享与任务协同的行为模式，既提高了边疆各个安全主体的协同效率，又能够以"智能合约"与"模式固化"的形式建立起各个节点之间的互信关系。与此同时，边疆反恐情报融合共享安全链条的各个管理节点利用权威证明共识[①]的算法筛选出"议长节点"（未被选中的则称作"议员节点"），两者共同参与到反恐情报的收集、解析、验证、检索、共享以及协同的进程当中。议员节点将收集到的涉及边疆安全情报的信息进行验证、共享并向议长节点反馈。议长节点则将自各议员节点反馈的情报元数据进行区块封装，并在各个议员节点进行数据区块的上链与同步备份。权威证明共识机制可以有效地实现边疆反恐情报的信息共享与任务协同，确保情报融合共享的安全性、实时性、有效性、完整性以及一致性：一是由于权威证明共识机制能够实现分布式的全量数据冗余存储，就可以对所有节点反馈的情报元数据以区块的形式进行广量存储，最大限度上保证了数据资源的完整性；二是通过点对点、多对多以及点对多的扁平化的管理结构改造，可以实现主管节点与各个节点之间信息共享与任务协同效率的大幅提高。

图 4-8　边疆反恐情报融合共享区块链模型的融合共享流程

资料来源：研究总结绘制。

其三，在情报信息存储与数据安全层面，为了弥补区块链平台在大规模数据存储上的先天缺陷，针对结构化数据和非结构化数据的情报信息属性，可以引入分布式存储文件系统和巨链数据库分布式数据库系统，对情报链中

[①] 权威证明共识，Proof-of-Authority，英文简称 POA，是一种基于声誉的共识算法，通过基于身份权益（Identity as a Stake）的共识机制，提供更快的交易速度，此共识算法的引入为区块链网络（尤其是私有链）提供了实用且有效的方案。

"东数西算"背景下西部边疆的"数字赋能"研究

协同共享的各类情报数据进行大规模存储。[1] 其中，分布式文件存储系统通过私有集群方式搭建，只有具有相同密钥的节点才可以参与到该网络中，密钥可由中央反恐情报中心节点颁发，会同其他主管节点进行管理与运维。当情报链中某节点发布预共享的反恐情报信息时，首先将预共享的情报信息原数据利用非对称加密算法进行加密处理，上传至分布式文件存储系统；分布式文件存储系统对接收到的加密信息进行完整性和唯一性校验，避免相同情报数据的重复保存，并在各存储节点中进行分片冗余和分布式存储，同时将基于加密信息内容计算得出的哈希指纹反馈给情报链节点；情报链节点将反恐情报信息的文件名、密级、哈希指纹、共享列表等摘要信息反馈至情报链上的情报共享智能合约进行上链存储，从而实现对反恐情报信息的安全高效的共享、发布、验证、存储与恢复。[2]

其四，边疆反恐情报融合共享安全链中的"审核区块链"由诸多主管节点来共同创建，主要负责数据的溯源跟踪以及体系的运行监督。审核区块链将链条各个接口的电子签名、节点认证以及共享列表等日志信息进行上传、更新、存储并锚定，对议长节点和议员节点任何涉及情报数据的收集、共享、检索以及修改的全过程进行监督。通过审核区块链的监督，可以从技术角度避免各安全主体（节点）可能出现的因滥用职权或渎职而出现的数据丢失和篡改的情形，还可以抵御外部力量对数据的恶意破坏，从而极大地提高边疆反恐情报融合共享安全链的可信度与安全度。

本章从科学合理性出发，阐述了边疆"数字赋能"的作用机制。从社会合意性出发，建构了以"赋能共生"为基础的边疆社会关系、以"赋能共治"为支点的边疆治理结构，共建"数字赋能"下的边疆安全治理共同体。最后从技术规范的角度，基于对区块链、人工智能以及云计算等领域的了解，结合我国边疆安全治理的现状与权力体系的基本结构，分别就数字化基础设施为支撑的国土安全体系、区块链为赋能内核的边疆舆论安全体系、多传感器信息融合为中心的边疆生物安全体系、边疆反恐情报融合共享的安全体系进行了论证与设计。

---

[1] 谭海波、周桐、赵赫：《基于区块链的档案数据保护与共享方法》，载《软件学报》，2019年第9期，第2632页。

[2] 张冬冬：《区块链技术在反恐情报协同共享中的应用研究》，中国刑事警察学院，2020年，第111页。

第五章
研究结论、启示与制度供给建议

本书的研究总结具体分为：研究结论、研究启示以及制度供给建议三个部分。研究结论主要就本书的研究结果进行总概，研究启示则就研究结论进行一定的衍生，制度供给建议则立足于实际需求进行针对性的建议参考。

第一节　研究结论

一、边疆安全治理正由"人事驱动"向"技术驱动"转型升级

"技术"作为边疆地区安全治理的支架，旨在于促进边疆地区社会稳定发展目标的实现，以往的"工具"标签表明了其在"人事驱动"下的治理体系中仅仅是辅助性的存在。但是，随着技术能力的不断提高，尤其是数字技术所代表的人工智能，致使人类的决策与行为往往更为依赖数字设备、数据分析甚至是智能决策，"技术驱动"的发展态势日益凸显。在边疆地区安全治理的实践中，各安全职责部门的组织调整正围绕新设备和新技术的需要进行功能性部门／工作组划分，人虽依然是使用数字技术的主体，但对于技术进步的"被动适应"逐渐成为今后边疆地区安全治理的新常态。

二、边疆"数字赋能"的困境根源于"技术中立规范"的嬗变

数字技术作为一种科学技术，其本身是没有价值偏向或分歧的，这也即美国创新者联盟所提出的"技术中立"的规范。但在边疆地区安全"数字赋能"的实践当中，数字技术却在利益的操控下出现了中立规范的偏离，如数字算法的偏向性设置诱发地域和民族矛盾；境外势力利用数字工具威胁边境

安全稳定等。不仅如此，数字技术的开发会不会成为政府加强对社会控制的工具，数字技术的设计会不会成为权力斗争的工具，这些疑虑的产生以及利益受损者的排斥，将会成为阻碍边疆"数字赋能"的深层次原因。尤其是对于我国目前的国家实力，数字基建以及数字技术的开发已经不是绝对意义上的障碍，只有数字技术中立规范的嬗变而引发的对"数字赋能"的质疑才是未来可能最为严峻的困境。

三、"数字赋能"的本质是利用数字技术实现治理结构的扁平化

"数字赋能"从表征上看是数字技术使得个体／集体能够"赋能增权"，从而提高个体／集体的业务效率与工作效能。但从根本上来看，当个体或小集体获取更多的工作能量后，势必会对原有的组织生态、工作方式以及职能设置产生冲击，尤其是数字技术赋能的主要领域是通信联络，这就密切了决策层与基层之间的直接联结，压缩了原有的机构层级，并逐渐呈现出管理结构扁平化的态势。此外，边疆地区前沿的安全职能团体在数字技术的赋能下获得了更强的治理能力，处理安全威胁的独立性不断增强，"多中心"的客观形成实际上也加速了去中心化、扁平化治理结构的形成。

四、"数字赋能"推进边疆多元主体共建共治共享的安全治理格局

生产力的发展诱致生产关系的调整，数字技术的进步改变的不仅仅是生活的体验，而是社会治理体系由单一主体管理向多元主体治理的过渡。科技赋能边疆安全治理，使得涵盖安全在内的政务下沉到基层社区，社会个体可以利用自身的数字设备或网络平台即时加入安全情报的收集与反馈。因此，边疆地区社会在科技的支持下正逐渐形成一个共建、共治、共享的安全共同体，这既是数字技术所创造出的新治理格局，也为边疆地区数字赋能的未来发展明确了方向。

五、从技术理性回归价值理性是"技术赋能治理"的必然结果

"技术理性"作为一种无价值偏向的客观存在,这本身便是一种威胁的存在,即意味着任何意识价值都可以将技术理性作为利用的工具。只有当技术理性在价值理性的积极引导之下,才能由管理变为治理,既避免"技术小农意识"的窠臼,也避免了"技术崇拜"的误区。边疆地区安全治理中的"数字赋能"模式设计,同样体现了价值理性的导向,最终立足于"人的安全"而进行一系列的技术体系设计,是用安全技术去兑现安全价值的意义。

第二节 研究启示

一、"数字赋能"是边疆安全治理现代化的重要组成

边疆地区安全治理的现代化是治理能力与治理体系的现代化,"数字赋能"则是从技术治理的角度推动了治理能力与治理体系的进步。数字技术所建构出的"网格治理组织体系"是基于对传统的"碎片化组织体系"的整合与改良,改变了以往各安全职能部门之间各自为政、缺乏协同的松散格局,而是通过技术链条将跨域、跨部门的协同流程进行串联或并联,实现安全资源的共享、安全合作的协同与安全流程的共操。以数字技术为支撑的扁平化治理体系,更具灵活性与开放性,有利于安全职责部门能够迅速实现信息的整合与决策的高效,提高安全行政效能,实现边疆地区安全治理能力的现代化。

二、"赋能"是与"区块链"技术相匹配的生产关系

"区块链"作为代表性的数字技术之一,需要有分布式的运行机制、资源分配的公平与公开以及协同合作的区块共享等体制条件来进行外围保障,从而实现成员行为的规范性与目标的一致性。但是,传统的治理体系追求等级秩序与资源的权力配置,无法为区块链技术的应用提供相匹配的社会环境

与生产关系，这就极大地限制了以"区块链"等数字技术的能力发挥。"赋能"的管理思维则符合"区块链"的技术设计，去中心化、扁平化的管理结构与分布式数据通道与资源共享的技术理念相互对应，从体系上保障区块链等数字技术的功效产出。

三、警惕"理性被异化为技术"的边疆社会文明僵化

技术理性存在着"技术至上"的单向度误区，将技术发展视为唯一目标，将技术控制作为一切问题的处理手段，这就会导致社会文明的僵化甚至是死亡。赫伯特·马尔库塞认为技术进步往往会导致政治的集权化、社会的趋同化，人异化为格式化的人，文明随之被技术所取代。因此，在边疆地区安全治理的实践中，既要充分认识到科学技术的重要性，也要秉持价值的维度，坚持人与技术的主客体关系，避免"唯器论""技术至上"等偏狭观念的误导。

第三节　制度供给建议

一、弥合数字鸿沟是边疆"数字赋能"的首要任务

边疆地区与发达地区的"数字鸿沟"是客观存在的，而"数字鸿沟"的持续拉大又进一步削弱了社会经济发展以及弥补数字鸿沟的能力。边疆地区经济发展水平相对落后，尤其是部分少数民族地区甚至还处于前工业社会状态，无论是数字化设备的持有量，还是数字化基础设施的建设情况，在边疆地区的边防哨所体现得尤为突出。数字基础设施是边疆"数字赋能"的前提，只有电力等物质保障得到落实，"智能边防"和"数字治理"才能够在维护边疆地区安全中发挥应有的作用。因此，弥合"数字鸿沟"、加快边疆地区的基础设施建设是当前"数字赋能"进程中的首要任务。

二、强调超越技术理性的边疆公共安全政策制定

西方的公共政策制定依赖于科学化、理性化的路径去实现复杂社会问题的解决,这导致了以实证主义为代表的政策科学运动的兴起。但是,没有纯粹的理性主义,技术理性也只是片面化的理性主义,在面对高度复杂的社会问题时,客观上是无法将任何难题都糅杂于一套公式或者一个程序,这就凸显出了技术理性的灵活性不足。我国的边疆地区安全的公共政策制定,既要依靠技术理性,也要超越技术理性,充分考虑到边疆地区社会及安全职能部门的实际情况来进行整体治理考量。

三、借鉴数字化管理中"否定式命令"的控制体系

借鉴于美军数字化进程中"反赋能"的概念,提出我国边疆"数字赋能"中的管理陷阱规避。数字技术应用的初衷是向边疆地区基层进行赋能增权,以强化一线组织和人员的动态感知、自主决策与快速反应的能力。但是,数字技术同样极大地增强了组织的能见度与控制力,从而使决策层获取了更为海量的信息、更多的决策需求与更强的组织控制力,在实际上削弱了基层在实际行动中能动性发挥。本书借鉴了美军管理中"否定式命令"的控制体系,提出允许边疆安全前沿的基层按照最合适的方式进行决策,并向上报备,直至上级否定其方案再终止行动。这样既避免了上层对于基层的过多干扰,又能够维护上层的知情权与(被动)决策权。

参考文献

一、中文著作

[1] 周平：《中国边疆政治学》，北京：中央编译出版社，2015 年版。

[2] 周平、李大龙：《中国的边疆治理：挑战与创新》，北京：中央编译出版社，2014 年版。

[3] 周平：《民族政治学》，北京：高等教育出版社，2007 年版。

[4] 周平：《中国少数民族政治分析》，昆明：云南大学出版社，2007 年版。

[5] 余潇枫、徐黎丽、李正元等：《边疆安全学引论》，北京：中国社会科学出版社，2013 年版，第 94 页。

[6] 余潇枫、罗中枢：《中国非传统安全研究报告（2016—2017）》，北京：社会科学文献出版社，2017 年版。

[7] 师曾志、胡泳：《新媒介赋权及意义：互联网的兴起》，北京：社会科学文献出版社，2014 年版。

[8] 师曾志、金锦萍：《新媒介赋权及意义：国家与社会的协同演进》，北京：社会科学文献出版社，2013 年版。

[9] 马化腾、孟昭莉、闫德利等著：《数字经济——中国创新增长新动能》，北京：中信出版股份有限公司，2017 年版。

[10] 杜雁芸、刘杨钺：《科学技术与国家安全》，北京：社会科学文献出版社，2016 年版。

[11] 本书编写组：《江泽民〈论科学技术〉学习问答》，北京：中共中央党校出版社，2001 年版。

[12] 刘东明：《智能+：赋能传统产业数字化转型》，北京：中国经济出版社，2019 年版。

[13] 杨林、于全：《动态赋能网络空间防御》，北京：人民邮电出版社，2018 年版。

[14] 吕昭义、孙建波：《中印边界问题、印巴领土纠纷研究》，北京：人民出版社，2013 年版。

[15] 吴敬琏：《发展中国高新技术产业制度重于技术》，北京：中国发展出版社，2002 年版。

[16] 陶坚、谢贵平：《全球冲突与人的安全——国际安全研究论坛》，

北京：中国社会科学出版社，2016年版。

［17］刘海泉：《中国现代化进程中的周边安全战略研究》，北京：时事出版社，2014年版。

［18］吉柚权：《西藏平叛记实》，拉萨：西藏人民出版社，1993年版。

［19］张桥贵：《云南跨境民族宗教社会问题研究（第一册）》，北京：中国社会科学出版社，2008年版。

［20］鲁刚：《社会和谐与边境稳定》，北京：中国社会科学出版社，2012年版。

［21］李诚：《国家构建与边疆稳定》，昆明：云南人民出版社，2013年版。

［22］王振、惠志斌、徐丽梅等：《数字经济蓝皮书：全球数字经济竞争力发展报告（2018）》，北京：社会科学文献出版社，2018年版。

［23］李皋：《变迁与启示：改革开放四十年化解社会矛盾经验研究》，北京：中国出版集团，2018年版。

［24］汪丁丁：《新政治经济学讲义：在中国思索正义、效率与公共选择》，上海：上海人民出版社，2012年版。

［25］周朝林：《赋能型组织》，北京：中国纺织出版社，2019年版。

［26］白睿、沈晶：《组织赋能：OD实践者全流程设计顾问》，北京：中国法制出版社，2019年版。

［27］徐杰舜：《从多元走向一体：中华民族论》，南宁：广西师范大学出版社，2008年版。

［28］康树华、王岱、冯树梁：《犯罪学大辞书（第一卷）》，兰州：甘肃人民出版社，1995年版。

［29］叶浩生、杨莉萍：《心理学史》，上海：华东师范大学出版社，2009年版。

［30］林崇德：《心理学大辞典（下卷）》，上海：上海教育出版社，2003年版。

［31］胡守钧：《社会共生论》，上海：复旦大学出版社，2012年版。

［32］马起华：《政治学原理》，台北：大中国图书公司，1985年版。

［33］卢现祥：《西方制度经济学》，北京：中国社会科学出版社，1996年版。

［34］李维汉：《统一战线问题与民族问题》，北京：人民出版社，1981年版。

［35］次仁央宗：《西藏贵族世家——1900—1951》，北京：中国藏

学出版社，2005年版。

［36］中国第二历史档案馆、中国藏学研究中心合编：《西藏亚东关档案选编（下册）》，2000年版。

［37］马文彦：《数字经济2.0》，北京：民主与建设出版社，2017年版。

［38］刘冬冬、鲁四海：《赋能数字经济：大数据创新创业启示录》，北京：人民邮电出版社，2017年版。

［39］长铗、韩锋：《区块链：从数字货币到信用社会》，北京：中信出版股份有限公司，2016年版。

［40］李艺铭、安晖：《数字经济：新时代 再起航》，北京：人民邮电出版社，2017年版。

［41］中国信息化百人会课题组：《数字经济：迈向从量变到质变的新阶段》，北京：电子工业出版社，2018年版。

［42］刘志毅：《智能经济：用数字经济学思维理解世界》，北京：电子工业出版社，2019年版。

［43］京东数字科技研究院：《数字金融》，北京：中信出版股份有限公司，2019年版。

［44］刘权：《区块链与人工智能：构建智能化数字经济世界》，北京：人民邮电出版社，2019年版。

［45］毛苇：《订阅经济——数字时代的商业模式变革》，北京：电子工业出版社，2019年版。

［46］钟伟、魏伟、陈骁：《数字货币——金融科技与货币重构》，北京：中信出版股份有限公司，2018年版。

［47］汤潇：《数字经济 影响未来的新技术、新模式、新产业》，北京：人民邮电出版社，2019年版。

［48］江青：《数字中国：大数据与政府管理决策》，北京：中国人民大学出版社，2018年版。

［49］Joanthan Woetzel：《崛起的中国数字经济》，上海：上海交通大学出版社有限公司，2018年版。

［50］董礼胜：《西方公共行政学理论评析——技术理性与价值理性的分野》，北京：社会科学文献出版社，2015年版。

［51］王印红：《数字治理与政府改革创新》，北京：新华出版社，

2019年版。

［52］张莉：《数据治理与数据安全》，北京：人民邮电出版社，2019年版。

［53］李文：《印度经济数字地图2017》，北京：科学出版社，2018年版。

［54］李熠煜：《印度社会治理丛书：印度社会治理研究》，湘潭：湘潭大学出版社，2016年版。

［55］张依依：《公共关系理论的发展与变迁》，合肥：安徽人民出版社，2007年版。

［56］胡军良：《哈贝马斯对话伦理学研究》，北京：中国社会科学出版社，2010年版。

［57］臧国仁：《新闻媒体与消息来源——媒介框架与真实建构之论述》，台北：三民书局，1999年版。

二、中文期刊

［1］惠志斌：《网络空间里的法治——中国互联网的法治之路》，载《社会观察》，2013年第2期。

［2］杨剑：《开拓数字边疆：美国网络帝国主义的形成》，载《国际观察》，2012年第2期。

［3］罗中枢：《论边疆的特征》，载《新疆师范大学学报（哲学社会科学版）》，2018年第3期。

［4］谢贵平：《中国边疆跨境非传统安全：挑战与应对》，载《国际安全研究》，2020年第1期。

［5］李志斐：《澜湄合作中的非传统安全治理：从碎片化到平台化》，载《国际安全研究》，2021年第1期。

［6］徐晓林、刘帅、毛子骏：《我国边疆地区网络安全问题及其治理研究》，载《电子政务》，2020年第2期。

［7］李军鹏：《面向基本现代化的数字政府建设方略》，载《改革》，2020年第12期。

［8］高奇琦：《智能革命与国家治理现代化初探》，载《中国社会科学》，2020年第7期。

［9］戴长征、鲍静：《数字政府治理——基于社会形态演变进程的考察》，载《中国行政管理》，2017年第9期。

［10］杨述明：《数字政府治理：智能社会背景下政府再造的必然选择》，载《社会科学动态》，2020年第11期。

［11］徐晓林、明承瀚、陈涛：《数字政府环境下政务服务数据共享研究》，载《行政论坛》，2018年第1期。

［12］杨述明：《论现代政府治理能力与智能社会的相适性——社会治理智能化视角》，载《理论月刊》，2019年第3期。

［13］王谦：《数字治理：信息社会的国家治理新模式——基于突发公共卫生事件应对的思考》，载《国家治理》，2020年第15期。

［14］唐志远、毛宇：《数字行政文化的主体结构、生成逻辑与正向功能》，载《岭南学刊》，2020年第6期。

［15］覃梅、苏涛：《"数字政府"下的行政文化变迁》，载《理论月刊》，2004年第9期。

［16］余潇枫：《"认同危机"与国家安全——评亨廷顿〈我是谁〉》，载《毛泽东邓小平理论研究》，2006年第1期。

［17］徐黎丽：《影响西北边疆地区民族关系的变量分析》，载《云南师范大学学报》，2009年第3期。

［18］江泽民：《用科学技术知识武装起来》，载《现代科学基础知识（干部选读）》，科学出版社，1994年版。

［19］陈树强：《增权：社会工作理论与实践的新视角》，载《社会学研究》，2003年第5期。

［20］邹东涛：《制度更是第一生产力》，载《中国科技信息》，2001年第5期。

［21］张茂元：《数字技术形塑制度的机制与路径》，载《湖南师范大学学报（哲学社会科学版）》，2020年第6期。

［22］郭东杰：《制度变迁视阈下中国社会流动机制演进分析》，载《浙江社会科学》，2020年第11期。

［23］王利才：《我国事业单位激励机制的困境及解决路径——基于赫茨伯格双因素理论的视角》，载《天水行政学院学报》，2013年第2期。

［24］俞可平：《全球治理引论》，载《马克思主义与现实》，2002年第1期。

［25］陈大民：《捍卫国家文化安全》，载《求是》，2012年第16期。

"东数西算"背景下西部边疆的"数字赋能"研究

［26］方盛举、苏紫程：《论我国陆地边疆治理的价值追求》，载《思想战线》，2016年第3期。

［27］吴辉阳：《"一带一路"沿线地区非传统安全威胁透析》，载《江苏警官学院学报》，2018年第8期。

［28］刘有军、谢贵平：《"一带一路"视域下西部边疆非传统安全：威胁及应对》，载《太平洋学报》，2020年第7期。

［29］周平：《"一带一路"面临的地缘政治风险及其管控》，载《探索与争鸣》，2016年第1期。

［30］宋志辉、马春燕：《南亚非传统安全形势及其对南方丝绸之路经济带的影响》，载《南亚研究季刊》，2017年第2期。

［31］魏宏森：《试论系统的层次性原理》，载《系统辨证学学报》，1995年第1期。

［32］燕继荣：《政治模式的哲学基础——论政治价值体系与政治治理模式的关系》，载《内蒙古师范大学学报（哲学社会科学版）》，2005年第5期。

［33］高永久、柳建文：《民族政治精英论》，载《南开大学学报（哲学社会科学版）》，2008年第5期。

［34］梁忠翠：《边境上的刺探：英国侵藏先锋大卫·麦克唐纳评》，载《历史教学问题》，2019年第1期。

［35］保跃平：《跨境民族地区的非传统安全问题与社会秩序建构——以云南为例》，载《西南边疆民族研究》，2016年第1期。

［36］史云贵：《我国陆地边疆的政治安全：内涵、挑战与实现路径》，载《探索》，2016年第3期。

［37］谢贵平：《中国陆疆安全的识别、评估与治理》，载《国际展望》，2016年第5期。

［38］刘爱娇：《大数据在打击跨境犯罪和维稳中的应用研究》，载《云南警官学院学报》，2017年第6期。

［39］段艳艳、章春明：《跨境赌博违法犯罪治理研究》，载《云南行政学院学报》，2019年第6期。

［40］谯冉、张小兵：《跨境网络赌博犯罪分析与预防对策——以近年来H省打击网络赌博犯罪为例》，载《山东警察学院学报》，2017年第

5 期。

［41］高际香：《俄罗斯数字经济发展与数字化转型》，载《欧亚经济》，2020 年第 1 期。

［42］郭永良：《论我国反恐模式的转型——从精英模式到参与模式》，载《法学家》，2016 年第 2 期。

［43］苏永生：《边疆地区反恐中面临的问题及其解决》，载《武汉科技大学学报（哲学社会科学版）》，2017 年第 4 期。

［44］李秀峰：《制度变迁动因的研究框架——探索一种基于新制度主义理论的整合模型》，载《北京行政学院学报》，2014 年第 4 期。

［45］朱德米：《新制度主义政治学的兴起》，载《复旦大学学报（哲学社会科学版）》，2001 年第 2 期。

［46］［美］道格拉斯·诺斯：《制度变迁理论纲要》，载《改革》，1995 年第 3 期。

［47］周伟：《地方政府间跨域治理碎片化：问题、根源与解决路径》，载《行政论坛》，2018 年第 1 期。

［48］张嘉池：《区域警务合作制度的演进脉络与变迁逻辑》，载《北京警察学院学报》，2020 年第 5 期。

［49］胡晨望、郭守峰：《区域警务合作的演化博弈分析》，载《安徽行政学院学报》，2018 年第 1 期。

［50］刘秀秀：《新时代国家治理中技术治理的双重维度及其出路》，载《行政管理改革》，2019 年第 10 期。

［51］张嘉池：《动力、观念与路径：派出所制度变迁的逻辑分析与理性审视》，载《铁道警察学院学报》，2020 年第 3 期。

［52］杨志云：《社会治安的政治定位与调控中的社会秩序——当代中国警务运行机理的解释框架》，载《社会学研究》，2019 年第 2 期。

［53］周平：《国家崛起与边疆治理》，载《广西民族大学学报（哲学社会科学版）》，2017 年第 3 期。

［54］谢贵平：《认同建构与边疆民族地区社会安全治理》，载《西南民族大学学报（哲学社会科学版）》，2019 年第 9 期。

［55］宋才发：《边疆民族地区安全治理的法治思维探讨》，载《云南民族大学学报（哲学社会科学版）》，2020 年第 2 期。

[56]杨萌、庄颖等：《信息化条件下亚热带山岳丛林地区边防部队的卫勤保障》，载《华南国防医学杂志》，2016年第9期。

[57]杨明：《区域一体化卫勤保障实践与思考》，载《解放军医院管理杂志》，2014年第12期。

[58]宋莉莉、郭雪清：《军人电子健康档案及健康管理系统的设计与应用》，载《华南国防医学杂志》，2016年第1期。

[59]殷小杰、许若飞、刘承：《信息化战争卫勤保障核心能力探讨》，载《解放军医院管理杂志》，2013年第11期。

[60]汪青松：《区块链作为治理机制的优劣分析与法律挑战》，载《社会科学研究》，2019年第4期。

[61]张毅、肖聪利、宁晓静：《区块链技术对政府治理创新的影响》，载《电子政务》，2016年第12期。

[62]马春光、安婧、毕伟：《区块链中的智能合约》，载《信息网络安全》，2018年第11期。

[63]胡润忠：《哈贝马斯的话语民主理论：解读与评论》，载《中国第三部门研究》，2014年第1期。

[64]王佃利、王铮：《城市治理中邻避问题的公共价值失灵：问题缘起、分析框架和实践逻辑》，载《学术研究》，2018年第5期。

[65]韩艺：《公共能量场的理论阙失及其补构》，载《中南大学学报（哲学社会科学版）》，2014年第6期。

[66]赵金旭、孟天广：《技术赋能：区块链如何重塑治理结构与模式》，载《当代世界与社会主义》，2019年第3期。

[67]赵丹、王晰巍、韩浩平等：《区块链环境下的网络舆情信息传播特征及规律研究》，载《情报杂志》，2018年第9期。

[68]王晰巍、贾玺智、刘婷艳：《区块链环境下社交网络用户意见领袖识别与影响力研究》，载《情报理论与实践》，2021年第1期。

[69]陈远、刘欣宇：《基于社会网络分析的意见领袖识别研究》，载《情报科学》，2015年第4期。

[70]彭丽徽、李贺、张艳丰：《基于灰色关联分析的网络舆情意见领袖识别及影响力排序研究——以新浪微博"8·12滨海爆炸事件"为例》，载《情报理论与实践》，2017年第9期。

［71］王佳敏、吴鹏、陈芬等：《突发事件中意见领袖的识别和影响力实证研究》，载《情报学报》，2016年第2期。

［72］李新实、张顺合、刘晗：《新常态下国门生物安全面临的挑战和对策》，载《中国国境卫生检疫杂志》，2017年第4期。

［73］张金鹏：《试论核生化灾害及救援力量动员问题》，载《法制与社会》，2014年第10期。

［74］张然、许苏明：《习近平总体国家安全观战略思想探析》，载《教育导刊》，2017年第1期。

［75］郑健：《国际核生化恐怖威胁与技术防范》，载《中国安防》，2010年第10期。

［76］戴雨、吴海磊、上官文学：《口岸检验检疫核生化监测反恐模式的思考》，载《中国国境卫生检疫杂志》，2015年第1期。

［77］欧阳志云：《我国生态系统面临的问题与对策》，载《中国国情国力》，2017年第3期。

［78］余潇枫：《"检验检疫"与口岸公共安全新挑战——基于非传统安全的分析》，载《中国社会公共安全研究报告》，2014年第1期。

［79］韩璇、袁勇、王飞跃：《区块链安全问题：研究现状与展望》，载《自动化学报》，2019年第1期。

［80］付永贵、朱建明：《基于区块链的电子档案信任保障机制》，载《情报科学》，2020年第3期。

［81］谭海波、周桐、赵赫：《基于区块链的档案数据保护与共享方法》，载《软件学报》，2019年第9期。

［82］杜宝贵：《公共政策资源的配置与整合论纲》，载《广东行政学院学报》，2012年第5期。

［83］罗敏、陈连艳、周超：《边疆民族地区农村治理能力现代化研究——基于共生理论的分析》，载《广西民族研究》，2016年第6期。

［84］罗敏：《合作与共生——社会组织参与边疆民族地区公共文化服务供给创新机制研究》，载《湖北行政学院学报》，2018年第5期。

［85］魏宏森：《试论系统的层次性原理》，载《系统辨证学学报》，1995年第1期。

［86］高永久、柳建文：《民族政治精英论》，载《南开大学学报（哲

学社会科学版）》，2008年第5期。

[87]莫蓉：《公务员制度与少数民族干部队伍素质的提高》，载《广西民族大学学报（哲学社会科学版）》，2000年第4期。

[88]孟天广、郭凤林：《大数据政治学：新信息时代的政治现象及其探析路径》，载《国外理论动态》，2015年第1期。

[89]孟天广：《政府数字化转型的要素、机制与路径——兼论"技术赋能"与"技术赋权"的双向运动》，载《治理研究》，2021年第1期。

[90]孟天广、张小劲：《大数据驱动与政府治理能力提升——理论框架与模式创新》，载《北京航空航天大学学报（哲学社会科学版）》，2018年第1期。

[91]李强、刘强、陈宇琳：《互联网对社会的影响及其建设思路》，载《北京社会科学》，2013年第1期。

[92]纳春英：《明中央与西南土司关系：以赐服制为中心的考察》，载《广西民族大学学报（哲学社会科学版）》，2008年第1期。

[93]王军：《试析当代中国的网络民族主义》，载《世界经济与政治》，2006年第2期。

[94]胡百精：《公共关系的"元理由"与对话范式》，载《国际新闻界》，2007年第12期。

三、外文译著

[1]［美］阿尔温·托夫勒著，朱志焱、潘琪、张焱译：《第三次浪潮》，北京：三联书店，1984年版。

[2]［美］尼古拉·尼葛洛庞帝著，胡泳、范海燕译：《数字化生存》，北京：电子工业出版社，2017年版。

[3]［德］尤尔根·哈贝马斯著，李黎等译：《作为意识形态的技术与科学》，上海：学林出版社，1999年版。

[4]［美］史蒂文·斯洛曼、［美］菲利普·费恩巴赫著，祝常悦译：《知识的错觉》，北京：中信出版股份有限公司，2018年版。

[5]［英］迈克尔·韦德、［美］杰夫·劳克斯、［英］詹姆斯·麦考利等著：《全数字赋能——迎接颠覆者的竞争战略》，北京：中信出版股份有限公司，2019年版。

［6］［美］F. M.谢勒著，姚贤涛、王倩译：《技术创新：经济增长的原动力》，北京：新华出版社，2001年版。

［7］［美］道格拉斯·C.诺斯著，杭行译：《制度、制度变迁与经济绩效》，上海：格致出版社，2008年版。

［8］［美］弗雷德里克·赫茨伯格：《工作的激励因素》，北京：世界知识出版社，1959年版。

［9］［美］塞缪尔·亨廷顿著，李盛平等译：《变革社会中的政治秩序》，北京：华夏出版社，1988年版。

［10］［德］马克斯·韦伯：《新教伦理与资本主义精神》，北京：北京大学出版社，2012年版。

［11］［英］大卫·麦克唐纳著，孙梅生、黄次书译，刘家驹等校：《旅藏二十年》，上海：商务印书馆，1936年版。

［12］［美］Marha L. Cottam,［美］Beth Dietz-Uhler,［美］Elena Masters, Thomas Preston 著，胡勇、陈刚译：《政治心理学》，北京：中国人民大学出版社，2013年版。

［13］［美］戴维斯·迈尔斯著，侯玉波、乐国安、张智勇等译：《政治心理学》，北京：人民邮电出版社，2016年版。

［14］［加］唐·塔普斯科特，亚力克斯·塔普斯科特著，孙铭、周沁园译：《区块链革命：比特币底层技术如何改变货币、商业和世界》，北京：中信出版股份有限公司，2016年版。

［15］［英］史蒂文·卢克斯著，彭斌译：《权力：一种激进的观点》，南京：江苏人民出版社，2012年版。

［16］［美］尼古拉斯·格里高利·曼昆著，梁小民译：《经济学原理(上册)》，北京：机械工业出版社，2003年版。

［17］唐世平著，沈文松译：《制度变迁的广义理论》，北京：北京大学出版社，2016年版。

［18］［希］柏拉图著，郭斌和译：《理想国》，北京：商务印书馆，2010年版。

［19］［英］安德鲁·查德威克：《互联网政治学：国家、公众与新传播技术》，北京：华夏出版社，2010年版。

四、外文著作

[1] Weber Max, Guenther Roth, Claus Wittich (eds.), *Economy and Society*, Berkeley: University of California Press, 1978.

[2] Marcuse Herbert, *The Essential Frankfurt School Reader*, New York: The Continuum Publishing Company, 1982.

[3] Mary Parker Follett, *Dynamic Administration: The Collected Papers of Mary Parker Follett*, London: Forgotten Books, 2018.

[4] Pauline Graham, *Mary Parker Follett Prophet of Management*, New York: Beard Books, 2003.

[5] Rosabeth Moss Kanter, *Change Masters*, New York: Free Press, 1985.

[6] General Stanley McChrystal, Chris Fussell, Tantum Collins, David Silverman, *Team of Teams: New Rules of Engagement for a Complex World*, Oxford: Portfolio, 2015.

[7] Barbara Bryant, Solomon Black, *Empowerment: Social Work in Oppressed Communities*, New York: Columbia Univ Press, 1977.

[8] Ling L. H. M., Adriana Erthal Abdenur, Payal Banerjee, Nimmi Kurian, Mahendra P. Lama, Bo Li, *India China: Rethinking Borders and Security*, Ann Arbor: University of Michigan Press, 2016.

[9] Juan. M. Delgado-Moreira, *Multicultural Citizenship of the European Union*, London: Routledge, 1999.

[10] Yoav. Peled, Jose. Brunner, *Culture is not Enough, A Democratic Critique of Liberal Multi-Culturalism*, London: Macmilan Press Lid, 2000.

[11] Mary Parker Follett, *Creative Experience*, London: Longmans, Green and Company, 1924.

[12] Kieffer, C. H., *The emergence of empowerment: a development of participatory competence among individuals in citizen organization*, Ann Arbor: University of Michigan Press, 1981.

[13] Pauline Graham, *Mary Parker Follett Prophet of Management*, New York: Beard Books, 2003.

［14］Scott Galloway, *The Four: The Hidden DNA of Amazon, Apple, Facebook, and Google*, New York: Random House Large Print, 2017.

［15］Frederick Herzberg, Bernard Mausner, Barbara Bloch Snyderman, *The Motivation to Work*, Piscataway: Transaction Publishers, 1993.

［16］Robert B. Denhardt, Janet Vinzant Denhardt, Maria P. Aristigueta, *Managing Human Behavior in Public and Nonprofit Organizations*, New York: Sage Publications Inc, 2001.

［17］Croft. S. and Beresford. P., *Empowerment*, Oxford: Blackwell, 2000.

［18］Katz. A.H, Bender. E.I., *The Strength in Us: Self-help Groups in the Modern World*, New York: New Viewpoint/Franklin Watts, 1976.

［19］Newman J, *Participative Governance and the Remaking of the Public Sphere*, Bristol: Policy Press, 2005.

［20］Wright. P., Turner. C., Clay. D and Mills. H., Guide to the Participation of Children and Young People in Developing Social Care, London: SCIE, 2006.

［21］Kirby. P., Lanyon. C., Cronin. K. and Sinclair. R., *Building a Culture of Participation: Involving Children and Young People Policy, Service Planning, Delivery and Evaluation*, London: Department for Education and Skills, 2003.

［22］Drori Gili S., Meyer John W., Ramirez Francisco O., Schofer Evan, *Science in the Modern World Polity*, Palo Alto: Stanford Univ Press, 2002.

［23］G. M. Jenkins, *The Coming of Post-Industrial Society: A Venture in Social Forecasting*, New York: Basic Books, 1973.

［24］Nakane Chie, *Networks of the Tibetan aristocracy: from the end of the nineteen century to the middle of the twenty centuy*, The 6th Seminar of the International Association for Tibetan Studies, 1998.

［25］Cassinelli, C. W, Robert B. Ekvall, *A Tibetan Principality: The Political System of Sa skya*, Ithaca: Cornell University Press, 1969.

［26］Kapileshwar Labh, *India and Bhutan*, New Delhi: Sindhu Publications, 1974.

〔27〕Borge Bakken, *State Control and Social Control in China*, Oxford: Oxford University Press, 2001.

〔28〕Sidney Tarrow, *Power in Movement: Social Movements: Social Movements, Collective Action and Politics*, New York: Cambridge University Press, 1994.

〔29〕National Telecommunication and Information Administration, *Falling Through the Net: Defining the Digital Divide: a Report on the Telecommunications and Information Technology Gap in America*, U.S. Department of Commerce, 1999.

〔30〕The International Institute of Strategic Studies, *The Military Balance 2017*, Routledge, Chapman & Hall, Incorporated, 2017.

〔31〕Hinsz, Verlin B, Tindale R Scott, Vollrath David A, *The emerging conceptualization of groups as information processors*, New York: Psychological Bulletin, 1997.

〔32〕Heine S J, Takemoto T, Moskalenko S, Lasaleta J, Henrich J, *Mirrors in the head: Cultural variation in objective self-awareness, Personality and Social*, New York: Psychology Bulletin, 2008.

〔33〕Angela. E. Douglas, *Symbiotic Interactions*, Oxford: Oxford University Press, 1994.

〔34〕Verinder Grover, *Political Parties and Party System*, New York: Deep and Deep Publication, 1997.

〔35〕Shalenda D. Sharma, *Development and Democracy in India*, Delhi: Lynne Rienner Publisher, Inc., 1999.

〔36〕Zoya Hasan, *Parties and Party Politics in India*, Oxford: Oxford University Press, 2002.

〔37〕M. L. Ahuja, *General elections in India: Electoral Politics, Electoral Reforms and Political parties*, New Delhi: Icon Publications Pvt. Ltd., 2005.

〔38〕Baden Powell, *The Indian Village Community*, London: Cosmo Publication, 1972.

〔39〕G. V. L. Narasimha Rao, K. Balakrishnan, *Indian Elections: the Nineties*, New Delhi: Har-Anand Publication, 1999.

〔40〕B. S. Bhargava, *Panchayati Raj System and Political Parties*, New

Delhi: Ashish Pub House, 1979.

［41］James McQuivey, Josh Bernoff, *Digital Disruption: Unleashing the Next Wave of Innovation*, New York: Amazon Publishing, 2013.

［42］Vivek Kale, *Digital Transformation of Enterprise Architecture*, New York: CRC Press, 2019.

［43］Christopher Bones, James Hammersley, *Leading Digital Strategy: Driving Business Growth Through Effective E-commerce*, London: Kogan Page, 2015.

［44］Carolyn M. Cunningham, Nicholas Brody, *Social Networking and Impression Management: Self-Presentation in the Digital Age*, Lexington: Lexington Books, 2012.

［45］Bharat Anand, *The Content Trap: A Strategist's Guide to Digital Change*, New York: Random House, 2016.

［46］Jacob Johanssen, *Psychoanalysis and Digital Culture: Audiences, Social Media, and Big Data*, London: Routledge, 2018.

［47］R. K. Mishra, Jayasree Raveendran, K. N. Jehangir, Social Science Research in India and the World, New Delhi: Routledge India, 2015.

五、外文期刊

［1］Robert O Keohane, Jr. Joseph S. Nye, "Power and Interdependence in the Information Age," *Foreign Affairs*, September/October, 1998.

［2］Tomoko Yokoi, Jialu Shan, Michael Wade, James Macaulay, "Digital Vortex 2019—Continuous and Connected Change," *Global Center for Digital Business Transformation*, 2019.

［3］Gretchen M. Spreitzer, Robert E. Quinn, "Empowering Middle Managers to be Transformational Leaders," *Journal of Applied Behavioral Science*, Vol.32, No.3, 1996.

［4］Marc A. Zimmerman, "Psychological empowerment: Issues and illustrations," *American Journal of Community Psychology*, Vol.23, No.5, 1995.

［5］Joseph Bradley, Jeff Loucks, James Macaulay, Andy Noronha, Michael Wade, "Digital Vortex—How Digital Disruption Is Redefining

Industries," *Global Center for Digital Business Transformation*, June 2019.

［6］Amit Ranjan, "India-China Boundary Disputes: An Overview," *Asian Affairs*, March 09, 2016.

［7］Brandimarte, L, Acquisti, A, Loewenstein, G, "Misplaced Confidences: Privacy and the Control Paradox," *Social Psychological and Personality Science*, Vol.11, No.2, 2013.

［8］Vijay Khatri, Carol V. Brown, "Designing data governance," *Communications of the ACM*, Vol.24, No.1, 2010.

［9］Kristin Weber, Boris Otto, Hubert Sterle, "One Size Does Not Fit All—A Contingency Approach to Data Governance," *Journal of Data and Information Quality*, Vol.14, No.1, 2009.

［10］Leong C, Pan S L, Newell S, et al, "The emergence of self-organizing e-commerce ecosystems in remote villages of china:A tale of digital empowerment for rural development," *Mis Quarterly*, Vol.40, No.2, 2016.

［11］Faulkner J, Laschinger H, "The effects of structural and psychological empowerment on perceived respect in acute care nurses," *Journal of Nursing Management*, Vol.16, No.2, 2010.

［12］Hermansson E, Martensson L, "Empowerment in the midwifery context—A concept analysis," *Midwifery*, Vol.27, No.6, 2011.

［13］Thomas K W, Velthouse B A, "Cognitive elements of empowerment:An interpretive model of intrinsic task motivation," *Academy of Management Review*, Vol.15, No.4, 1990.

［14］Ganjali A, Farhadi R, Ahmadipanah M, "The role of electronic management of human resources in psychological empowerment of human resources in Shiraz gas company," *International Letters of Social and Humanistic Sciences*, Vol.5, No.4, 2015.

［15］Fotoukian Z, Shahboulaghi F.M, Khoshknab M.F, et al, "Concept analysis of empowerment in old people with chronic diseases using ahybrid model," *Asian Nursing Research*, Vol.8, No.2, 2014.

［16］Jay Alden Conger, Ronald Riggio, "The Empowerment Process: Integrating Theory and Practice," *Academy of Management Review*, Vol.13,

No.3, 1988.

［17］Gretchen M. Spreitzer, Robert E. Quinn, "Empowering Middle Managers to be Transformational Leaders," *Journal of Applied Behavioral Science*, Vol.32, No.3, 1996.

［18］Marc A. Zimmerman, "Psychological empowerment: Issues and illustrations," *American Journal of Community Psychology*, Vol.23, 1995.

［19］"Technology and Institutions: What Can Research on Information Technology and Research on Organizations Learn from Each Other?" *MIS Quarterly*, Vol.25, No.2, 2001.

［20］Samer Hassan, Primavera De Filippi, "Blockchain Technology as a Regulatory Technology: From Code is Law to Law is Code," *First Monday*, Vol.21, No.12, 2016.

［21］Ikwukananne I. Udechukwu, "Correctional Officer Turnover: Of Maslow's Needs Hierarchy and Herzberg's Motivation Theory," *Public Personnel Management*, Vol.38, No.2, 2009.

［22］Sanjeev M. A, Surya A. V, "Two Factor Theory of Motivation and Satisfaction: An Empirical Verification," *Annals of Data Science*, Vol.3, No.2, 2016.

［23］Clayton P. Alderfer, "An empirical test of a new theory of human needs," *Journal of Organizational Behavior*, Vol.4, No.2, 1969.

［24］Freire Paulo, "A Critical Understanding of Social Work," *Journal of Progressive Human Service*, Vol. 1, No.1, 1990.

［25］Stephen W. Baskerville, "Walter Lippmann: Cosmopolitanism in the Century of Total War," *Journal of American Studies*, Vol.20, No.1, 1986.

［26］Justin Yifu Lin, "An Economic Theory of Institutional Change: Induced and Imposed Change," *Cato Journal*, No.9, 1989.

［27］Rappaport Julian, "In praise of paradox. A social policy of empowerment over prevention," *American Journal of Community Psychology*, Vol.9, No.1, 1981.

［28］William Ickes, Mary Anne Layden, Richard D. Barnes, "Objective self-awareness and individuation: An empirical link," *Journal of Personality*,

April 2006.

[29] Ragini Verma & Others, "Sex differences in the structural connectome of the human brain," *PNAS*, Vol.111, No.2, January 2014.

[30] Funk E, Riddell J, Ankel F, et al., "Blockchain technology: A data framework to improve validity, trust, and accountability of information exchange in health professions education," *Academic Medicine*, Vol.93, No.12, 2018.

[31] Tapscott D, Tapscott A., "How Blockchain will change organizations," *MIT Sloan Management Review*, Vol.2, No.1, 2017.

[32] Beck R, Muller-Bloch C, "Governance in the Blockchain economy: A framework and research agenda," *Journal of the Association for Information Systems*, Vol.10, No.3, 2018.

[33] Yermack D, "Corporate governance and Blockchains," *Review of Finance*, Vol.1, No.2, 2017.

[34] Kshetri N, "Blockchain's roles in strengthening cybersecurity and protecting privacy," *Telecommunication Policy*, Vol.41, No.10, 2017.

[35] Dagher G G, Mohler J, Milojkovic M, Marella P B, "Ancile: privacy-preserving framework for access control and interoperability of electronic health records using blockchain technology," *Sustainable Cities and Society*, Vol.39, No.7, 2018.

[36] Biswas K, Muthukkumarasamy V, "Securing smart cities using Blockchain technology," *IEEE International Conference On High Performance Computing And Communications*, 2016.

[37] Chen Y, Xie H, Lv K, et al, "Dsplest: a blockchain-based privacy-preserving distributed database toward user behaviors in social networks," *Information Science*, Vol.501, No.2, 2019.

六、网络报刊

1. 中文

[1]《二十国集团领导人杭州峰会公报》，新华社，2016年9月6日，http：//www.xinhuanet.com//world/2016-09/06/c_1119515149.htm。

［2］《习近平在中央政治局第十八次集体学习时强调，把区块链作为核心技术自主创新重要突破口，加快推动区块链技术和产业创新发展》，新华社，2019年10月25日，http：//politics.people.com.cn/n1/2019/1025/c1024-31421401.html。

［3］杜雁芸：《看清热炒"中国间谍"背后政治目的》，中国网，2015年5月26日，http：m.haiwainet.cn/middle/232591/2015/0526/content_28774511_1.html。

［4］《中华人民共和国国家安全法》，新华网，2015年7月1日，http：//www.xinhuanet.com/politics/2014-04/15/c_1110253910.htm。

［5］《习近平在庆祝中国共产党成立95周年大会上的讲话》，《人民日报》，2016年7月2日，第2版。

［6］杨静泊：《何谓"互联网思维"》，《光明日报》，2014年8月31日，第6版。

［7］许开轶：《政治安全视域下的网络边疆治理》，《光明日报》，2015年4月15日，第13版。

［8］闵伟轩：《民族法制建设迈出新步伐》，《中国民族报》，2007年9月14日，第10版。

［9］郭媛丹：《保护生物多样性 筑牢国门生物安全防线》，《环球时报》，2021年2月10日，https：//china.huanqiu.com/article/41s6dD5octe。

［10］《独家：之前在藏南"失踪"的5名印度人是装扮成猎人的印方情报人员》，《环球时报》，2020年9月12日，https：//world.huanqiu.com/article/3zqoKDJrz9u。

［11］《习近平谈新时代坚持和发展中国特色社会主义的基本方略》，新华网，2017年10月18日，http：//www.xinhuanet.com//politics/2017-10/18/c_1121820368.htm。

［12］《东西部信息化差异显著 数字鸿沟成为第四大差别》，中国网，2003年10月27日，http：//www.china.com.cn/economic/txt/2003-10/27/content_5429864.htm。

2. 外文

［1］Hillary Rodham Clinton, Secretary of State, U. S. Department of State, "Internet Rights and Wrongs: Chinese & Challenges in a

Networked World," February 15, 2011. http://www.state.gov/secretary/rm/2011/02/156619.htm.

［2］Boston Consulting Group (BCG), "The New Indian: The Many Facets of a Changing Consumer," March 20, 2017. https://www.bcg.com/publications/2017/marketing-sales-globalization-new-indian-changing-consumer.aspx.

［3］Schengen Visa Information, "MEPs Ready to Start Negotiations with EU Ministers on Revision of Temporary Checks Within Schengen," September 25, 2019. https://www.schengenvisainfo.com/news/meps-ready-to-start-negotiations-with-eu-ministers-on-revision-of-temporary-checks-within-schengen/.

［4］Ministry of Home Affairs, "Union Home Minister launches Smart Fencing on Indo-Bangladesh border, an effective deterrence against illegal infiltration," Press Information Bureau, Government of India, March 5, 2019. https://pib.gov.in/Pressreleaseshare.aspx?PRID=1567516.

［5］"India used US spy planes to map Chinese incursion in Sino-Indian war," *Hindustan Times*. August 16, 2013. http://www.hindustantimes.com/world-news/Americas/India-used-US-spy-planes-to-map-Chinese-incursion-in-1962-war/Article1-1108481.aspx.

［6］Madan, Tanvi, "The pitfalls and promise of a US-India partnership driven by China," Brookings, September 1, 2020. https://www.brookings.edu/blog/order-from-chaos/2020/02/27/the-pitfalls-and-promise-of-a-us-india-partnership-driven-by-china/.

［7］"Chinese Communist Motives in Invasion of Tibet" (PDF), Central Intelligence Agency, November 16, 1950. Retrieved February 9, 2017. https://www.cia.gov/library/readingroom/docs/CIA-RDP82-00457R006300270010-6.pdf.

［8］"Sino India Relations" (PDF), Central Intelligence Agency, October 12, 1954. Retrieved February 9, 2017. https://www.cia.gov/library/readingroom/docs/CIA-RDP80R01443R000300080002-0.pdf.

［9］Jim Mann, "CIA Gave Aid to Tibetan Exiles in 60s, Files Show," *Los Angeles Times*, September 15, 1998. https://www.latimes.com/archives/la-xpm-1998-sep-15-mn-22993-story.html.

［10］Sanyal A., "The Curious Case of Establishment," February 16, 2009. http://www.hindustantimes.com/india/the-curious-case-of-establishment-22/story-eiDenZvNioffJFupLzNGOI.html.

［11］Jane Perlez, "Albright Debates Rights and Trade with the Chinese," *The New York Times*, March 2, 1999. https://www.nytimes.com/1999/03/02/world/albright-debates-rights-and-trade-with-the-chinese.html.

［12］"Guangdong toy factory brawl leaves 2 dead, 118 injured," Xinhua News Agency, June 27, 2009. http://www.china.org.cn/china/news/2009-06/27/content_18023576.html.

［13］"Urumqi riots: Weapons prepared beforehand, division of tasks clear," Xinhua News Agency, June 21, 2009. http://news.xinhuanet.com/english/2009-07/21/content_11744210.html.

［14］"Malaysians arrest 680 suspected members of Chinese online fraud gang," Reuters, November 21, 2019. https://www.reuters.com/article/us-malaysia-fraud/malaysians-arrest-680-suspected-members-of-chinese-online-fraud-gang-idUSKBN1XV0T6.

［15］Peter Ranscombe, "Rural areas at risk during COVID-19 pandemic," *The lancet*, April 17, 2020. https://www.thelancet.com/journals/laninf/article/PIIS1473-3099（20）30301-7/fulltext.

［16］Soutik Biswas, "India coronavirus: More than half of Mumbai slum-dwellers had Covid-19," BBC, July 29, 2020. https://www.bbc.com/news/world-asia-india-53576653.

［17］"Rajnath to launch India's first 'smart fence' project along India-Pak border tomorrow," *Times of India*, September 16, 2018. https://timesofindia.indiatimes.com/india/rajnath-to-launch-indias-first-smart-fence-project-along-india-pak-border-tomorrow/articleshow/65830264.cms.

［18］Shaurya Karanbir Gurung, "Smart fencing project along India-Bangladesh border hits rough weather," *The Economic Times*, September 17, 2018. https://economictimes.indiatimes.com/news/defence/smart-fencing-project-along-india-bangladesh-border-hits-rough-weather/

articleshow/65845957.cms?from=mdr.

［19］"Union Home Minister launches Smart Fencing on Indo-Bangladesh border, an effective deterrence against illegal infiltration," Ministry of Home Affairs, March 5, 2019. https://pib.gov.in/Pressreleaseshare.aspx?PRID=1567516.

［20］"CIBMS: BSF says work on hi-tech border surveillance project in progress, likely to be completed in 6-7 years," *Financial Express*, February 19, 2019. https://www.financialexpress.com/defence/cibms-bsf-says-work-on-hi-tech-border-surveillance-project-in-progress-likely-to-be-completed-in-6-7-years/1491876/.

［21］Rajesh Uppal, "Amid China Border Row, India has to upgrade it's smart and comprehensive fence integrated border management (CIBMS) to guard its long, difficult and porous borders," September 17, 2020. https://idstch.com/security/india-implementing-smart-and-comprehensive-integrated-border-management-cibms-to-guard-its-long-difficult-and-porous-borders/.

［22］"INDO-PAK NEWSIndia Installing Advanced 'Surveillance Systems' Along Sensitive India-Pakistan Border," *EurAsian Times*, February 19, 2019. https://eurasiantimes.com/india-installing-advanced-surveillance-systems-along-sensitive-india-pakistan-border/.

［23］Arjun G, "India deploys Smart Fencing on Indo-Bangladesh Border," Redact, March 6, 2019. https://medium.com/redact/india-deploys-smart-fencing-on-indo-bangladesh-border-a8c17793c00b.

［24］"General Studies-3; Topic- Security challenges and their management in border areas," Insights Mindmaps, February 2019. https://www.insightsonindia.com/wp-content/uploads/2019/02/Comprehensive-Integrated-Border-Management-System-CIBMS.pdf.

［25］"Tata Power's border management system to fortify BSF," *The Economic Times*, July 13, 2018. https://economictimes.indiatimes.com/news/defence/tata-powers-border-management-system-to-fortify-bsf/articleshow/59253014.cms?from=mdr.

［26］"Blighter's E-scan Radar Selected by Dat-Con Defence for Indian Border Security Pilot," CISION PR Newswire, February 14, 2019, https://

www.prnewswire.com/ae/news-releases/blighter-s-e-scan-radar-selected-by-dat-con-defence-for-indian-border-security-pilot-806426820.html.

[27] "Fundamentals of Smart Metering – kWh and kVArh Meters," Engineering Institute of Technology, https://www.eit.edu.au/resources/fundamentals-of-smart-metering-kwh-and-kvarh-meters/.

[28] "Chinese helicopters spotted along Sino-India border in Eastern Ladakh," *The Economic Times*, May 12, 2020, https://economictimes.indiatimes.com/news/defence/chinese-helicopters-spotted-along-sino-india-border-in-eastern-ladakh-sources/articleshow/75692776.cms?from=mdr.

[29] "World Air Force 2020," *Flight Global*, May 4, 2020. https://www.flightglobal.com/reports/world-air-forces-2020/135665.article.

[30] Pew Research Center,"Smartphone Ownership is Growing Rapidly around the World but not always Equally," February 5, 2019, https://www.pewresearch.org/global/2019/02/05/smartphone-ownership-is-growing-rapidly-around-the-world-but-not-always-equally/.

[31] "Russia completing formation of two armies near border with Ukraine – intelligence," Ukrinform, November 03, 2020. https://www.ukrinform.net/rubric-defense/2888433-russia-completing-formation-of-two-armies-near-border-with-ukraine-intelligence.html.

[32] "Defense Ministry suggests striking at Russian border violators," News Russian, September 17, 2020. https://news.ru/en/weapon/defense-ministry-suggests-striking-at-russian-border-violators/.

[33] "Federal Security Service," The Russian Government, http://government.ru/en/department/113/.

[34] Mark Concannon, "Building out digital construction industry in megabits and pieces," *Vietnam Investment Review*, July 11, 2020. https://www.vir.com.vn/building-out-digital-construction-industry-in-megabits-and-pieces-77602.html.

[35] Samaya Dharmaraj, "Construction on biggest data center in Vietnam starts," Open Gov Asia, May 18, 2020, https://opengovasia.com/construction-on-biggest-data-centre-in-vietnam-starts/.

[36] "The Digital Economy Boosts Vietnam's Economic Growth," *Asia Perspective*, August 12, 2019, https://asiaperspective.net/2019/08/12/digital-economy-boosts-vietnam-economic-growth/.

[37] Samaya Dharmaraj, "Vietnam taking steps to boost digital economy," Open Gov Asia, September 24, 2020, https://opengovasia.com/vietnam-taking-steps-to-boost-digital-economy/.

[38] "2018 Global Law and Order Report," Gallup, 2018. https://news.gallup.com/reports/235310/gallup-global-law-order-report-2018.aspx.

[39] "Digital 2020: 3.8 Billion people use social media," August 19, 2020. http://wearesocial.com/blog/2020/01/digital-2020-3-8-billion-people-use-social-meidia.